Christian Ludwig

Digital Englisch unterrichten

Grundlagen, Impulse und Perspektiven

Klett | Kallmeyer

Bibliografische Information der Deutschen Nationalbibliothek
Die Deutsche Nationalbibliothek verzeichnet diese Publikation in der Deutschen Nationalbibliografie; detaillierte bibliografische Daten sind im Internet über http://dnb.d-nb.de abrufbar.

Impressum

Christian Ludwig
Digital Englisch unterrichten
Grundlagen, Impulse und Perspektiven

1. Auflage 2022

Redaktion: Dirk Haupt, Leipzig
Realisation: Stefan Zielasko
Cover: © Rido/stock.adobe.com
Druck: Beltz Grafische Betriebe GmbH, Bad Langensalza
Printed in Germany

ISBN: 978-3-7727-1592-1

Christian Ludwig

Digital Englisch unterrichten

Grundlagen, Impulse und Perspektiven

Klett | Kallmeyer

Inhalt

1 Einleitung

1.1 *Welcome to the digital age!*

EINLADUNG ZUM VORDENKEN

- Wie hat sich ihr Leben in den letzten Jahren durch digitale Medien verändert?
- Welchen Stellenwert nehmen digitale Medien in ihrem Alltag ein?
- Wie schätzen Sie Ihre Kenntnisse und Kompetenzen im Bereich digitale Mediennutzung ein?[1]

Scrollen, swipen oder instagrammen gehören inzwischen genauso zum alltäglichen Sprachgebrauch wie Hashtags, Memes, Gifs, Emojis und Akronyme wie LOL oder OMG. Doch digitale Medien verändern und erweitern nicht nur unsere Sprache, sondern beeinflussen alle Bereiche unseres Lebens nachhaltig.

Mit smarten und mobilen Endgeräten wie Tablets und Smartphones können wir in Echtzeit auf alle gewünschten Informationen zugreifen und Social-Media-Plattformen erlauben es uns, mit jedem zu jeder Zeit in Verbindung zu stehen. Unsere Freizeitgestaltung und Arbeitswelt, aber auch unser Konsumverhalten werden zunehmend nicht nur digitaler, sondern auch vernetzter. Autonom fahrende U-Bahnen und Busse bringen uns in der Smart City von A nach B, in Smart Homes lassen sich Haushaltsgeräte und Maschinen nicht nur beliebig von überall steuern, sondern sie kommunizieren auch intelligent miteinander und Virtual-Reality-Brillen erlauben uns zu reisen, ohne das Haus zu verlassen. Die Grenzen zwischen analog und digital verschwimmen zunehmend und man geht davon aus, dass die beiden Welten mit der 4. Evolutionsstufe des digitalen Zeitalters ab ca. 2030 vollkommen miteinander verschmelzen werden.

Das digitale Zeitalter

Der Begriff des digitalen Zeitalters beschreibt den Zeitraum der Menschheitsgeschichte, der durch die kontinuierliche Umwandlung aller Lebensbereiche und Prozesse in Einklang mit der Digitalisierung geprägt ist. Das *digital age* zeichnet sich vor allem durch die zunehmende Nutzung und Vernetzung digitaler Informations- und Kommunikationstechnologien aus. Nach Kerres (2018 a, b) lassen sich die Merkmale der Digitalisierung anhand von drei Oberbegriffen skizzieren.

1 Link zum Selbsttest z. B. hier: https://europa.eu/europass/digitalskills/screen/home (Zugriff: 23.06.2022)

Digitale Werkzeuge und Informationen

- sind überall *verfügbar*, sie sind *ubiquitär*,
- durchdringen alle Lebensbereiche, sie sind *pervasiv*,
- sind zunehmend eingebettet, sie sind *unsichtbar*.

Immer häufiger wird auch vom postdigitalen Zeitalter gesprochen, das den Zustand der Gesellschaft nach Abschluss der Digitalisierung aller Lebensbereiche beschreibt. Digitale Medien werden wie Wasser und Luft nur noch durch ihre Abwesenheit wahrgenommen, wodurch eine verstärkte Rückbesinnung auf den Menschen möglich wird.

Internet der Dinge

Der Ende der 1990er-Jahre entstandene Begriff des Internets der Dinge (*Internet of things, IoT*) beschreibt die weitestgehend ohne menschliches Zutun stattfindende Vernetzung und Zusammenarbeit intelligenter Geräte (*smart devices*) über das Internet.

Mit der zunehmenden Digitalisierung und Vernetzung unserer Gesellschaft im Internet der Dinge (*Internet of Things*) sowie der stetig wachsenden Bedeutung kommunikativer Netzwerke wird der Ruf nach einer digitalen Bildung, welche den digitalen Lebensrealitäten heutiger Lernender entspricht und sie auf die Herausforderungen des digitalen Wandels (*digital transformation*) vorbereitet, nicht nur international, sondern auch national immer lauter. So forderte z. B. die KMK bereits 2016 in ihrem Strategiepapier „Bildung in der digitalen Welt", dass Medienbildung nicht mehr nur schulische Querschnittsaufgabe, sondern integraler Bestandteil aller Unterrichtsfächer wird (KMK 2016, S. 19). Ergänzt wird diese Forderung durch die Ende 2021 erschienene Empfehlung zum Strategiepapier, welche die vielfältigen durch die digitale Realität entstehenden Veränderungen kommunikativer Praktiken und sozialer Strukturen noch stärker in den Blick nimmt und die Wichtigkeit der Förderung derjenigen Kompetenzen, die Lernenden eine „mündige, souveräne und aktive Teilhabe an der digitalisierten Lebens- und Arbeitswelt" ermöglichen, hervorhebt (KMK 2021, S. 6). Dies scheint, nimmt man das digitale Nutzungsverhalten heutiger Jugendlicher in den Blick, dringend geboten. Kinder und Jugendliche sind quasi immer *on*, eine Trennung zwischen on- und offline existiert nicht mehr. Dieses Verschmelzen von digitalem und analogem Leben liegt v. a. an der weit verbreiteten Nutzung des Smartphones und der Möglichkeit, immer und überall ins Internet gehen zu können. So zeigen auch die Ergebnisse der letzten JIM-Studie, die jährlich den Medienumgang von Jugendlichen zwischen 12 und 19 Jahren untersucht, dass 97 % der Jugendlichen ein Smartphone besitzen, welches bei der täglichen Mediennutzung an erster Stelle steht (mpfs 2021, S. 5).

Nicht nur im öffentlichen Diskurs, sondern auch in der Bildung, gehen die Meinungen über die Sinnhaftigkeit (und Umsetzbarkeit) eines verstärkten Medieneinsatzes im Unterricht trotz der außerschulisch gelebten Digitalität jedoch teilweise immer noch stark auseinander. Unterricht sollte Lernenden ermöglichen, vom ständigen Tippen, Klicken, Swipen und Liken ihres stark mediengelenkten Alltags abzuschalten, sagen die einen, digitale Medien gehören zur Lebensrealität vieler Jugendlicher und damit auch in den Klassenraum, sagen die anderen. Nichts wird zurzeit in der deutschen Bildungslandschaft kontroverser diskutiert als das immer noch weitestgehend in den Kinderschuhen steckende digitale Lernen, dessen Möglichkeiten, aber auch Grenzen uns v. a. durch die Pandemiesituation der letzten beiden Jahre vor Augen geführt wurden. Zahlreiche Studien belegen jedoch, dass digitale Medien nicht nur im Alltag jugendlicher Lernender allgegenwärtig sind, sondern seitens der Lernenden auch der Wunsch nach einer stärkeren Einbindung und intensiveren Nutzung digitaler Endgeräte wie z. B. Smartphones im Unterricht besteht (vgl. u. a. BITKOM 2022). Nicht nur ein Leben ohne Smartphone ist für heutige Jugendliche zunehmend unvorstellbar, sondern auch das Lernen in der Schule.

Aktuelle Studien zum Medienverhalten und -Umgang von Kindern und Jugendlichen zum Nach- und Weiterlesen

- mpfs (Medienpädagogischer Forschungsverbund Südwest) (2021): JIM-Studie 2021: Basisuntersuchung zum Medienumgang 12- bis 19-Jähriger. Online: https://www.mpfs.de/fileadmin/files/Studien/JIM/2021/JIM-Studie_2021_barrierefrei.pdf (Zugriff: 23.06.2022)
- mpfs (Medienpädogischer Forschungsverbund Südwest) (2020): KIM-Sudie 2020: Kindheit, Internet, Medien. Basisuntersuchung zum Medienumgang 6- bis 13-Jähriger. Online: https://www.mpfs.de/fileadmin/files/Studien/KIM/2020/KIM-Studie2020_WEB_final.pdf (Zugriff: 23.06.2022)
- mpfs (Medienpädogischer Forschungsverbund Südwest) (2020): miniKIM-Studie: Kleinkinder und Medien. Basisuntersuchung zum Medienumgang 2- bis 5-Jähriger in Deutschland. Online: https://www.mpfs.de/fileadmin/user_upload/lfk_miniKIM_2020_211020_WEB_barrierefrei.pdf (Zugriff: 23.06.2022)
- Bündnis gegen Cybermobbing in Zusammenarbeit mit der Techniker Krankenkasse (2020): Cyberlife III: Spannungsfeld zwischen Faszination und Gefahr. Cybermobbing bei Schülerinnen und Schülern. Dritte empirische Bestandsaufnahme bei Eltern, Lehrkräften und Schüler/-innen. Online: https://www.tk.de/resource/blob/2095298/e576a0e34a8731c50c60d9edbb661ca7/studie-cybermobbing-2020-data.pdf (Zugriff: 23.06.2022)

Vor diesem Hintergrund geht dieses Buch der Frage nach, wie digitale Medien zu einem zeitgemäßen, lebensweltnahen und an den (digitalen) Erfahrungen und Bedürfnissen der Schülerinnen und Schüler ausgerichtetem Englischunterricht beitragen können. Dabei geht es nicht nur um die Nutzung digitaler Werkzeuge sowie die Integration digitaler Texte aus der reinen Mehrwertperspektive heraus, sondern auch um die damit einhergehende Neugestaltung analoger Aufgaben- und Prüfungsformate. Eng damit verknüpft ist die Frage, wie der Fremdsprachenunterricht Englisch zu einer ganzheitlichen Medienbildung der Lernenden beitragen kann, ihnen also helfen kann, diejenigen fachübergreifenden Medienkompetenzen zu erwerben, die ihnen eine lebenslange gesellschaftliche Teilhabe im (post-)digitalen Zeitalter ermöglichen.

1.2 Das Potenzial digitaler Medien für das Englischlernen

EINLADUNG ZUM VORDENKEN

- Welche neuen Zieldimensionen für den Englischunterricht eröffnen sich durch den Einsatz digitaler Medien?
- Welche Vorteile und Herausforderungen sehen Sie beim Einsatz digitaler Medien im Englischunterricht?

Warum digitale Medien im Englischunterricht? Diese Frage scheint angesichts der zunehmenden Digitalisierung und Vernetzung der Gesellschaft fast obsolet. „Significant digital challenges“, so Lütge und Merse, „do not stop short of English language education“ (2021, S. 13). Anders gesagt, auch der Englischunterricht darf sich dem zunehmend sichtbareren digitalen Wandel und dem damit einhergehenden ubiquitären digitalen Medienverhalten junger Lernender nicht verschließen, sondern sollte das lernförderliche Potenzial digitaler Medien nutzen, um sowohl die Fremdsprachen- als auch Medienkompetenz der Schülerinnen und Schüler zu stärken. Dabei geht es keinesfalls darum, bewährte (analoge) Medien, Lernmaterialien und Methoden des Englischunterrichts unreflektiert zu digitalisieren (vgl. u. a. Schmidt/Strasser 2016), sondern diese zielgerichtet und didaktisch intendiert zu erweitern. Anders gesagt sollte die verstärkte Einbindung digitaler Medien mit einem Wandel tradierter Lernkulturen hin zu offenen und handlungsorientierten Lernformen einhergehen, die das Potenzial digitaler Medien voll ausschöpfen. Denn das „didaktische Potenzial ist nicht inhärenter Bestandteil eines digitalen Mediums“, sondern „entscheidet sich primär an der methodischen Ausgestaltung“ (Koschel/

Weyland 2019, S. 43). So unterstützen digitale Endgeräte, frei nach dem Motto: „Wenn alles schläft und einer klickt, so nennt man dies Unterricht“, hauptsächlich als Präsentationswerkzeug genutzt, Frontalunterricht und eben nicht eigenständiges und interaktives Lernen.

Aspekte, die bei der Planung digital angereicherter Unterrichtsstunden berücksichtigt werden sollten

- das digitale Medium selbst (u. a. lerntheoretische Voraussetzungen, Strukturen)
- die Unterrichtsprozesse (u. a. Ziele, Inhalte, Sozialformen)
- die Lehrpersonen (u. a. Fachwissen, mediendidaktische Kompetenz)
- die Lernenden (u. a. Vorwissen, Medienkompetenz)

Der Fremdsprachenunterricht Englisch ist also, so Lütge und Merse, „increasingly challenged to reconfigure and rethink its fields of engagement in light of digital changes and transformations currently underway“ (2021, S. 13). Damit sind nicht nur unterrichtsorganisatorische Aspekte wie die Unterrichtsplanung, das Bereitstellen von Materialien, die Kommunikation mit den Lernenden, die Begleitung von Lernprozessen oder Korrektur und Beurteilung gemeint, sondern eben alle Bereiche des Englischunterrichts. Vor diesem Hintergrund identifizieren Lütge und Merse vier ineinandergreifende *key areas*, in denen das Potenzial neuer Medien zum Fremdsprachenlernen deutlich wird (vgl. Tab. 1).

Key area	Learners ...
Language	encounter, explore, and practice, real and authentic language
Communication	engage in new ways of communicating and meaning-making
Culture	access and experience Anglophone cultures
Texts	work with new text formats

Tab. 1: Das Potenzial digitaler Medien für den Englischunterricht (Lütge/Merse 2021, S. 13–14)

Digitale Medien bieten Schülerinnen und Schülern einen einfachen und lebensweltnahen Zugang zur englischen Sprache, denn das Englische ist, trotz der zunehmenden Mehrsprachigkeit der digitalen Welt (vgl. u. a. Bündgens-Kosten/Lohe 2021, S. 246–258), weiterhin die globale *Lingua franca* des Internets. So schauen sich z. B. 43 % der in der JIM-Studie 2020 befragten Jugendlichen mindestens mehrmals pro Woche Videos bei *YouTube* in einer anderen Sprache – meist Englisch – an (mpfs 2020, S. 48). Sie folgen ihren Stars und Influencerinnen und Inflluencern auf unterschiedlichen Social-Media-Kanälen wie *YouTube, Instagram, TikTok* und *Snapchat,* lesen englischsprachige Blogs und schauen Tutorials zu allen erdenklichen Themen wie Sport, Schönheit, Handwerken oder Kochen und erstellen nicht zuletzt auch eigenen Content. Das digitale Medienangebot hält also eine Vielzahl von Möglichkeiten bereit, mit der englischen Sprache in Kontakt zu kommen und die eigenen Sprachkompetenzen kontinuierlich zu erweitern. Dies alles sind Beispiele für authentische und lebensweltnahe Spracherfahrungen, die im Englischunterricht aufgegriffen werden sollten.

Doch auch wenn Unterhaltung und Spiele eine wichtige Rolle spielen, sind das Internet, soziale Medien und Messenger für Jugendliche nicht nur Orte der Unterhaltung und Informationsbeschaffung, sondern vor allem auch der Kommunikation.

Web 1.0 (read-only web): Die erste Phase des Internets, welches aus statischen Websites ohne interaktive Inhalte bestand.
Web 2.0 (read-write web, auch social web): Das Internet bietet eine Reihe interaktiver und kollaborativer Elemente, die es Nutzenden erlaubt, sich aktiv an der Erstellung von Inhalten zu beteiligen und mit anderen zu interagieren.
Web 3.0 (read-write-execute web, semantic web): Informationen werden nicht länger nur zur Verfügung gestellt, sondern interpretiert und mit anderen Daten in Zusammenhang gesetzt. Das Internet findet die Semantik hinter den Daten.
Web 4.0 (symbiotic web, smart web): Die Bereitstellung von Informationen erfolgt ausschließlich über Künstliche Intelligenz. Informationen werden nicht mehr aktiv vom User gesucht, sondern automatisch bereitgestellt.

So findet ein Großteil unserer alltäglichen Kommunikation heute hauptsächlich über digitale Kanäle wie *WhatsApp, Instagram, Teamspeak* und *Facetime* statt. Dabei zeichnet sich das moderne digitale Kommunikationsverhalten vor allem durch Schnelligkeit, Dynamik sowie ständige Erreichbarkeit aus. Jugendliche sind *always on,* denn sie bewegen sich auf einer wachsenden Zahl von Kommunikationsplattformen und Social-Media-Kanälen; sie teilen Informationen in ihren Newsfeeds, tauschen sich mit anderen in Chat-Gruppen aus oder kommentieren Blogeinträge und Videos. Dabei stehen ihnen eine Vielzahl von Ausdrucksmöglichkeiten zur Verfügung, denn Multimodalität, also das Ineinandergreifen verschiedener Zeichenarten, ist ein typisches Merkmal der Kommunikation auf sozialen Plattformen (Siever 2015). Digitalen Medien kommt also nicht nur bei der Schulung der, wenn man so will, rezeptiven Fertigkeiten, also dem Hör- und Lese- sowie dem Hör-Seh-Verstehen eine entscheidende Rolle zu, sondern auch bei der Aneignung von

Fertigkeiten, die bei der Bewältigung von alltäglichen und realen Gesprächssituationen nötig sind. Hierzu zählen mündliches und schriftliches Ausdrucksvermögen sowie die Sprachmittlung, die Schülerinnen und Schüler dazu befähigt, auch komplexere und mehrsprachige Kommunikationssituationen erfolgreich zu bewältigen.

Eng daran anknüpfend eröffnen digitale Medien auch zahlreiche Möglichkeiten für inter- und transkulturelles sowie globales Lernen. Sie erlauben Lernenden den Zugang zu fremden englischsprachigen Kulturen, bieten Möglichkeiten des Austausches mit Vertretern anderer Kulturen und ermöglichen ihnen, ihr Wissen über die eigene(n) sowie fremde Kulturen zu erweitern und ein Bewusstsein für kulturelle Vielfalt auch im digitalen Raum zu entwickeln. Doch zu einer erfolgreichen interkulturellen Kommunikation im *Global Digital Village* des 21. Jahrhunderts braucht es kulturelle Unvoreingenommenheit (und nicht *cultural bias*), Empathievermögen, Fremdverstehen und die Fähigkeit zur Selbstreflexion. Denn auch wenn digitale Medien in manchen Bereichen zur Verbreitung einer vermeintlichen kulturübergreifenden Standardkultur beitragen mögen, so können sie auch als Katalysator zur Sichtbarmachung kultureller Vielfalt fungieren. Anders gesagt, inter- und transkulturelles sowie globales Lernen und digitale Bildung gehören zusammen, denn verschiedene Kulturen nehmen unterschiedliche Haltungen gegenüber der Digitalisierung ein, der digitale Raum selbst ist kulturell vielfältig und digitale Kommunikation erfordert das Wissen um kulturelle Unterschiede und Gemeinsamkeiten. Aus unterrichtspraktischer Perspektive sind nicht nur die vielfältigen Handlungsmöglichkeiten im Sinne einer „kulturell kontextualisierten Rezeption, Interaktion und Produktion" (Androutsopoulos 2016, S. 19) (kultureller) Inhalte interessant, sondern auch die schier unerschöpflichen Themenbereiche, anhand derer sich kulturelle Gemeinsamkeiten und Unterschiede hinsichtlich der Nutzung digitaler Möglichkeiten und des Verhaltens im digitalen Raum verdeutlichen lassen. Dazu zählen z. B. *censorship, digital privacy, the (mis-)use of artificial intelligence, online hate speech, misinformation on social media sowie different understandings of digital wellbeing*. So ist zu erwarten, dass das noch junge Forschungsfeld der *Intercultural Digital Ethics*, welches sich mit der zunehmenden Digitalisierung aus kultureller und sozialer Perspektive und etwaigen ethischen Fragen rund um die Nutzung digitaler Medien beschäftigt, auch in der Fremdsprachenforschung in Zukunft eine zunehmend größere Rolle spielen wird.

„In der digitalen Welt", so Androutsopoulos, „wird Medienkompetenz zu einer Grundvoraussetzung für den Erwerb weiterer kommunikativer Kompetenzen, doch ist ausgerechnet im Netz Medienkompetenz selbst auf Sprachkompetenz angewiesen (2016, S. 19). Sprachkompetenz und digitale Medienkompetenz gehen also zunehmend Hand in Hand. Sprachliche Kompetenzen sind Voraussetzung für das Verständnis digital vorgefundener Informationen, aber auch für die Artikulation, den Selbstausdruck mit digitalen Medien und somit auch für die Teilhabe an globalen Diskursen z. B. in sozialen Netzwerken. Digitale Medien leisten also einen wichtigen Beitrag zur Förderung der funktionalen kommunikativen Kompetenzen der Lernenden im Englischunterricht so wie fremdsprachliche Kompetenzen eine erfolgreiche gesellschaftliche Teilhabe ermöglichen.

Nicht zuletzt zeichnet sich die digitale Welt durch eine Fülle digitaler Texte, *born-digital texts* (geboren-digitale Texte), aus, also „items created and managed in digital form" (Erway 2010, S. 1), oder anders gesagt

> „content that is being created, distributed and used solely in digital form. This content is called 'born digital' because it was created or 'born' digitally, and in most cases is not transferred or accessed otherwise. [...] there is no original paper-based or analogue version of born-digital content." (Ryan/Sampson 2018, S. 2)

Beispiele rein digitaler Texte sind digitale Fotografien und andere Formen digitaler Kunst, aber auch Texte auf Webseiten, Videos sowie im digitalen Raum entstandene fiktionale, literarische Texte. All diesen Texten ist gemein, dass sie einen hohen Partizipationscharakter haben und Jugendlichen zahlreiche Möglichkeiten zum Selbstausdruck, also zur Artikulation eigener Interessen, Schwerpunkte und Bedürfnisse bieten. Zwar fordern viele dieser Texte, man denke nur an Hashtags, Memes und GIFs, oft unser traditionelles Verständnis von Text, Form und Genre heraus, jedoch spiegeln sie im Gegensatz zu traditionellen Texten die kommunikativen Praktiken heutiger Jugendlicher und ihr Bedürfnis, ihr individuelles Welterleben in einem stark mediatisierten Alltag mitzuteilen, wider. Zur Arbeit mit diesen Texten im Unterricht muss nicht nur das Lesen und Hör-(Sehen) als zunehmend genuin digital begriffen werden, sondern auch das Schreiben und andere Formen der Produktion digitaler Inhalte, denn das Erstellen von *born-digital texts* wird durch digitale Medien und das Internet erst möglich.

Die von Lütge und Merse vorgeschlagene Einteilung (vgl. Tab. 1) unterstreicht das große Potenzial digitaler Medien für den Englischunterricht und zeigt zugleich die zunehmende und unumkehrbare Verschränkung von „Sprach-, Kultur- und Medienkompetenz" (Androutsopoulos 2016, S. 19) im Zeitalter der Postdigitalität. Englischunterricht in der digitalen Welt kann, so Burger, „nicht mehr nicht digital stattfinden" (2020, S. 208), sodass der Zusatz digital vor dem Wort Englischunterricht, aber auch vor dem Begriff der kommunikativen Kompetenz in den nächsten Jahren verschwinden wird.

Auf methodischer Ebene zeigen die vier Bereiche *language, communication, culture, texts* den durch digitale Medien ausgelösten Paradigmenwechsel, wie Rüschoff und Wolff bereits Endes letzten Jahrhunderts hervorhoben, „einer Schule, in der Wissen durch Instruktion vermittelt wird, zu einer Schule, in welcher der Lernende bei seinen eigenen selbstständigen Wissenskonstruktionsprozessen gefördert wird“ (1999, S. 14). Digitale Medien können dem Englischunterricht also auch neue methodische Impulse geben, denn sie ermöglichen, die Eigenständigkeit der Schülerinnen und Schüler zu fördern und Lernangebote stärker an ihren außerschulischen Erfahrungen, Interessen, Stärken und Bedürfnissen orientiert auszurichten, ohne dabei gänzlich auf erprobte Unterrichtsformen zu verzichten. Digitale Medien erlauben die (teilweise) Auslagerung des Lernens in den digitalen Raum, die Individualisierung und Differenzierung von Lernprozessen im Sinne personalisierter und adaptiver Lernumgebungen, eine stärkere Verzahnung von formellem und informellem Lernen sowie die Einbindung neuer Aufgabenformate. Die einfache Handhabung vieler digitaler Tools erlaubt auch Schülerinnen und Schülern (sowie Lehrkräften), die keine Experten im Erstellen digitaler Inhalte sind, digitale Artefakte zu bearbeiten (z. B. das Nachvertonen oder Untertiteln eines stummen Kurzfilms) oder eigene digitale Produkte wie virtuelle Welten oder Erklärfilme zu erstellen.

Informationen zu Apps und Tools, die von Lehrkräften empfohlen werden, sowie kostenloses Unterrichtsmaterial gibt es unter anderem im Magazin *sofatutor*.

Die Internetseite *FindMyTool* bietet eine Vielzahl digitaler Tools nach Kategorien sortiert.

Diese und viele andere Aufgaben unterstützen eine größtmögliche Selbstständigkeit der Lernenden, indem sie sich grundsätzlich an den Bedürfnissen des jeweiligen Individuums ausrichten, aber gleichzeitig den interaktiven und kollaborativen Charakter digitaler Lernumgebungen betonen.

1.3 Der Englischunterricht als Ort für digitale Bildung

EINLADUNG ZUM VORDENKEN

- Was bedeutet digitale Bildung für Sie?
- Wie kann der Englischunterricht zu einer digitalen Bildung der Lernenden beitragen?

Beim Einsatz digitaler Medien im Englischunterricht geht es nicht allein um die Frage, welche neuen Zieldimensionen digitale Medien für den Englischunterricht eröffnen, sondern auch darum, wie der Englischunterricht zu der Ausbildung einer allgemeinen digitalen Medienbildung sowie einer kritischen Medien- und Informationskompetenz der Lernenden beitragen kann. Hierbei steht das Ansinnen im Vordergrund, Schülerinnen und Schüler in allen Fächern auf das Leben in einer zunehmenden Kultur der Digitalität (Stalder 2021) vorzubereiten, in der sich „immer mehr Menschen auf immer mehr Feldern und mithilfe immer komplexerer Technologien an der Verhandlung von sozialer Bedeutung beteiligen (müssen)" (ebd.). Nach Stalder (ebd.) zeichnet sich eine Kultur der Digitalität kurz gesagt durch drei zentrale Charakteristika aus:

- Referentialität (die erneute Nutzung bestehenden kulturellen Materials in der heutigen Remix- und Mash-up-Kultur),
- Gemeinschaftlichkeit (vernetzter Individualismus) und
- Algorithmizität (auf individuelle User zugeschnittene Inhalte).

Die Mediatisierung der Gesellschaft schafft trotz aller Gefahren neue Möglichkeiten, aktiv an globalen gesellschaftlichen Prozessen mitzuwirken und Veränderungen anzustoßen. So formuliert Boyd: „The properties of bits – as distinct from atoms – introduce new possibilities for interaction. As a result, new dynamics emerge that shape participation" (2011, S. 39). Die digitale Gesellschaft ist also eine Gesellschaft der Teilhabe (Einspänner-Pflock/Dang-Anh/Thimm 2014), wie globale Bewegungen wie *#MeToo* oder *#BlackLivesMatter*, die vornehmlich in sozialen Medien ihren Ursprung haben, zeigen. Henry Jenkins et al. verstehen diese Partizipationskultur als eine Kultur

> „with relatively low barriers to artistic expression and civic engagement, strong support for creating and sharing creations, and some type of informal mentorship whereby experienced participants pass along knowledge to novices. In a participatory culture, members also believe their contributions matter and feel some degree of social connection with one another (at least, members care about other's opinions of what they have created)." (2009, S. XI)

Die folgende Übersicht zeigt ausgewählte Komponenten dieser modernen Kultur der Teilhabe (Tab. 2).

Affiliations	Teilhabe an *online communities* wie *message boards* oder *game clans*
Expressions	Erstellen digitaler Produkte wie *fan videomaking, fan fiction writing*, oder *mash-ups*
Collaborative problem-solving	gemeinsames Lösen von Problemen und Produktion neuen Wissens in formellen und informellen Kontexten und Gruppen z. B. auf *Wikipedia*
Circulations	aktives Formen digitaler Diskurse z. B. durch *blogging* oder *podcasting*

Tab. 2: *Forms of participatory culture* (basierend auf Jenkins et al. 2009, S. 3)

Diese Möglichkeiten zur aktiven gesellschaftlichen Teilhabe kommen heutigen Jugendlichen, wie die Ergebnisse der Studie *Zukunft? Jugend fragen* zeigen, durchaus entgegen. Eine deutliche Mehrheit der heutigen Jugendlichen ist nicht nur politisch interessiert, sondern auch bereit, sich aktiv für den Klimaschutz und andere Themen, die ihnen wichtig sind, zu engagieren (Bundesministerium für Umwelt, Naturschutz und nukleare Sicherheit/Umweltbundesamt 2022, S. 14). Dennoch sollte man vorsichtig sein, diese strukturell zwar mögliche, aber praktisch nicht immer vorhandene digitale Partizipationskultur als per se gegeben zu verstehen. So ermöglicht z. B. die Videoplattform *YouTube* Nutzenden, aktiv an digitalen Aushandlungsprozessen teilzuhaben, z. B. indem eigene Inhalte hochgeladen und von Nutzenden bewertet, geteilt oder kommentiert werden können, dennoch ist ein Abschalten der Kommentarfunktion oder der Bewertungssichtbarkeit möglich.

Auch wenn viele Jugendliche hinsichtlich der Einschätzung ihrer eigenen Computerkenntnisse der Auffassung sind, dass sie genauso gut oder sogar besser mit dem Computer umgehen können als Erwachsene, muss man bedenken, dass nicht alle Schülerinnen und Schüler über

- den gleichen Zugang zu digitalen Medien (*participation gap*) verfügen;
- die nötigen Kompetenzen besitzen, um ihr Medienverhalten kritisch zu reflektieren (*transparency problem*);
- die Fähigkeit besitzen, sich der Verantwortung bewusst zu werden, die eine aktive Mediennutzung mit sich bringt, und ethische Standards zu kultivieren (*ethics challenge*) (Jenkins 2009, S. 3).

So merkt auch der deutsche Pädagoge Hilbert Meyer an:

> „Sie [die Lernenden] sind souverän im Surfen, im Chatten, im Nutzen von Apps und manchmal auch im Cyber-Mobbing, aber – von wenigen Ausnahmeschülern abgesehen – nicht bei der Klärung der Frage, was die intensive Mediennutzung mit ihnen macht."
>
> (2020, n. p.)

Anders gesagt, auch wenn die Mehrzahl der heutigen Lernenden eher *digital residents* als *digital visitors* sind, sie also das Internet als Erweiterung ihres natürlichen Raumes wahrnehmen und fast natürlich zwischen ihren unterschiedlichen On- und Offline-Identitäten wechseln, bedeutet das nicht, dass sie automatisch medienmündig sind, also fähig, ein selbstbestimmtes digitales Leben zu führen.

Digital natives
Personen, die in die digitale Welt hineingeboren wurden und daher versiert mit digitalen Medien umgehen können.
Digital immigrants
Personen, die den Umgang mit digitalen Medien (eigenständig) lernen mussten.
Digital visitors
Personen, die das Internet zur Informationsbeschaffung oder andere Zwecke punktuell und zweckgebunden, aber nicht dauerhaft nutzen.
Digital residents
Personen, die sich großteils in der digitalen Welt aufhalten und ihr Leben zumeist auf digitale Medien stützen.

Um digitale Medienkompetenzen zu entwickeln und nachhaltig zu stärken, bedarf es einer kontinuierlichen Medienarbeit auch im Englischunterricht; einer Medienarbeit, die es Schülerinnen und Schülern erlaubt,

- digitale Medien, Texte und Formen der digitalen Interaktion und Partizipation strukturiert und begleitet kennenzulernen;
- sich konstruktiv, aber auch kritisch im Rahmen authentischer Lernprozesse mit ihnen auseinanderzusetzen sowie
- ihre digitalen und nicht-digitalen Identitäten (digitale und analoge Ichs) miteinander in Einklang zu bringen.

Dazu zählt nicht nur der Konsum und das Herstellen von digitalen Produkten, sondern auch der Austausch über Medienverhalten, also die kritische Reflexion der Nutzung digitaler Textsorten, digitaler Alltagserlebnisse sowie der mit einer zunehmenden Digitalisierung einhergehenden gesellschaftlichen Veränderungen.

1.4 Zu diesem Buch

Vor dem Hintergrund der beschriebenen gesellschaftlichen Veränderungen hin zu einer Gesellschaft des Postdigitalismus, in der das Internet als Sozialraum vollkommen anerkannt ist und Social-Media-Kanäle zum integralen

Bestandteil sozialer Teilhabe geworden sind, gibt Ihnen dieses Buch einen Überblick über zentrale Konzepte des Englischlernens mit digitalen Medien sowie eine Vielzahl von Anregungen und Unterrichtsbeispielen aus und für die Praxis. Der Band berücksichtigt dabei, dass die Digitalisierung der Schulen vielerorts zwar im vollen Gange, aber noch lange nicht abgeschlossen ist. Ebenfalls wird der Tatsache Rechnung getragen, dass digitale Medien wie Lern-Apps zunehmend Einzug auch in den Englischunterricht halten, es aber eben auch weiterhin an einer curricularen Verankerung digitaler Kompetenzen und Texte sowie an alltagstauglichen pädagogischen Konzepten zur Umsetzung mangelt. Dessen ungeachtet bietet der Band konkrete Anregungen zur Verzahnung digitaler und fremdsprachlicher Kompetenzen und unterstützt damit die Entwicklung hin zu einer Auflösung der Trennlinie zwischen fremdsprachlicher kommunikativer Kompetenz und digitaler Medienkompetenz, zwei Kompetenzbereiche, die sich unaufhaltbar zunehmend gegenseitig durchdringen (Burger 2020, S. 210). Das Buch gliedert sich dabei in 14 Kapitel.

Kapitel 2 stellt ausgewählte didaktisch-methodische Prinzipien des modernen Englischunterrichts vor, da die Entwicklung einer erfolgreichen und nachhaltigen digitalen Lernkultur im Englischunterricht nicht allein durch eine gute Ausstattung mit Hardware oder schnelles Internet erreicht werden kann, sondern geeigneter pädagogischer Grundsätze bedarf. Denn, so Cope, „[t]echnologies have the capacity to support pedagogical transformation, but equally to revive and fossilize old pedagogies" (2017). Es geht also darum, Englischunterricht im digitalen Zeitalter so zu gestalten, dass Schülerinnen und Schüler im Rahmen offener Unterrichtsformen Gelegenheit bekommen, den kompetenten und reflektierten Umgang mit digitalen Medien einzuüben und zunehmend an ein eigenverantwortliches und selbstständiges fremdsprachlich-digitales Handeln herangeführt werden. Dabei liegen diesem Buch drei eng miteinander verknüpfte Leitkonzepte eines modernen und kommunikativen Englischunterrichts zugrunde: die Orientierung an den Schülerinnen und Schülern (Lernendenorientierung), die Förderung der Selbstständigkeit der Lernenden (Lernendenautonomie) sowie die Schaffung von Lernumfeldern, die es erlauben, die individuellen Bedürfnisse der Schülerinnen und Schüler zu berücksichtigen (personalisiertes Lernen).

Kapitel 3 knüpft daran an, indem es ausgewählte Modelle zur Integration digitaler Medien in den Fremdsprachenunterricht Englisch sowie unterschiedliche Konzeptualisierungen digitaler Kompetenz vorstellt. Dabei gilt es, zwischen Modellen zu unterscheiden, welche die Integration digitaler Medien in den (Englisch-)Unterricht beschreiben, sowie Modellen, welche die digitalen Kompetenzen von Lehrkräften und Lernenden erfassen. Das Kapitel beschreibt zuerst, was unter Begriffen wie digitaler Kompetenz und digitaler Literarität zu verstehen ist, und nimmt darauf aufbauend die Perspektive der Lehrenden ein, denn ihre didaktisch-methodische Kompetenz besteht in der Auswahl und dem Zusammenführen geeigneter Unterrichtsinhalte, Methoden und digitaler Medien. Dazu benötigen sie nicht mehr nur fachwissenschaftliche und fachdidaktische Kenntnisse, sondern auch ein fundiertes mediendidaktisches Wissen (Anwendungs-Know-how). Des Weiteren fungieren Lehrende als Vorbild im lernenden Umgang mit digitalen Medien und führen Lernende von einem passiven Medienkonsum (Bos et al. 2014, S. 13) an eine aktive Nutzung digitaler Werkzeuge und Plattformen heran. Sie werden zu Lernbegleitern, die zunehmend die Selbstständigkeit ihrer Lernenden im Sinne eines lernerautonomen Ansatzes fördern, indem sie Unterrichtsplanungen transparent machen und alle den Unterricht betreffenden Entscheidungen zunehmend mit den Lernenden gemeinsam treffen. Daran anschließend werden ausgewählte Rahmenmodelle zur Integration digitaler Medien vorgestellt, die nicht nur zeigen, wie vielfältig digitale Medien eingesetzt werden können, sondern auch, wie eng fremdsprachliche kommunikative und digitale Kompetenz miteinander verzahnt sind.

Darauf aufbauend widmet sich **Kapitel 4** unterschiedlichen Ansätzen, die Raum bieten, Englischunterricht in der digitalisierten Welt neu zu gestalten, neue Wege der Kommunikation, Wissenserarbeitung und Präsentation zu beschreiten und Lernen über den Klassenraum hinaus zu denken.

Kapitel 5 stellt ausgewählte empirische Befunde zur Wirksamkeit digitaler Medien im (Englisch-)Unterricht vor. Die Ergebnisse zeigen, dass trotz einer beachtlichen Zahl von Studien zur digitalen Mediennutzung die Frage nach einer lernwirksamen Integration digitaler Medien keineswegs beantwortet ist. Ebenfalls in diesem Kapitel berücksichtigt werden Ideen zur Evaluation und Reflexion des eigenen pädagogischen Handelns seitens der Lehrkraft zur Förderung einer kontinuierlichen Professionalisierung im Sinne der Aktionsforschung.

Daran anschließend beschäftigt sich **Kapitel 6** mit der Förderung ausgewählter zentraler fremdsprachlicher Kompetenzen durch digitale Medien, also mit der Ausgestaltung digitaler Lernarrangements, die das (digitale) Kompetenzrepertoire der Lernenden langfristig fördern können. Hierbei steht die Entwicklung der (digitalen) kommunikativen Sprachkompetenzen der Lernenden im Vordergrund, also der Fähigkeit, kommunikative Absichten umzusetzen. Die Digitalisierung führt jedoch zu einer „Erweiterung der Zieldimension kommunikativer Kompetenz“ (Bündgens-Kosten/Schildhauer 2021, S. 14) und ihrer Teilkompetenzen. Kommunikative Kompetenz beschreibt also nicht länger die Fähigkeit der Teilhabe an einer rein monomodalen, sondern multimodalen Ausdruckskultur. Am Beispiel konkreter Unterrichtsbeispiele zeigt das Kapitel, wie digitale Medien zur Unterstützung des Erwerbs (digital-)fremdsprachlicher Kompetenzen und Fertigkeiten, wie z. B. der digitalen Lesekompetenz, gezielt eingesetzt werden können und wie Lernende auf das Leben in einer zunehmend postdigitalen Welt vorbereitet werden können. Ebenfalls thematisiert werden die Bereiche Wortschatzarbeit und kulturelles sowie globales Lernen. Daran anschließend gibt **Kapitel 7** einen Überblick über die stetig wachsende Zahl digitaler Texte (*born-digital texts*) wie Memes, GIFs und Hashtags, die nicht nur zu einer abwechslungsreicheren Gestaltung des Englischunterrichts beitragen, sondern als konkrete Lerngegenstände Schülerinnen und Schüler vor allem dabei unterstützen können, diejenigen Strategien und *skills* zu entwickeln, die sie zum Verstehen und Verfassen multimodaler Hypertexte, die nicht länger ausschließlich von professionell Schreibenden verfasst sind, benötigen. **Kapitel 8** konzentriert sich auf durchaus kritische Aspekte der digitalen Text- und Medienlandschaft, wie z. B. die Lenkung und Verzerrung unseres Informations- und Wissenserwerbs durch Algorithmen und die zunehmende Verbreitung von Fake News im Zeitalter von *filter bubbles*.

Kapitel 9 widmet sich einer zunehmend umstrittenen Textsorte im Englischunterunterricht: der Literatur. In Zeiten einer zunehmenden Marginalisierung literarischer Texte im Zuge von Standardisierung und Kompetenzorientierung haben digitale Medien zu einer zusätzlichen Infragestellung des Nutzens von Literatur geführt. Davon ausgehend geht dieses Kapitel sowohl der Frage nach, welche neuen Zugänge zu gedruckter Literatur (*print-based literature*) bieten können, aber auch, wie sich digitale Literatur sinnvoll in den Englischunterricht integrieren lässt.

Daran anschließend beschreibt **Kapitel 10**, welches Potenzial digitale Medien für die Gestaltung inklusiver Lernsettings haben, also Barrieren abzubauen und auch Lernenden mit multiplen Lernbedürfnissen einen Zugang zu Lernmaterialien und Unterrichtsprozessen zu ermöglichen. Dabei geht es um die Gestaltung adaptiver Lernszenarien, also z. B. um die Anpassung von Lernmaterialien- und aufgaben für Schülerinnen und Schüler mit Dyslexie oder Dysgraphie, aber auch um die Einbindung Lernender mit unterschiedlichen Sprachbiografien.

Erfolgreiches digitales Lernen bedeutet auch, dass Lernprozesse und -produkte kontinuierlich seitens der Lehrkraft, aber auch mit den Lernenden gemeinsam reflektiert, evaluiert und bewertet werden müssen. Dieser Herausforderung widmet sich **Kapitel 11,** indem es zeigt, wie Lernende darin angeleitet werden können, die digitale Dimension bei der Reflexion ihrer eigenen Handlungs- und Lernprozesse kontinuierlich mitzudenken.

Kapitel 12 befasst sich mit einem noch wenig beachteten Bereich digitaler Mediendidaktik auch im Englischunterricht, nämlich der Auswirkungen einer digitalen Mediennutzung auf die psychische Gesundheit von

Lernenden und deren Sicherheit. Dabei geht es nicht nur um die Vorteile digitaler Medien, z. B. zur Vernetzung und damit zur Verhinderung bzw. Verminderung von Einsamkeit, sondern auch um potenziell negative Einflüsse digitaler Medien auf die psychische Gesundheit. Hier ergeben sich zahlreiche Anknüpfungspunkte auch für den Englischunterricht, denn Themen wie Cyberbullying und Cybermobbing, Selbstdarstellung und Schönheitsideale sowie das Entwickeln einer kritischen Distanz zum eigenen digitalen Verhalten z. B. zum Vorbeugen von Mediensucht sind auch für den Englischunterricht wichtige Themen.

Das Buch schließt mit einem Blick in die Zukunft, denn schon jetzt scheint klar, dass das Internet der Dinge (*Internet of Things*) Lernmaterialien und Lernprozesse weiter stetig verändern wird und dass auch Smartphones und Wearables nur Übergangstechnologien sind. Dadurch eröffnen sich ständig neue Zieldimensionen auch für den Englischunterricht, die sich in Richtlinien und Lehrplänen, aber auch in der Unterrichtspraxis niederschlagen werden (Krommer 2015, S. 36–57).

Kapitel 13 thematisiert daher teilweise bereits genutzte Technologien wie Virtual Reality und Künstliche Intelligenz, wagt aber auch einen Blick in die Zukunftstechnologien von morgen und wie diese Englischunterricht weiter verändern werden.

Abschließend plädiert **Kapitel 14** als kurzer Ausblick für ein Umdenken hinsichtlich der Integration digitaler Medien in den Englischunterricht und für eine umfassende Verzahnung digitaler und fremdsprachlicher Kompetenzen.

Digitale Bildung steht erst am Anfang und ist noch lange nicht ausgeschöpft und auch in den kommenden Jahren werden analoge und digitale Medien, wenn auch nicht mehr komplett nebeneinander, zumindest in Kombination miteinander eingesetzt werden. Viele inzwischen gern genutzte Werkzeuge und Plattformen sind leider sehr kurzlebig (Burger 2020) und fungieren nicht zuletzt wegen der rasanten technischen Entwicklungen, die wir jeden Tag beobachten können, nur als Übergangstechnologien. Das Ziel einer digitalen Bildung in allen Fächern, auch dem Englischunterricht, ist und bleibt daher, Lernende an eine kompetente und reflektierte Nutzung digitaler Medien heranzuführen und ihnen als medienmündige Bürger eine Teilhabe am Leben in der globalen digitalen Welt zu ermöglichen. Ein sicherer Umgang mit der Fremdsprache ist dabei unerlässlich, denn sowohl digitale Kompetenz als auch Fremdsprachenkompetenz sind die beiden zentralen Säulen zur Sicherung einer erfolgreichen gesellschaftlichen Teilhabe im 21. Jahrhundert. Ich hoffe, dass dieses Buch einen Beitrag dazu leistet.

Christian Ludwig, Berlin, 2022

2 Didaktisch-methodische Prinzipien des modernen Englischunterrichts

2.1 Einführung in das Kapitel

EINLADUNG ZUM VORDENKEN

- Was sind für Sie Leitlinien eines modernen Englischunterrichts?
- Wie können digitale Medien dazu beitragen, den Englischunterricht an den Bedürfnissen der Lernenden ausgerichtet zu gestalten und die Selbstständigkeit der Lernenden zu fördern?

Der Englischunterricht hat in den letzten Jahrzehnten vor allem durch den seit den 1970er-Jahren stattfindenden Paradigmenwechsel von der Input- zur Output-Orientierung einen starken Wandel erfahren. Nicht länger das zu vermittelnde Wissen steht im Zentrum unterrichtlicher Prozesse, sondern die Kompetenzen und Fertigkeiten, die Schülerinnen und Schüler anhand lebensweltnaher Inhalte erwerben sollen. Des Weiteren soll der Englischunterricht in Hinblick auf eine zunehmend heterogene und diverse Lernendenschaft möglichst differenzsensibel gestaltet werden, er soll also die vielfältigen Charakteristika, welche Lernende mit in den Unterricht bringen, berücksichtigen. Dazu zählen nicht nur sozioökonomische Faktoren, sondern eben auch die unterschiedlichen Begabungen und Interessen der Lernenden sowie ihr Fach- und Weltwissen. Nicht zuletzt steht das aktive Handeln der Schülerinnen und Schüler im Vordergrund. Lernende sollen zunehmend in die Lage versetzt werden, Inhalte möglichst selbstständig und unabhängig von der Lehrkraft zu erarbeiten und Kompetenzen in konkreten Anwendungssituationen anhand selbst gewählter Inhalte zu erwerben (vgl. Tab. 3).

Didaktisch-methodische Prinzipien	Lernende ...
Kompetenzorientierung	erwerben diejenigen kognitiven Fähigkeiten und Fertigkeiten, die es ihnen erlauben, Aufgaben zu lösen und Herausforderungen zu bewältigen. Explizite Kann-Beschreibungen helfen dabei zu überprüfen, ob sie nach einem bestimmten Zeitraum über die angestrebten Kompetenzen verfügen.

Lernendenaktivierung	bringen ihre Interessen, Vorkenntnisse, Begabungen aktiv in den Unterricht ein und nehmen eine zunehmend aktive Rolle im Unterricht ein.
Handlungsorientierung	lernen, die englische Sprache in lebensweltnahen Situationen aktiv und erfolgreich zu nutzen. Der Erwerb kommunikativer Kompetenz wird zum obersten Ziel des Unterrichts (Kommunikationsorientierung).
Aufgabenorientierung	lösen lebensweltnahe, authentische und am sprachlichen Handeln orientierte Aufgaben.
Personalisierung	bearbeiten für sie relevante Aufgaben, die sich an ihren Vorkenntnissen, Interessen und Erfahrungen orientieren und nutzen dabei unterschiedliche Lernpfade.
Interaktionsorientierung	erproben fremdsprachliches Handeln im Rahmen kooperativer und kollaborativer Lernformen (z. B. Partner- und Gruppenarbeit). Aufgaben werden so gestaltet, dass Lernende dazu animiert werden, miteinander zu interagieren.

Tab. 3: Ausgewählte didaktisch-methodische Prinzipien des konstruktivistischen Englischunterrichts

Dabei sollten bestehende Entscheidungsspielräume hinsichtlich des Inhalts, der genutzten Methoden und der Themenentfaltung genutzt und ausgebaut werden (Klaffke 2019, S. 14–15), denn bereits geringe Mitbestimmungsmöglichkeiten können sich positiv auf die Motivation und Lernbereitschaft der Lernenden auswirken und ihnen helfen, Selbstwirksamkeit zu erfahren.

Selbstwirksamkeit (engl. *self-efficacy*) beschreibt die Fähigkeit einer Person, daran zu glauben, auch schwierige Situationen meistern zu können. Im Englischunterricht kann ein hohes Maß an Selbstwirksamkeit z. B. zu einer gesteigerten Motivation und einem besseren Lernerfolg führen. Forschungsergebnisse weisen darauf hin, dass eine hohe Selbstwirksamkeit bezogen auf digitale Medienkompetenz Einfluss darauf hat, wie man mit digitalen Informationen umgeht und diese bewertet. So scheinen Menschen mit einem hohen Grad an *social media self-efficacy* Informationen auf sozialen Plattformen mehr Glauben zu schenken und sich auch stärker mehr auf die Meinung anderer zu verlassen, wodurch sie anfälliger für Beeinflussungen sind als andere (vgl. u. a. Hocevar/Flanagin/Metzger 2014).

Digitale Medien können einen entscheidenden Beitrag dazu leisten, unterrichtliche Prozesse handlungsorientiert sowie flexibler und unabhängiger von der Lehrkraft zu gestalten und so das eigenverantwortliche und selbstständige Handeln der Lernenden zu fördern (vgl. u.a. Eisenmann 2019). Dabei werden Medien- und Informationskompetenz sowie die Förderung selbstständigen Lernens in unterschiedlichen Unterrichtsarrangements nicht als getrennt voneinander, sondern als eng miteinander verzahnt betrachtet. Denn digitale Medien tragen auf ganz unterschiedlichen Ebenen zu der erfolgreichen Ausgestaltung handlungsorientiert ausgerichteter Lernsituationen bei. Sie ermöglichen die Behandlung von Inhalten, fördern das kommunikative, kooperative und interaktive Lernen und erlauben die Ausgestaltung individualisierter Lernwelten unter Berücksichtigung der unterschiedlichen Lernausgangslagen der Lernenden.

Die Förderung von Mitbestimmung geschieht dabei keineswegs gegen den Willen der Lernenden, denn sie wollen bei Inhalten, Methodik und Organisation des Unterrichts mitbestimmen. So zeigen die Ergebnisse der Umfrage „Wie lernen Kinder und Jugendliche?“ der Deutschen Telekom Stiftung aus dem Jahr 2020, dass Lernende heute andere Erwartungen an Unterricht haben als die Generationen vor ihnen. Nicht weniger als 61 % der befragten Kinder und Jugendlichen zwischen 10 und 16 Jahren gaben an, leichter etwas zu lernen, wenn sie über Themen oder Art der Bearbeitung mitentscheiden können (2020, S. 4), und nur 23 % der Befragten fanden, dass die Lehrkraft festlegen sollte, was gelernt wird (ebd., S. 5). Selbstbestimmung und die Beteiligung an den Unterricht betreffende Entscheidungen spielt für heutige Jugendliche also eine zentrale Rolle.

Vor diesem Hintergrund betrachtet dieses Kapitel drei ausgewählte didaktisch-methodische Prinzipien des Englischunterrichts, die dazu beitragen können, diejenigen digital-fremdsprachlichen Handlungskompetenzen anzubahnen, die Schülerinnen und Schüler für das Leben in einer zunehmend digital-geprägten Welt benötigen.

2.2 Lernendenorientierung

Das pädagogische Paradigma der Lernendenorientierung hat zum Ziel, unterrichtlichen Entscheidungen sowie das Unterrichtsgeschehen selbst systematisch auf die Voraussetzungen und Interessen der Lernenden auszurichten (Tödt 2009, S. 129). Das Ziel ist, Schülerinnen und Schüler dazu zu befähigen, zunehmend autonomer und selbstbestimmter zu lernen und Fähigkeiten und Strategien zu entwickeln, die es ihnen ermöglichen, lebenslang (digital) zu lernen. Die Aufmerksamkeit bei der Unterrichtsplanung konzentriert sich dabei u. a. auf die individuelle Inhaltsauswahl, das Lerntempo und das Aufgabenniveau, mit dem Ziel, differenzierte und individuelle Lernsettings zu schaffen. Dabei steht die gezielte Förderung der Autonomie der Schülerinnen und Schüler und ihr Empowerment auch als Form der Motivation im Vordergrund unterrichtlichen Handelns. Eine Ausrichtung der Lernprozesse an den Bedürfnissen der Lernenden kann jedoch ohne ein verändertes Rollenverständnis sowohl seitens der Lehrkraft als auch der Lernenden nicht gelingen.

Die zentrale Aufgabe der Lehrkraft ist nicht mehr die Vermittlung von Wissen, sondern die Gestaltung individueller (auch digitaler) Lernräume, welche den Kompetenzerwerb der Schülerinnen und Schüler fördern. Die Lehrkraft als *homo sociologicus* ist nicht länger „the sage on the stage", sondern „the guide by the side" (King 1993, S. 30), sie wird zum Moderator, Lernbegleiter, Berater, Coach und Tutor, wobei die wahrgenommene Rolle(n) das unterrichtliche Handeln der Lehrkraft und der Schülerinnen und Schüler beeinflussen.

Digitale Medien können entscheidend zum Aufbrechen tradierter Rollenverständnisse beitragen, denn Lernende beziehen ihr Wissen heute aus einer Vielzahl unterschiedlicher Online-Quellen wie *Google*, *YouTube* oder *Wikipedia* und zunehmend auch von Influencerinnen und Influencern in den sozialen Medien. Sie denken weniger in Quellen und mehr in Plattformen. Sie interagieren und kollaborieren auf digitalen Plattformen und mithilfe digitaler Tools. Sie sind also versierte Nutzende digitaler Medien. Hier kann die Lehrkraft als *co-learner* nicht nur von den Schülerinnen und Schülern lernen, sondern auch die Faszinationskraft digitaler Medienangebote für den eigenen Unterricht nutzen, indem sie Themen und Methoden aus der alltäglichen Medienpraxis der Lernenden ableitet. Dafür ist ein kontinuierlicher Austausch zwischen Lernenden und Lehrkraft unerlässlich. Doch verfügen Lernende oft nicht über die nötigen Kompetenzen, um z. B. mit Quellen, die ihnen abverlangen, Informationen kritisch zu bewerten und verzerrte Fakten als solche zu erkennen, verantwortungsvoll und souverän umzugehen. Auch das Lernpotenzial digitaler Medien erkennen sie oft nicht. Hier kommt die Lehrkraft ins Spiel, sie tritt zwar als Vermittler von Informationen in den Hintergrund, doch als Lernbegleiter in den Vordergrund.

Lernendenorientierung bedeutet auch die Anerkennung und Berücksichtigung der Individualität der Lernenden in allen Bereichen unterrichtlichen Handelns. Dazu zählen die sozialen Hintergründe der Schülerinnen und Schüler, ihre Normen- und Wertesysteme, ihre religiösen und weltanschaulichen Orientierungen, ihre sprachlichen Hintergründe, aber auch zunehmend ihre technische Ausstattung und medienbezogenes Vorwissen.

Der Binnendifferenzierung kommt bei der Ausrichtung des Unterrichts an den individuellen Bedürfnissen der Schülerinnen und Schüler also eine zentrale Rolle zu (Abb. 1), denn Lernenden soll ermöglicht werden, individuelle Lernziele in ihrem eigenen Tempo und auf individuellen Lernwegen zu erreichen.

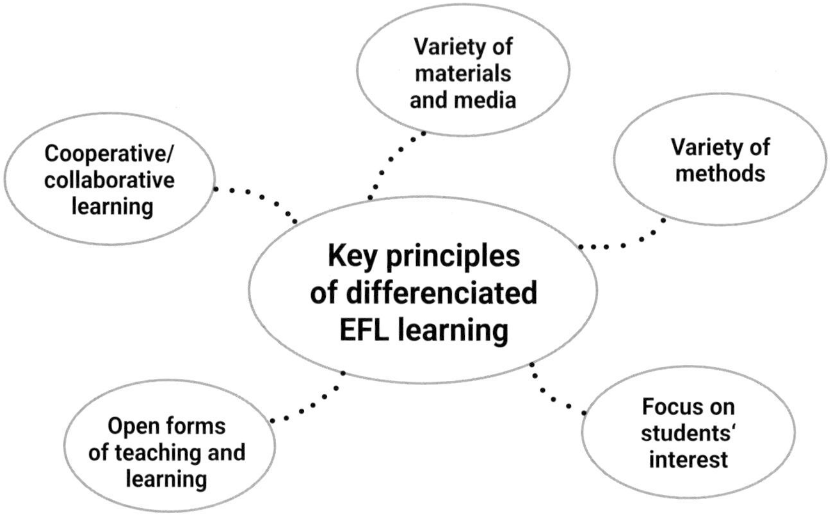

Abb. 1: Schlüsselprinzipien eines differenzierten Englischunterrichts (vgl. Eisenmann 2019, S. 67)

Ein lernendenorientierter- und aktivierender Englischunterricht strebt eine stärkere Ausrichtung des Unterrichtsgeschehens an den außerschulischen Interessen und Erfahrungen der Lernenden an (**Interessenorientierung**). Lernende werden dazu animiert, ihre außerschulischen Interessen und Erfahrungen mitzuteilen und aktiv in den Unterricht einzubringen. **Methodenvielfalt** sollte zum Ziel haben, das Unterrichtsgeschehen nicht nur abwechslungsreich zu gestalten, sondern Schülerinnen und Schüler dazu zu animieren, die Fremdsprache aktiv und in unterschiedlichen kommunikativen Situationen zu nutzen. Einen Schwerpunkt bilden dabei **offene Unterrichtsformen**, also Lernformen, die **interaktives**, **kooperatives** und **kollaboratives Lernen** fördern. Lernende, so Eisenmann, „acquire knowledge together and develop competencies individually while at the same time learn to work together in a team with their peers“ (2019, S. 70). Unterschiedliche und vielfältige **(digitale) Materialien** und **Medien** bilden die Grundlage des Unterrichtsgeschehens. Dabei werden Lernende aktiv in die Auswahl der Inhalte, Materialien, Medien und Methoden eingebunden.

Digitale Medien können hierzu einen entscheidenden Beitrag leisten, denn sie bieten Sprechanlässe und Texte, die durch ihren multimodalen Charakter unterschiedliche Präferenzen der Lernenden (z. B. visuell, auditiv, haptisch) bedienen. Auf methodischer Ebene ermöglichen digitale Medien orts- und zeitunabhängiges sowie kooperatives und kollaboratives Arbeiten und unterstützen damit das eigenverantwortliche und selbstständige Handeln der

Schülerinnen und Schüler auch außerhalb des Klassenraumes. Der Fremdsprachenunterricht integriert also digitale Erlebnisräume aus der Lebenswelt der Lernenden in den Unterricht, schafft aber auch seinerseits neue digitale Erlebnisräume.

Dies bedeutet jedoch nicht, dass bekannte lernendenaktivierende und kollaborative methodische Ansätze wie das Stationenlernen, Placemat oder Gruppenpuzzle in die sprichwörtliche Mottenkiste der Geschichte gesteckt werden müssen, denn auch klassische Methoden eignen sich durchaus für einen Einsatz in digitalen bzw. digitalgestützten Lernsettings oder lassen sich digital anreichern (vgl. Beispielkasten).

So lässt sich z. B. das Stationenlernen (auch Lernstraße, Lernbuffet, Lernlandschaft), eine bekannte Methode des differenzierten Englischunterrichts, durch digitale Komponenten auf vielfältige Art und Weise bereichern. Das Lernen in Lernlandschaften beruht auf der Idee, dass Schülerinnen und Schüler durch die Arbeit an verschiedenen Stationen die Möglichkeit bekommen, sich mit unterschiedlichen Inhalten leistungsdifferenziert und durch verschiedene Zugänge und Arbeitsformen auseinanderzusetzen. Dabei können Stationen zum Kennenlernen, Erarbeiten, Vertiefen und Üben von Inhalten genutzt werden. Durch regelmäßige Treffen mit der Gesamtgruppe kann Wissen ausgetauscht und offene Fragen geklärt werden. Digitale Medien können u. a. genutzt werden, um die individuellen Lernerfahrungen an Stationen motivierender, anschaulicher sowie abwechslungsreicher zu gestalten und selbstständiges Lernen mit digitalen Medien zu fördern. So können physische Stationen, die normalerweise über das Klassenzimmer verteilt sind, teilweise oder ganz in den digitalen Raum verlegt, Laufzettel digital angeboten und durch (multimodale) Materialien auf digitalen Endgeräten oder in Form von QR-Codes bereichert werden. Arbeitsergebnisse können auf digitalen Pinnwänden gesammelt und Feedbackprozesse durch Apps neu gestaltet werden.

QR-Codes (engl. *Quick Response Codes*), die ursprünglich in der Logistikbranche eingesetzt wurden, sind mehr als Spielerei, denn sie können auch im Englischunterricht auf ganz unterschiedliche Art und Weise Verwendung finden, so z. B. zur Kontextualisierung von Inhalten, zum Verteilen von Arbeitsaufträgen, aber auch zur Bereitstellung von Materialien und Übungsaufgaben.

Seiten zur einfachen Erstellung von QR-Codes (Zugriff: 22.07.2022)

- https://www.qrcode-monkey.com/de/
- http://goqr.me/
- https://www.the-qrcode-generator.com/
- http://beqrious.com/qr-code-generator/

Tipp: Fast-QR-Code-Generators erlauben das Lesen und Erstellen von QR-Codes aus dem Browser heraus.
Die Möglichkeiten des Einsatzes von QR-Codes sind vielfältig:
- schnelles Öffnen von Websites, Videos und Apps;
- Erweitern von Unterrichtsmaterialien durch multimodale Elemente;
- Gestaltung von Sprachrätseln, Schnitzeljagden (Pohl 2020, S. 10–16), Themenrallyes;
- Bereitstellen von Ressourcen im Klassenraum (z. B. Verweise auf Online-Wörterbücher oder Padlets, die häufiger im Englischunterricht genutzt werden);
- Zugriff auf differenzierte Übungsaufgaben (z. B. Erklärvideos, weitergehende Übungen) oder Hilfestellungen (z. B. bei Lerntheken, Partner- und Gruppenarbeiten oder Lernen an Stationen);
- Bereitstellung von Tonaufnahmen von Vokabeln zum Einüben von Aussprache und Betonung;
- interaktive Gestaltung von Postern, MP3-QR-Codes zu von Lernenden erstellten Audio- oder Videodateien helfen gerade Lernenden mit Sprechangst (*speaking anxiety*);
- Feedback, z. B. zu Tests und Klassenarbeiten;
- Einbinden von Lernenden (z. B. über QR-Codes zu Umfragetools wie *Quizlet*, *Wooclap* oder *Mentimeter*);
- Gruppieren von Lernenden mit farbigen QR-Codes, die zu den zu bearbeitenden Aufgaben führen;
- Bereitstellen von fiktionalen Texten und Sachtexten zum Hören;
- Zugriff aus Lösungen (z. B. bei der Bus-Stop-Methode);
- Lernende stellen ihre Arbeitsergebnisse über einen QR-Code zur Verfügung.

(Unterrichten.Digital 2019; Digitales Klassenzimmer 2020a; Einfach Lehrer o. D.)
Tipp: Stellen Sie sicher, dass alle Lernenden über ein Endgerät mit einer Kamera verfügen, die QR-Codes lesen kann oder ein Scanner vorhanden bzw. installiert ist.

Placemat digital

Placemat ist eine beliebte Methode des kooperativen Lernens, die sich vor allem zur differenzierten Erarbeitung eines Themas eignet. Lernende sammeln in drei Schritten (Einzelarbeit, Gruppenarbeit und Präsentation) Ideen zu einem Thema und tauschen diese zuerst in Kleingruppen und dann im Plenum aus.

Schritt 1: Je nach Thema gibt die Lehrkraft oder der/die Lernende eine Einführung in ein Thema bzw. fasst dieses zur Erinnerung kurz zusammen.

Schritt 2: Statt der Papierplatzdecke nutzen Lernende *Google Slides*, *Präsi* oder ein ähnliches Programm, um ihre eigenen Ideen aufzuschreiben. Wichtig ist, dass jede/jeder Lernende ein persönliches Dokument zur Verfügung hat, um seine Ideen zunächst alleine zu notieren. Die Aufgabe kann durch Vorgaben wie eine Mindestanzahl der Ideen oder Wortzahl differenziert werden. Der Vorteil digitaler Programme ist, dass Lernende Ideen nicht nur in Form eines geschriebenen Texts, sondern zusätzlich auch mithilfe von Bildern, Audio- und Videodateien oder Statistiken festhalten können.

Schritt 3: Nun werden die Ideen in der Kleingruppe ausgetauscht. Dabei kann entweder das digitale Endgerät auf den Tisch gelegt werden oder die digitalen Dokumente können untereinander zugänglich gemacht werden. Beim Arbeiten in einem gemeinsamen Dokument müssen Lernende nur zur entsprechenden Stelle scrollen.
Schritt 4: Die Lernenden sprechen über Gemeinsamkeiten und Unterschiede ihrer Ideen und fassen die gemeinsamen Ideen in einem *shared document*, z. B. in einer gemeinsamen *Slide*, zusammen.
Schritt 5: Das gemeinsame Dokument kann zur Präsentation der Ergebnisse im Plenum genutzt werden.
TIPP: Neben der Erarbeitung inhaltlicher Themen bietet sich die Methode auch zum Aufstellen von Regeln und Strategien für den Umgang z. B. mit digitalen Informationen an.

Tool-Tipp

Die Plattform *Oncoo* (**On**line **Coo**peration) bietet die Möglichkeit, unterschiedliche kooperative Lernmethoden digital zu gestalten (https://www.oncoo.de).
Momentan stehen die folgenden Methoden zur Verfügung:

- Zielscheibe,
- Kartenabfrage,
- Helfersystem,
- *Placemat*,
- Lerntempoduett.

Eng mit der Lernendenorientierung verbunden ist die Förderung der fremdsprachlichen Autonomie der Lernenden, nicht nur im Sinne einer digitalen Autonomie (*digital autonomy*) und Selbstbestimmung (*digital self-determination*), sondern auch einer verstärkten Übernahme von Verantwortung für das eigene Lernen und alle den Lernprozess betreffenden Entscheidungen.

2.3 Lernendenautonomie

Der Begriff der Lernendenautonomie hat sich in den letzten Jahren zu einem wahren Schlagwort der Fremdsprachendidaktik entwickelt. Fachdidaktische Publikationen und Dokumente, die sich mit den Zielsetzungen des modernen Englischunterrichts befassen, kommen quasi nicht umhin, Lernendenautonomie zumindest zu erwähnen. Dennoch geht mit der großen Beliebtheit des Begriffs, wie Schmenk durchaus richtig anmerkt, auch eine gewisse „Verwässerung der Bedeutung von Lernerautonomie einher“ (2010, S. 12). Dies ist nicht nur auf die Tatsache zurückzuführen, dass unterschiedliche Personen unterschiedliche Auffassungen davon haben können, was autonomes Lernen bedeutet, sondern auch, dass Lernendenautonomie zwar „cross-culturally valid", aber eben auch „bound to be interpreted differently by different cultures" (Summer 2010, S. 8) ist. So schlug Oxford vor einigen Jahren vor, den Versuch eines einheitlichen Autonomiebegriffs aufzugeben und „to [...] accept the benefit of ‘multiple autonomies'" (2008, S. 49). Im deutschen Sprachkontext finden sich zahlreiche, oft synonym verwendete, Termini und Umschreibungen wie eigenständig, selbstbestimmt oder selbstständig lernen, selbstlernen, das eigene Lernen verantworten oder bewusst mit dem eigenen Lernen umgehen. Während diese Begriffe den Eindruck erwecken mögen, dass selbstständiges, selbstgesteuertes und autonomes Lernen dasselbe meinen, ist dies keineswegs der Fall. Autonom handelnde Lernende mögen selbstständig agieren, z. B. indem sie eigenständig an Projekten arbeiten und dabei auch auf Fähigkeiten und Strategien im Sinne des *self-directed learning*-Ansatzes zurückgreifen (vgl. Kumaravadivelu 1994, S. 39–40), dennoch besteht zwischen autonomem und selbstgesteuertem Lernen ein nicht unerheblicher Unterschied: Lernendenautonomie bezieht sich auf die Fähigkeit der Schülerinnen und Schüler, das eigene Lernen eigenständig und eigenverantwortlich zu gestalten, wobei es die zentrale Aufgabe der Lehrkraft ist, Lernende dabei zu unterstützen, ebendies zu tun. Selbstgesteuertes Lernen hingegen meint die Ausgestaltung von Lernmaterialien- und aufgaben, die es Schülerinnen und Schülern ermöglicht, diese ohne die Lehrkraft zu bearbeiten. Dieses Missverständnis ist hinsichtlich des Einsatzes digitaler Medien gerade im Englischunterricht nicht unerheblich, denn Ziel sollte es nicht sein, dass Lernende, wie in den Anfangsjahren des computergestützten Fremdsprachenlernens Aufgaben als *lone wolves* auf ihren Smartphones und Tablets abarbeiten, sondern sich als Teil des *packs* verstehen, Aufgaben also gemeinsam lösen.

In der fremdsprachendidaktischen Literatur finden sich unterschiedliche Begründungen für die Förderung der Autonomie der Lernenden. Dazu gehören u. a.:

- anthropologische und entwicklungspsychologische Begründungen, z. B. der inhärente Drang der Lernenden nach Selbstverwirklichung und der Wunsch nach Selbstbestimmung,
- politische Begründungen (z. B. die Herausbildung des mündigen Individuums),
- lerntheoretisch-konstruktivistische Begründungen (z. B. Einbezug des Vorwissens der Lernenden sowie die individuelle Konstruktion von Wissen),
- sprachlerntheoretisch-didaktische Begründungen (z. B. die individuelle Progression der Lernenden und die Forderung nach authentischen Lern- und Kommunikationsanlässen).

Es lassen sich unterschiedliche Verständnisse des Autonomiebegriffs, von denen an dieser Stelle drei exemplarisch genannt seien, finden. So wird Autonomie z. B. als *managerial competence, capacity* und *control over content of learning* verstanden. Auch wenn sich die Begründungen für und Verständnisse von Lernendenautonomie teilweise stark voneinander unterscheiden, verdeutlichen sie doch, dass das primäre Ziel autonomer Lernansätze ist, Schülerinnen und Schüler in die Lage zu versetzen, eigenständig und vor allem lebenslang zu lernen.

Die am weitesten verbreitete Definition von Lernendenautonomie in der Englischdidaktik ist die von Henri Holec Anfang der 1980er-Jahre im Kontext der Erwachsenenbildung vorgeschlagene Definition:

> „Learner autonomy is the ability to take charge of one's own learning, to have, and to hold, the responsibility for all the decisions concerning all aspects of the learning which means [...] to have, and to hold, the responsibility for all the decisions concerning all aspects of this learning, i.e.: Determining the objectives; Defining the contents and progressions; Selecting methods and techniques to be used; Monitoring the procedure of acquisition properly speaking (rhythm, time, place, etc.); Evaluating what has been acquired." (Holec 1981, S. 3)

Lernende verfügen also über die notwendigen Kenntnisse und Fertigkeiten, um ihre Lernprozesse in allen Phasen des Unterrichts selbstverantwortlich zu gestalten; „Lernen wird aufgefasst als Handeln, Autonomie ist die Voraussetzung für selbstgesteuertes Lernhandeln" (Schmenck 2010, S. 14).

Diesem Band zugrunde liegt die Definition Lernendenautonomie, welche im Rahmen der *Third Nordic Conference* in Bergen entwickelt wurde:

> „Learner autonomy is characterised by a readiness to take charge of one's own learning in the service of one's needs and purposes. This entails a capacity and willingness to act independently and in co-operation with others, as a social, responsible person. An autonomous learner is an active participant in the social processes of learning, but also an active interpreter of new information in terms of what she/he already and uniquely knows." (Dam et al. 1990, S. 102)

Ein genauerer Blick in den Bericht der Arbeitsgruppe zeigt das Potenzial digitaler Medien für einen auf die Entwicklung von Autonomie ausgerichteten Fremdsprachenunterricht (ebd., S. 96–103). Es ist die Summe der Lernerfahrungen, eines jeden/einer jeden Lernenden, „that will shape her/his learning" (ebd., S. 96–97). Hierzu gehören verstärkt auch die digital-medialen Erfahrungen der Lernenden. „Co-operation and the development of social responsibility is part of the aims of teaching" (ebd., S. 99). Heranwachsen im digitalen Medienzeitalter geht einher mit der gemeinsamen (kooperativen) Gestaltung des Internets als digitaler, aber vor allem auch sozialer Raum und der Übernahme sozialer Verantwortung.

Trotz zahlreicher Versuche nicht nur einer Konzeptualisierung, sondern vor allem der Entwicklung von Handlungsanweisungen für die praktische Umsetzung der Prinzipien autonomen Lernens im Fremdsprachenunterricht scheinen die Grundideen des autonomen Lernens nur schwer Einzug in den Englischunterricht zu halten. Anders gesagt, der Ansatz (zumindest zu Ende gedacht) gilt als nicht vereinbar mit einer zunehmenden Standardisierung und Kompetenzorientierung. Dies scheint jedoch vor allem an der Tradierung altbekannter Mythen zu liegen, die den autonomen Lernansatz umranken, die im Folgenden kurz angerissen seien.

Die Entwicklung von Lernendenautonomie findet nicht außerhalb des Curriculums, sondern ganz im Gegenteil innerhalb curricularer Vorgaben statt. Schülerinnen und Schüler formulieren ihre eigenen Lernziele also im Rahmen des curricular Möglichen. *Learner empowerment* bedeutet also nicht das Außerkraftsetzen des Lehrplans, sondern das Eröffnen individueller Gestaltungsspielräume innerhalb curricularer Vorgaben, z. B. indem Lernende von den allgemeingültigen Lernzielen ausgehend eigene Lernziele formulieren, eigene Themenschwerpunkte setzen, Arbeitsformen, Materialien und (digitale) Medien frei wählen und gemeinsam mit der Lehrkraft über mögliche Lernprodukte entscheiden. Die Umsetzung von Lernendenautonomie bedeutet also keineswegs die Implementierung eines *Laissez-faire*-Ansatzes, sondern die Förderung der Eigenständigkeit der Lernenden innerhalb strukturierter Prozesse.

Dabei kommt der Lehrkraft eine besondere Rolle zu, denn entgegen landläufiger Meinung ist sie in autonomen Lernumgebungen alles andere als obsolet. So hebt Dam hervor: „There has often been the misconception that in the autonomous classroom the teacher is superfluous“ (2008, S. 17). Sie hilft Lernenden nicht nur dabei, zunehmend mehr Verantwortung für das eigene Lernen zu übernehmen, sondern ist dafür verantwortlich sicherzustellen, *that learning happens*. In der didaktischen Fachliteratur finden sich zahlreiche Begriffe, um die Rolle der Lehrkraft im autonomen Klassenraum zu beschreiben: *consultant* und *facilitator, counselor* und *resource* sowie *manager* und *organiser*. Eine weitere zentrale Rolle der Lehrkraft ist die des Rollenmodells (*role model*). So schreibt Dam: „It is important that the teacher gives her learners an insight into and an awareness of possible ways in which a task or a lesson can be structured and carried out“ (ebd., S. 17). Die Lehrkraft ist also nicht mehr alleinige Wissensquelle, sondern wird, wie auch die Lernenden selbst, zum *peer tutor*, zum Berater, Moderator und Mitgestalter individueller Lernprozesse. Eine zentrale Aufgabe der Lehrkraft ist das kontinuierliche Anbieten von Scaffolding „that helps them [the learners] to succeed when working on a task and that finally helps them to progress to a higher level“ (Heim/Ritter 2012, S. 181). Die zentralen Aufgaben, die der Lehrkraft zukommen, sind zusammengefasst:

- das Sichtbarmachen curricularer Vorgaben und Lernziele;
- das Schaffen von Rahmenbedingungen, innerhalb derer Lernende mitgestalten können;
- das Bereitstellen von Ressourcen, Materialien, Methoden, Ideen für Aufgaben und Lernprodukte;
- die Etablierung von Evaluation und Reflexion als integralen Bestandteil des Lernens.

Die Umsetzung von Lernendenautonomie und der damit einhergehende Wandel tradierter Rollen ist ein gradueller Prozess, der darauf abzielt, das Strategierepertoire der Lernenden kontinuierlich zu erweitern, und ihnen zunehmend mehr Verantwortung für alle den Lernprozess betreffenden Entscheidungen überträgt. Nach Nunan gibt es fünf Ebenen der Implementierung von Lernendenautonomie (vgl. Tab. 4). Mit jeder Ebene werden die Lernenden mehr und mehr in die den Unterricht betreffenden Entscheidungen mit einbezogen und übernehmen mehr Verantwortung.

Level	Learner action	Content
1	Awareness	Learners are made aware of the pedagogical goals and contents of the materials they are using.
2	Involvement	Learners are involved in selecting their own goals from a range of alternatives on offer.
3	Intervention	Learners are involved in modifying and adapting the goals and contents of the learning programme.
4	Creation	Learners create their own goals and objectives.
5	Transcendence	Learners go beyond the classroom and make links between the content of classroom learning and the world beyond.

Tab. 4: *Levels of implementation of learner autonomy* (Nunan 1997)

Nicht zuletzt kommt dem kollaborativen Lernen eine zentrale Rolle in autonomen Lernumgebungen zu, denn Lernen ist kein *autistic venture*, sondern ein gemeinsamer Prozess (vgl. Little/Dam/Timmer 1998). Durch bekannte Formen wie Partner- und Gruppenarbeit erhöht sich nicht nur der Sprechanteil einzelner Lernender (*student talking time*), sondern auch die Verantwortung des Einzelnen für den eigenen sowie den gemeinsamen Lernerfolg mit sich.

In der unterrichtlichen Praxis bedeutet dies, dass (1) Lernen ein zirkulärer Prozess ist, in dem (2) alle den Lernprozess betreffenden Entscheidungen, wie die Festlegung von gemeinsamen Lernzielen, die Bestimmung von Lerninhalten und Progression, die Auswahl von Methoden und Lerntechniken, die Überwachung sowie die abschließende Evaluation des Lernprozesses, gemeinsam getroffen werden, wie das folgende Modell von Leni Dam verdeutlicht (vgl. Abb. 2).

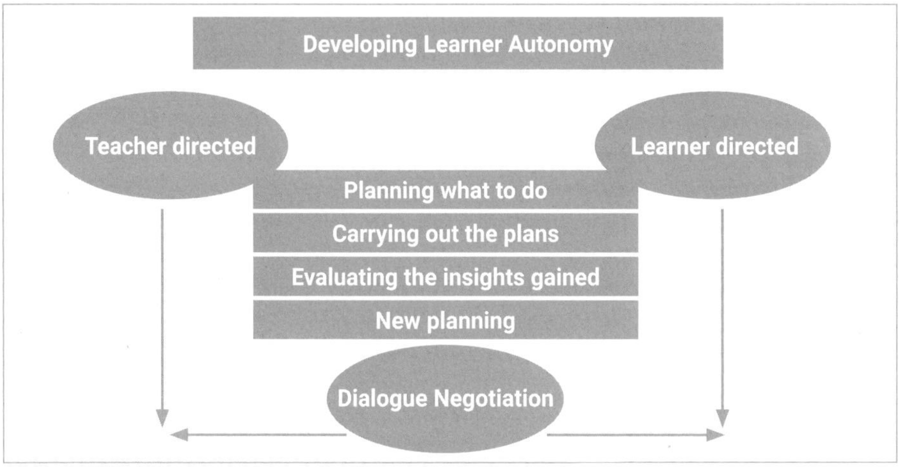

Abb. 2: Ein Praxismodell autonomen Lernens (Dam 2008, S. 14)

Diese kurze Übersicht über die Prinzipien und Ziele des autonomen Lernens deutet bereits an, dass digitale Medien das Potenzial haben, die Entwicklung der Lernenden hin zu autonomen und selbstständigen, aber auch (medien-)mündigen Individuen zu unterstützen. Jedoch erfordert eine erfolgreiche Nutzung digitaler Medien auch einen gewissen Grad an Autonomie seitens der Lernenden. Dies ist vor allem der Fall, wenn Lernen sowohl inner- als auch außerhalb des Klassenzimmers stattfindet, denn gerade in Blended- und Distanzlernumgebungen (vgl. Kapitel 3) müssen Lernende eine größere Verantwortung für ihr Lernen ohne die direkte Unterstützung der Lehrkraft oder *peers* übernehmen.

Doch was sind genau die Stärken digitaler Medien in Hinblick auf die Entwicklung von Lernendenautonomie? Klar ist, dass digitale Medien sowohl einen gewissen Grad an Autonomie erfordern, um sie kompetent und für das eigene Fremdsprachenlernen zielführend zu nutzen, aber Lernenden auch die Möglichkeit geben, eigene Lernprozesse eigenständig zu gestalten. Reinders unterscheidet in diesem Zusammenhang zwischen „autonomy-supportive technology use (i.e., technology that facilitates autonomous learning)" und „autonomy-developing technology use (i.e., technology that guides learners in developing autonomy)" (2018, S. 1). Reinders und Hubbard unterteilen die Vorteile des Fremdsprachenlernens mit digitalen Medien in organisatorische sowie pädagogische Vorteile (2013) (vgl. Tab. 5).

Organisational and practical advantages	Lernende ...
Access	haben zu jeder Zeit und von überall Zugriff auf digitale Ressourcen, wodurch sie nicht zuletzt unabhängiger von der Lehrkraft werden.
Storage and retrieval	können Lernmaterialien- und produkte einfach speichern und ortsunabhängig abrufen.
Creating, adapting, sharing and recycling	können Materialien einfach herstellen, bearbeiten und teilen. Sie können sie zu jedem beliebigen Zeitpunkt erneut abrufen und als Lernmaterial nutzen.
Cost efficiency	können kostenfreie digitale Materialien, Tools und Plattformen nutzen.
Pedagogical advantages	**Lernende ...**
Authenticity	haben die Möglichkeit, authentische Materialien in authentischen Gesprächssituationen und im Rahmen authentischer Aufgaben zu nutzen.
Interaction	können sowohl mit der Lehrkraft als auch anderen Lernenden orts- und zeitunabhängig interagieren.
Situated learning	können in unterschiedlichen Situationen lernen, wobei die Grenzen zwischen dem Klassenzimmer und realen, außerschulischen Lern- und Kommunikationssituationen minimiert werden. Sie greifen in lebensweltlichen Kommunikationssituationen auf digitale Hilfen, z. B. in Form eine Online-Wörterbuchs oder Hilfe durch die Lehrkraft oder peers zurück.
Multimedia	greifen auf multimedial präsentierte Informationen zurück, die ihnen ermöglichen, mit fremdsprachlichen Inhalten an ihre Bedürfnisse angepasst zu interagieren.
New types of activities	lernen im Rahmen neuer Aufgabenstellungen, die ohne digitale Medien nicht möglich wären.
Feedback and monitoring of learning behaviour and progress	erhalten Feedback von der Lehrkraft und peers auf unterschiedlichen Wegen und durch unterschiedliche Kanäle.

Tab. 5: Die Vorteile eines digitalen Medieneinsatzes (vgl. Reinders/Hubbard 2013)

Dabei behält die Nutzung digitaler Medien zumindest in der Anfangshase auch gewisse Herausforderungen bereit. Anders gesagt, die Vorteile des Lernens mit digitalen Medien „do not come as a free ride for autonomous learners" (Reinders/Hubbard 2013, S. 369). Denn nicht alle Lernenden sind intrinsisch daran interessiert, autonom mit digitalen Medien zu lernen, bzw. ihnen fehlen die nötigen Strategien, um digitale Medien erfolgreich in autonomen Lernumgebungen zu nutzen. Auch sind digitale Medien nicht unbedingt aus sich heraus pädagogisch sinnvoll, denn nicht alle „practical benefits of technology access extend [automatically] to the pedagogical level" (ebd., S. 11).

Nehmen wir das mobile Lernen als Beispiel. Ein *anytime/anywhere* Lernen bietet durchaus auch für den Englischunterricht zahlreiche Vorteile. Schülerinnen und Schüler können von überall auf Informationen zugreifen und Apps jederzeit zum Lernen nutzen, z. B. indem sie im Bus ein Vokabelquiz absolvieren, unbekannte englische Wörter, die ihnen in ihrem Alltag begegnen, direkt im Online-Wörterbuch nachschlagen oder einen englischen Zeitungsartikel auf dem Smartphone lesen. Jedoch müssen Lernende auf die Möglichkeiten des mobilen und informellen Lernens vorbereitet werden, denn nicht nur praktische Aspekte wie ein beschränktes mobiles Datenvolumen können zu einem Misserfolg mobilen Lernens beitragen, sondern auch fehlende Strategien (z. B. zum Lesen eines digitalen Textes oder der Nutzung von *Google Translate*), Unterstützungsmechanismen (z. B. zum Umgang mit Ablenkungen) oder klare Aufgabestellungen. So ist Hurds Feststellung zum autonomen Lernen im digitalen Zeitalter aktueller denn je:

> „if learners are not trained for autonomy, no amount of surrounding them with resources will foster in them that capacity for active involvement and conscious choice, although it might appear to do so." (Hurd 1998, S. 72–73)

Nicht zuletzt aus diesen Gründen kommt der Lehrkraft bei der Förderung der Autonomie der Lernenden mit digitalen Medien eine zentrale Rolle zu, die Reinders u. a. unter den drei Schlagworten *curation*, *structuring* und *scaffolding* zusammenfasst (Tab. 6).

	Beschreibung	Zentrale Fragen
Curation	Die Lehrkraft bewertet digitale Ressourcen, Tools und Plattformen hinsichtlich ihrer Vor- und Nachteile sowie potenzieller Schwierigkeiten, die Lernende bei der Nutzung haben könnten. Sie identifiziert etwaige Lernziele sowie Kompetenzen, welche Lernende benötigen, um erfolgreich mit den Ressourcen zu lernen.	Unterstützt das Tool oder die Plattform einen handlungsorientierten Englischunterricht? Welche technischen Kenntnisse benötigen die Lernenden?
Structuring	Die Lehrkraft arrangiert Inhalte und Tools so, dass Lernende schrittweise autonomer handeln. Außerschulisches Lernen und Lernen im Unterricht werden nach und nach zusammengeführt. Aufgabenstellungen unterstützen Lernende bei der kritischen Reflexion.	Wie und in welcher Reihenfolge kann ich digitale Ressourcen, Tools und Plattformen im Englischunterricht sinnvoll einsetzen, um Lernende schrittweise an eine eigenständige und reflektierte digitale Mediennutzung heranzuführen? Welche Unterrichtsaktivitäten kann ich in den Unterricht integrieren, um Lernenden Gelegenheit zu geben, ihre außerschulischen Lernerfahrungen zu teilen und kritisch zu reflektieren?

Scaffolding	Die Lehrkraft schafft eine Balance zwischen Freiheit und (optionalem) Scaffolding.	Wie kann ich die individuellen Lernprozesse der Lernenden überwachen und unterstützen? Welche Hilfestellungen benötigen Lernende?

Tab. 6: Ausgewählte Aufgaben der Lehrkraft bei der Entwicklung von Lernendenautonomie mit digitalen Medien (vgl. Reinders 2018, S. 2–3)

Die Entwicklung von Lernendenautonomie mit digitalen Medien ist also kein Selbstläufer, sondern bedarf einer sorgfältigen Planung und Unterstützung der Lernenden sowie einer kontinuierlichen Reflexion.

2.4 Personalisiertes Lernen

Die Personalisierung von Inhalten wird außerhalb schulischer Kontexte immer mehr zur Realität. Online-Versandhändler und Streamingdienste personalisieren zunehmend ihre Inhalte. Nutzende bekommen auf ihre Interessen und Bedürfnisse zugeschnittene Inhalte und Werbung angezeigt. Doch im Zuge der steigenden Digitalisierung des Fremdsprachenunterrichts wird der Personalisierung von Inhalten und Nutzendenmöglichkeiten auch in Form des personalisierten Lernens (*personalised learning*) immer mehr Aufmerksamkeit geschenkt. Der englische Begriff des *personalised learning* hält auch im deutschen Sprachraum zunehmend Einzug und ist in vielen Bereichen deckungsgleich mit Ansätzen wie Individualisierung und Differenzierung (Schaumburg 2018). Dabei meint Personalisierung nicht nur, dass das sprachliche Handeln der Lernenden einen persönlichen Bezug hat, sondern eine Personalisierung aller das Lehr-Lernen betreffende Prozesse, also ein stark am Individuum ausgerichteter Unterricht, der die konkreten Bedürfnisse, Ziele, Interessen und Hintergründe der Lernenden in den Mittelpunkt stellt. Lernende werden da abgeholt, wo sie stehen, und unter Berücksichtigung ihrer Biografien auf ihrem Weg zu ihren individuellen Endpunkten begleitet. Dabei bezieht sich Personalisierung auf eine, mehrere oder alle der folgenden Dimensionen des Englischunterrichts:

- Warum soll etwas gelernt werden? (Lernziele)
- Wie soll etwas gelernt werden? (Lernansatz)
- Was soll gelernt werden? (Lerninhalte)
- Wann und auf welchen Lernpfaden soll etwas gelernt werden? (Lerntempo)
- Wer soll etwas lernen? (Beziehen sich Warum und Was auf die gesamte Lerngruppe oder einzelne Lernende?)
- Wo soll gelernt werden? (Lernorte) (vgl. Holmes et al. 2018, S. 10)

Personalisierte Lernumgebungen mit digitalen Medien zeichnen sich nicht länger durch die Interaktion der Lernenden mit digitalen Lernprogrammen, wie in den Anfangstagen des computergestützten Fremdsprachenlernens, aus. Vielmehr kommt digitalen Medien in personalisierten Lernumgebungen die Funktion zu, Schülerinnen und Schülern kompetente Entscheidungen über das **Was**, **Wann**, **Wie** und **Wo** ihres Lernens zu ermöglichen (ebd., S. 35), z. B. indem sie in digital gestützten bzw. rein digitalen Lernlandschaften individuelle Schwerpunkte setzen und eigene Lernpfade beschreiten. Holmes et al. (ebd., S. 35 ff.) schlagen basierend auf der Arbeit von FitzGerald et al. (2017) vor, die oben genannten Fragen als Kontinuen zu begreifen, innerhalb derer Schülerinnen und Schüler kompetente Entscheidungen hinsichtlich ihres eigenen Lernprozesses treffen. Dafür eignen sich vor allem offene Unterrichtsarrangements und Strategien wie

- projektorientiertes Lernen;
- Wechsel zwischen kooperativen und individualisierten Lernformen;
- differenzierte und adaptive Lernaufträge- und aufgaben;
- adaptive Lernunterstützung;
- formative Rückmeldungen.

Die Möglichkeiten personalisierten Lernens mit digitalen Medien sind dabei vielfältig, denn digitale Medien bieten u. a. Unterstützung beim Diagnostizieren (z. B. welche Aufgaben wurden in welcher Zeit und mit welchen Hilfestellungen bearbeitet), bei der Individualisierung von Lernprozessen sowie dem Schaffen von Freiräumen z. B. hinsichtlich der Themen- und Methodenwahl (Schaumburg 2018).

Zusammengefasst bieten digitale Medien vor allem drei Formen personalisierter Lernumgebungen:

- Explorative Lernumgebungen: Sie bieten die Möglichkeit, problemorientiertes Lernen in konkreten Situationen stattfinden zu lassen, wobei Lernende auf ihr individuelles Vorwissen und Erfahrungen zurückgreifen.
- Adaptive Lernumgebungen/intelligente tutorielle Systeme: Sie passen sich durch eine algorithmen-gesteuerte Verarbeitung von Daten in Echtzeit an die Bedürfnisse des Lernenden an. Lernpfade, Hilfestellungen und Feedback werden dabei nutzerdefiniert bereitgestellt.
- Digitale Lernspiele: Sie regen die Auseinandersetzung der Lernenden mit individuellen Inhalten an und regen Lernende zu Sprachübungen, aber auch zur Auseinandersetzung mit landeskundlichen Themen an.

3 Digitale Kompetenz und Modelle digitalen Lehrens und Lernens

3.1 Einführung in das Kapitel

EINLADUNG ZUM VORDENKEN

- Was verstehen Sie unter digitaler Kompetenz?
- Welche Modelle zur Integration digitaler Medien in den Englischunterricht kennen Sie?

Die Integration digitaler Elemente in den Englischunterricht kann mit Blick auf das rasante Fortschreiten der Digitalisierung aller Lebensbereiche und den damit einhergehenden gesellschaftlichen Entwicklungen nicht länger nur punktuell geschehen, sondern muss flächendeckend auf alle Themen- und Kompetenzbereiche bezogen umgesetzt werden. Dabei kommt das Digitale nicht einfach zum Analogen hinzu, denn die beiden sind inzwischen untrennbar miteinander verwoben (Baecker 2017). Doch welche Kompetenzen sollten Schülerinnen und Schüler vor dem Hintergrund einer Explosion der globalen Wissensbestände, die in Echtzeit abrufbar sind, und einer zunehmenden globalen zeit- sowie ortsunabhängigen Kommunikationskultur erwerben? Welche Kernkompetenzen sollten digitalkompetente Lehrkräfte besitzen, um eine erfolgreiche und sinnvolle Integration digitaler Medien zu gewährleisten? Welche Modelle stehen Lehrenden zur Verfügung, um ihren Englischunterricht erfolgreich zu digitalisieren und ihren Beitrag zum Aufbau einer zunehmend digitalen Lernkultur kritisch zu reflektieren? Diese und viele weitere Fragen werden in diesem Kapitel aufgegriffen und beantwortet. Die hier vorgestellten Modelle zu digitalen Transformationen bieten unterschiedliche Zielrichtungen, Parameter und Perspektiven. Während manche sich auf die Kompetenzen von Lehrenden oder von Lernenden konzentrieren, nehmen andere Modelle die Kompetenzen digitalen Bürgerinnen und Bürger allgemein in den Blick. Während bei manchen die Lehr-Lern-Technologie im Vordergrund steht, geht es bei anderen eher um die Stärkung von Kompetenzen oder die Neudefinition von Lernzielen. Den Modellen ist gemein, dass sie nicht nur Denkanstöße geben, sondern Lehrkräfte dabei unterstützen, den digitalen Wandel aktiv zu gestalten, denn aus den in diesem Kapitel vorgestellten Modellen ergeben sich klare Zieldimensionen und Handlungsempfehlungen für den Umgang mit digitalen Medien und

Texten. Zunächst wird der Begriff der digitalen Kompetenz erläutert. Daran anschließend wird ein Blick auf die digitalen Kompetenzen von Lehrenden geworfen. Abschließend werden ausgewählte Modelle zur Integration digitaler Medien in den Unterricht vorgestellt.

3.2 Digitale Kompetenz

Laut der Europäischen Union ist der kompetente Umgang mit digitalen Medien eine der acht Schlüsselkompetenzen lebenslangen Lernens (Europäische Union 2018). Der Englischunterricht, wie alle anderen Fächer auch, sollte Schülerinnen und Schüler also dabei unterstützen, medienkompetent zu handeln. Während Medienkompetenz vor der digitalen Wende vor allem den Umgang mit klassischen Massenmedien wie z. B. Fernsehen und Zeitungen meinte, wird Medienkompetenz heute als die Fähigkeit verstanden, sich unterschiedliche Arten von Medien aktiv aneignen und für das eigene Kommunikations- und Handlungsrepertoire einsetzen zu können (vgl. Baacke 1996, S. 119). In Anbetracht der zunehmenden Digitalisierung aller Lebensbereiche liegt der Schwerpunkt dabei inzwischen fast ausschließlich auf der digitalen (Medien-) Kompetenz der Lernenden, also deren Fähigkeit „to be able participate and benefit from digital opportunities – but also to mitigate possible risks“ (Vuorikari et al. 2016, S. 3). Diese recht breit gefasste Definition deutet bereits an, dass digitale Kompetenz ein recht facettenreiches Konzept ist, das ein breites Spektrum von Fähigkeiten, Fertigkeiten und Strategien umfasst.

Eine der umfassendsten Definitionen von digitaler Kompetenz bietet Ferrari. Er definiert digitale Kompetenz als

> „the set of knowledge, skills, attitudes, abilities, strategies, and awareness that are required when using ICT and digital media to perform tasks; solve problems; communicate, manage information; collaborate; create and share content; and built knowledge effectively, appropriately, critically, creatively, autonomously, flexibly, ethically, reflectively for work, participation, learning, socializing, consuming, and empowerment.“ (2012, S. 3–4)

Dabei bezieht sich Ferraris Verständnis von digitaler Kompetenz weder spezifisch auf die Kompetenzen von Lehrkräften noch von Schülerinnen und Schülern, sondern beschreibt ganz allgemein diejenigen Kompetenzen, die medienmündige Bürger im digitalen Zeitalter besitzen sollten. Sie sollen in der Lage sein, digitale Medien in unterschiedlichen Kontexten und ihren Bedürfnissen entsprechend autonom zu nutzen. Dazu zählt u. a. das Finden von Informationen, das Aneignen von Wissen sowie das Lösen von Problemen (vgl. Tab. 7). Diese Teilkompetenzen können, so viel ist klar, nicht durch die gelegentliche Nutzung digitaler Tools, Plattformen und Ressourcen entwickelt werden, sondern bedürfen einer kontinuierlichen Integration aller Aspekte eines Lehrens und Lernens unter den Bedingungen der Digitalität.

Information and data literacy (Mit digitalen Informationen umgehen)	Informationsbedürfnisse erkennen und äußern, digitale Informationen finden und bewerten, Fake News identifizieren, Quellen bewerten, Informationen speichern und sortieren.
Communication and collaboration (Wirkungsvoll digital kommunizieren)	Mithilfe von digitalen Technologien kommunizieren, interagieren und kollaborieren, sich der Unterschiede in digitalen Kommunikationsweisen z.B. aufgrund von Alter, Geschlechter, kulturellen Hintergründen, bewusst sein, sich aktiv an gesellschaftlichen und politischen Prozessen im digitalen Raum beteiligen, digitale Identität(en) bewusst managen.
Digital content creation (Digitale Inhalte erstellen und gestalten)	Digitale Inhalte unter Berücksichtigung von Copyright und Lizenzrechten bearbeiten und erstellen können, Befehle an Computersysteme geben.
Safety (Sicherheit gewährleisten)	Geräte- und Datensicherheit gewährleisten können, Aspekte mentaler und körperlicher Gesundheit berücksichtigen können, sich der zentralen Rolle digitaler Plattformen und Kommunikationswege zur Aufrechterhaltung des sozialen Wohlergehens bewusst sein, die Einflüsse digitaler Medien und deren Nutzung kennen und beachten.
Problem solving (technische Probleme lösen)	Eigene Bedürfnisse hinsichtlich des digitalen Lebens benennen, Herausforderungen und Probleme in digitalen Umgebungen erkennen und lösen können, die digitale Entwicklung verfolgen.

Tab. 7: Kompetenzbereiche im Rahmenmodell zu digitalen Kompetenzen (Carretero Gomez/Vuorikari/Punie 2017, S. 11)

Der erstmals im Jahr 2013 veröffentlichte und seitdem mehrmals überarbeitete *European Digital Competence Framework for Citizens* (*DigComp*) (Carretero/Vuorikari/Punie 2017, S. 10) beschreibt diejenigen Teilkompetenzen, die medienmündige europäische Bürgerinnen und Bürger besitzen sollten, um digitale Medien möglichst selbstbestimmt nutzen zu können. Das Rahmenmodell wird inzwischen auch in fachdidaktischen Publikationen immer öfter genannt (vgl. u. a. Summer 2021, S. 186–208). Die Version des *Digital Competence Framework 2.1* umfasst insgesamt fünf übergeordnete Kompetenzbereiche (*competence descriptors*), denen jeweils unterschiedliche Teilkompetenzen (Wissen, Fähigkeiten, Fertigkeiten und Haltungen) zugeordnet werden (vgl. Abb. 11). Des Weiteren werden für jede Stufe unterschiedliche Anforderungen (*proficiency levels*) definiert, die sich aus der Komplexität der zu bearbeitenden Aufgabe, der Eigenständigkeit des Handelnden sowie der zu leistenden kognitiven Aktivität ergeben. Ist eine Person in der Lage, die Anforderungen auf einer Ebene zu erfüllen, gilt sie auf diesem Level als kompetent.

Neben dem Begriff der digitalen Kompetenz (*digital competence*) ist auch der Begriff der digitalen Literarität immer häufiger zu finden. Im Gegensatz zur Kompetenz meint *literacy* die Fähigkeiten und Fertigkeiten (*skills*), die zur erfolgreichen Nutzung digitaler Medien notwendig sind. So definieren Hague und Payton *digitally literate* als die „ability to make and share meaning in different modes and formats; to create, collaborate and communicate effectively and to understand how and when digital technologies can best be used to support these processes" (Hague/Payton 2010, S. 2). Dudeney, Hockly und Pegrum, die bereits 2013 einen *Framework of Digital Literacy* entwickelt und diesen seitdem immer weiterentwickelt haben, bieten eine spezifisch auf den Fremdsprachenunterricht ausgerichtete Definition von digitaler Literarität (Abb. 11). Sie verstehen *digital literacy* als „the individual and social skills needed to effectively interpret, manage, share and create meaning in the growing range of digital communication channels" (Dudeney/Hockly/Pegrum 2013, S. 2). Abb. 3 zeigt die 2022 erschienene dritte Version ihres *Literacy Frameworks*.

increasing complexity	First focus: Communicating	Second focus: Informing	Third focus: Collaborating	Fourth focus: (Re)designing
	Print literacy Texting literacy (+ Reconstructive literacy)			
	Hypertext literacy	Tagging literacy (+ Hashtag literacy)		
	Multimodal literacy	Search literacy Filtering literacy	Personal literacy (+ Security literacy) Network literacy Participatory literacy	
	Immersive literacy (+ Gaming literacy) (+ XR literacy) Spatial literacy Mobile literacy	Information literacy (+ Data literacy)	Intercultural literacy	Attentional literacy
	Code literacy (+ Technological literacy) (+ AI literacy)		Ethical literacy	Critical literacy (+ Critical mobile lit.) (+ Critical material lit.) (+ Critical philosophical lit.) (+ Critical academic lit.) Remix literacy

Abb. 3: Der *Framework of Digital Literacies 3.0* (Pegrum 2022, o. S.; vgl. auch Pegrum/Hockly/Dudeney 2022)

Der *Framework* zeigt ein Verständnis von digitaler Literarität, das viele Aspekte eines rapiden technologischen Wandels und die damit verbundenen digitalen Alltagshandlungen und Herausforderungen, wie *Big Data, Learning Analytics* und Künstliche Intelligenz, um nur drei zu nennen, sehr konkret erfasst. Der *Framework* besteht aus den vier zentralen Säulen *communicating, informing, collaborating* und *(re)designing*, die auch in diesem Buch eine wichtige Rolle spielen. Jede der vier Schwerpunkte umfasst eine Vielzahl unterschiedlicher ineinandergreifender Komponenten bzw. Einzelliteraritäten, die in aufsteigender Komplexität dargestellt sind (vgl. Tab. 8 für die Definition ausgewählter *literacies* aus dem *Framework*). Neu hinzugekommen ist *attentional literacy*, verstanden als

> „the ability to intentionally direct one's attention, in the present moment, toward information originating from the self, others, and the environment (whether analogue, digital, or blended), and to sustain that attention by choice, while becoming aware of and remaining non-judgmental towards new perspectives, multiple viewpoints, and shifting context." (Pegrum 2022, o. S.)

Die Aufnahme dieser Literarität in den Framework zeigt, wie wichtig es geworden ist, Schülerinnen und Schülern nicht nur Wege aufzuzeigen, mit digitalen Medien umzugehen und diese sinnvoll für ihre eigenen Zwecke zu nutzen, sondern eben auch Strategien zu entwickeln, dem Gefühl eines ständigen Abgelenkt- und Überfordertseins entgegenzuwirken und Wege zu finden, die eigene Aufmerksamkeit zu fokussieren.

Immersive literacy	The ability to effectively navigate, interact with, and communicate and create within multimodal (and increasingly multisensory) immersive environments.
Spatial literacy	The ability to adopt alternative identities for the purpose of improvisation and discovery patial literacy: the ability to effectively navigate between 2D, 3D and even 4D representations of meaning (where the fourth dimension is time), whether real, digital, or blended
Code literacy	The ability to interpret and construct dynamic models of real-world processes.code literacy: the ability to read, write, critique and modify computer code for informational, communicational and design purposes.
Tagging literacy	The ability to use metadata in the form of tags to find, make findable, and curate digital materials, including through folksonomies or social bookmarking.
Personal literacy	The ability to use digital tools to shape, establish and project a desired online identity as a platform for interacting with others.

Tab. 8: *Selected digital literacies* (Pegrum o. D., vgl. auch Dudeney/Hockly/Pegrum 2022, o. S.)

Allein durch ihr eigenes digitales Handeln ist es Kindern und Jugendlichen nur schwer möglich, weitergehende digitale Medienkompetenzen, wie die gezielte Nutzung digitaler Medien oder die Bildung einer unabhängigen, reflektierten Meinung, auszubilden. Anders gesagt, digitale Medien müssen integrativer Teil auch des Fremdsprachenunterrichts sein. Dazu braucht es ohne Frage eine Digitalisierung der Klassenräume, aber auch und vor allem digital kompetente Lehrkräfte, die digitale Medien zielgerichtet und zur Schulung von Medienkompetenz einsetzen können. Zwar unterscheidet sich die Situation von der in den frühen 2000er-Jahren, denn heutige (angehende) Lehrkräfte sind zumindest teilweise selbst mit digitalen Medien aufgewachsen und verfügen zumindest über einen gewissen Grad an Medienkompetenz. Dennoch fehlt auch ihnen in Teilen das medienpädagogische Wissen für eine sinnvolle medienkompetenzfördernde Integration digitaler Medien, Texte und Inhalte. Doch welche digitalen und didaktischen Kompetenzen sollten Lehrkräfte in Hinblick auf eine kontinuierliche Einbindung digitaler Medien im Englischunterricht besitzen? Und welche Modelle können Lehrerinnen und Lehrer dabei unterstützen, einen digitalen Blick auf ihr eigenes Lehren (und Lernen!) zu werfen und digitale Lehr-Lern-Konzepte zu entwickeln? Ausgehend von diesen Fragen werden im Folgenden ausgewählte Kompetenzmodelle vorgestellt, die darauf abzielen, die eigenen digitalen Kompetenzen kritisch zu reflektieren, Bildungsangebote zu nutzen und die sinnvolle und bedarfsgerechte Einbindung digitaler Medien in den Unterricht voranzubringen.

3.3 Der Europäische Rahmen für die Digitale Kompetenz von Lehrenden

Der *Digital Competence Framework for Educators* (*DigCompEdu*), welcher vom *Joint Research Centre* der Europäischen Union 2017 entwickelt wurde, beschreibt diejenigen berufsspezifischen digitalen Kompetenzen, die Lehrende aller Bildungsebenen in Zeiten der Digitalisierung benötigen (Punie/Redecker 2017). Damit bietet er Lehrkräften einen Referenzrahmen zur (Selbst-)Einschätzung ihrer digitalen Kompetenzen und unterstützt sie so darin, ihren individuellen Fort- und Weiterbildungsbedarf zu ermitteln und gezielt zu planen. Der Kompetenzrahmen unterteilt sich in drei Bereiche, die digitale Kompetenzen auf sechs Stufen beschreiben: berufliche Kompetenzen im digitalen Kontext (*Educators' professional competences*), pädagogische und didaktische Kompetenzen beim Einsatz von digitalen Medien (*Educators' pedagogic competences*) sowie digitale Kompetenzen von Schülerinnen und Schülern (*Learners' competences*). Diese gliedern sich in sechs Kompetenzfelder:

(1) berufliches Engagement;
(2) digitale Ressourcen;
(3) Lehren und Lernen;
(4) Evaluation;
(5) Lernendenorientierung;
(6) Förderung der digitalen Kompetenzen der Lernenden.

Der erste Bereich konzentriert sich auf das berufliche Umfeld der Lehrenden, also z. B. ihre Nutzung digitaler Medien in der Zusammenarbeit und Kommunikation mit anderen Kolleginnen und Kollegen sowie Eltern, aber auch ihre Bereitschaft zur Weiterbildung im digitalen Bereich. Bereich zwei betrachtet diejenigen Kompetenzen, die zum Auswählen, Erstellen und Adaptieren sowie zum verantwortungsvollen Umgang mit digitalen Ressourcen benötigt werden. Der dritte Bereich umfasst alle Kompetenzen, welche die Gestaltung des Einsatzes digitaler Medien z. B. zur Lernbegleitung oder zum Schaffen kollaborativer Lernszenarien betreffen.

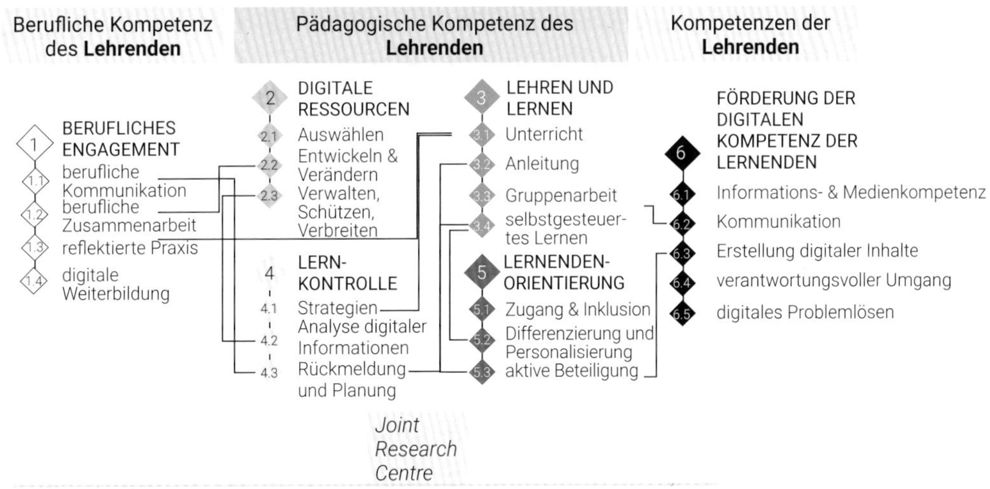

Abb. 4: Rahmen für die digitalen Kompetenzen von Lehrenden (vgl. Punie/Redecker 2017, o. S.; Rotberg 2019, o. S.)

Die in den ersten drei Bereichen aufgezählten Kompetenzen sind integraler Bestandteil aller Lehr-Lern-Prozesse, egal ob diese digital unterstützt werden oder nicht. Der vierte Bereich betrifft all diejenigen digitalen Kompetenzen, die für den Einsatz digitaler Medien in der Bewertung und Evaluation unterrichtlicher Prozesse relevant sind. Bereich fünf konzentriert sich auf das Potenzial digitaler Medien zur Ausgestaltung differenzierter und lernerzentrierter Lernumgebungen und greift damit auf die Bereiche zwei bis vier zurück, in denen die für diesen Bereich relevante Kompetenzen enthalten sind. Abschließend beschreibt der sechste Bereich diejenigen pädagogischen Kompetenzen, die für die Förderung der digitalen Kompetenzen von Schülerinnen und Schülern notwendig sind.

Der *DigCompEdu* enthält ebenfalls ein Phasenmodell, das sich an den sechs Stufen des *Gemeinsamen Europäischen Referenzrahmens für Sprachen* (*GER*) orientiert. Das progressionsorientierte Modell hat zum Ziel, Lehrende dabei zu unterstützen, ihre bereits vorhandenen digitalen Kompetenzen einzuschätzen und ihre individuellen Stärken und Schwächen hinsichtlich eines digitalen Medieneinsatzes im ihrer beruflichen Praxis besser zu verstehen. Dabei sind die Stufen keinesfalls defizitorientiert, sondern soll Lehrerinnen und Lehrer dabei unterstützen, Fortbildungsangebote zu wählen, die ihnen helfen, ihre digitalen Kompetenzen kontinuierlich weiterzuentwickeln, denn unterschiedliche Kompetenzniveaus erfordern unterschiedliche Strategien der Weiterentwicklung. Alle Niveaustufen sind mit einer Rollenbeschreibung versehen, die von Einsteiger (A1) über Insider (B1) bis Vorreiter (C2) reichen.

Neben der Einschätzung und Weiterentwicklung der eigenen digitalen Kompetenzen geht es vor allem darum, digitale Medien, Texte und Themen in den Englischunterricht zu integrieren. Denn nur so können digitale Lernangebote entstehen und eine digitale Aufgabenkultur entwickelt werden, die es Schülerinnen und Schülern erlaubt, die vielfachen fremdsprachlich-digitalen Kompetenzen zu entwickeln, die sie als mündige Bürgerinnen und Bürger in einer zunehmend komplexen digitalen Welt benötigen.

3.4 Der *TPACK Framework*

Der *Technological Pedagogical Content Knowledge* (*TPACK*) *Framework* von Shulman (1986), der von Mishra und Koehler (2006) weiterentwickelt wurde, stellt ein im deutschen Kontext immer noch recht unbekanntes und wenig genutztes Modell dar, das vor allem auf aufgrund seiner Komplexität auf den ersten Blick abschreckend wirken kann. Es beschreibt drei zentrale Wissensbereiche, welche Lehrkräfte benötigen, um digitale Medien effektiv im Unterricht einzusetzen, wobei die verschiedenen Überschneidungen der drei Wissensbereiche zu insgesamt sieben unterschiedlichen Wissensbereichen führen, von denen Inhaltswissen und pädagogisches Wissen die Basis für die erfolgreiche Nutzung digitaler Medien im Unterricht bilden (Abb. 5). Dabei sollten Lehrkräfte nicht nur über fundierte Kenntnisse in allen drei Bereichen verfügen, sondern auch in der Lage sein, diese erfolgreich zusammenzuführen und miteinander in Einklang zu bringen.

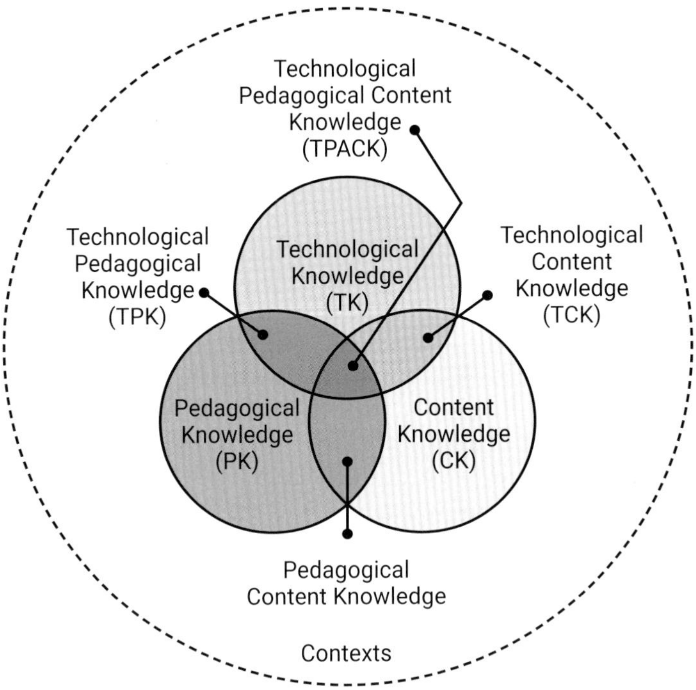

Abb. 5: Der *TPACK Framework* von Mishra/Koehler (2006)

Der *Framework* unterscheidet die drei zentralen Wissensbereiche inhaltliches Wissen, pädagogisches Wissen und technologisches Wissen. Die Überschneidungen der drei Wissensbereiche bilden das TPACK-Wissen, das *Technological Pedagogical Content Knowledge*. Die folgende Übersicht bietet eine kurze Beschreibung für jeden der sieben Wissensbereiche (Tab. 9).

1	**Technologiewissen** (technological knowledge)	Wissen über unterschiedliche Hard- und Softwares und die kontextabhängige Abwandlung und Nutzung dieser Technologien
2	**Inhaltswissen** (content knowledge)	Wissen über Fachinhalte, Wissen über Theorien und Konzepte sowie deren Adaption und Weiterentwicklung
3	**Pädagogisches Wissen** (pedagogic knowledge)	Wissen über gängige Lehr-Lern- sowie Bewertungsmethoden
4	**Pädagogische inhaltliche Kenntnisse** (pedagogical content knowledge)	Kenntnisse darüber, wie fachspezifisches Wissen lernendengerecht vermittelt werden kann und welche Herausforderungen bei der Wissensvermittlung auftreten können
5	**Technologiespezifisches Inhaltswissen** (technological content knowledge)	Wissen darüber, welche neuen Möglichkeiten sich zur Wissensvermittlung durch Technologie ergeben

6	**Technologisch-pädagogisches Wissen** (technological pedagogical knowledge)	Wissen darüber, welche Erfordernisse und Zwänge Technologien bei der Umsetzung verschiedener Lehr-Lern-Methoden mit sich bringen
7	**Technologisch-pädagogisches Inhaltswissen** (technological pedagogical content knowledge)	Kenntnisse darüber, wie die unterschiedlichen Wissensbereiche beim Einsatz technologischer Tools zusammenspielen

Tab. 9: Die Wissensbereiche des *TPACK*-Rahmenmodells

Das Modell bietet die Möglichkeit, Lernumgebungen durch den Einsatz von Technologie zu verbessern, indem es Lehrkräfte bei der Planung von Unterricht unter den Bedingungen der Digitalität unterstützt. Dabei ist ein großer Vorteil des Modells, dass es den Fokus nicht allein auf technologisches Wissen legt, sondern auch andere, in digitalen Lernumgebungen ebenfalls relevante Wissensbereiche miteinbezieht. Dabei heben Köhler und Mishra hervor, dass das Modell nicht als monolithisch, sondern dynamisch zu verstehen ist (2009, S. 66 ff.), denn je nach Medienausstattung der Schule, Lerngruppe oder Lernzielen stehen unterschiedliche Wissensbereiche mal mehr, mal weniger im Vordergrund.

3.5 Das *SAMR*-Modell von Puentedura

Puenteduras taxonomiebasiertes Modell (2006) zeigt, wie digitale Medien Lernprozesse nachhaltig verändern. Damit gibt es Lehrkräften die Möglichkeit, ihr Unterrichtsangebot hinsichtlich des Einsatzes digitaler Medien kritisch zu reflektieren und zu bewerten, wie erfolgreich und gewinnbringend sie digitale Medien bereits in ihrem Unterricht nutzen, aber auch, wie sie ihren digitalen Medieneinsatz kontinuierlich weiterentwickeln können. Das Modell unterscheidet dabei zwischen den beiden Hauptebenen *Enhancement* und *Augmentation,* welche jeweils in zwei Unterebenen (*Substitution* und *Augmentation* sowie *Modification* und *Redefinition*) unterteilt werden. Das Modell verdeutlicht zugleich, dass der Mehrwert digitaler Medien nicht nur darin besteht, bestimmte Lernziele einfacher und schneller zu erreichen, sondern kontinuierlich neue Zieldimensionen für den Unterricht zu eröffnen. So formuliert Krommer: Der Mehrwert digitaler Medien besteht „häufig gerade nicht (nur) darin, altbekannte Ziele schneller oder einfacher zu erreichen, sondern vielmehr darin, völlig neue Zieldimensionen erstmals zu eröffnen" (2015, S. 41). Es kommt also zu einer zunehmend medienabhängigen Festlegung von Lernzielen.

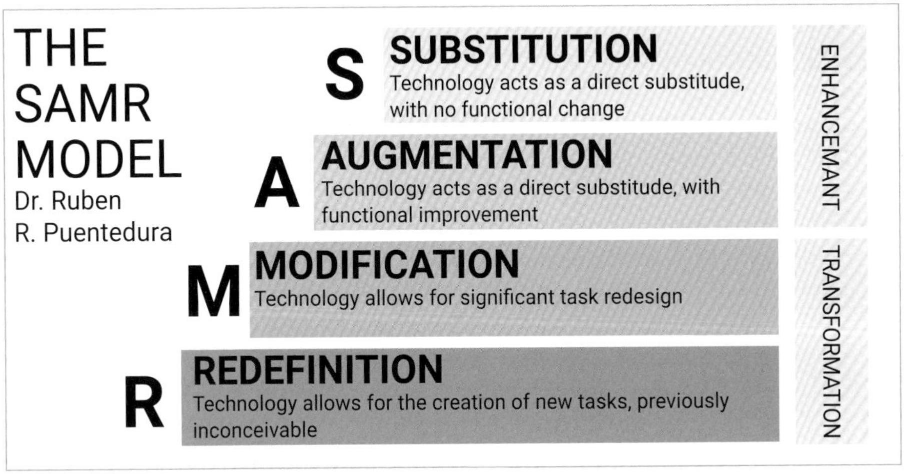

Abb. 6: Puenteduras *SAMR*-Modell (basiert auf Puentedura 2006)

Das *SAMR*-Modell richtet sich sowohl an Lehrkräfte, die bereits digitale Medien in ihrem Unterricht nutzen, als auch an Lehrkräfte, die noch weitestgehend auf analoge Medienangebote zurückgreifen. Dabei steigt die Bedeutung digitaler Medien mit jeder der vier Stufen, die sich in jeweils zwei Bereiche unterteilen lassen. Der Übergang markiert die „Schwelle vom Bereich, in dem digitale Technologie das Lernen verbessert (*Enhancement*) hin zum Bereich, in dem sie das Lernen verwandelt (*Transformation*)" (bildung. digital o. D.). Auf den unteren beiden Ebenen werden Lernaufgaben durch den Einsatz digitaler Medien verbessert, sie werden *enhanced*, ohne dass dabei große funktionale Änderungen stattfinden, während sie auf den oberen beiden Ebenen umgestaltet werden, sie werden *transformed*. Im Folgenden werden die vier Ebenen genauer beschrieben und die Veränderung bzw. Gestaltung von Aufgaben auf jeder Stufe am Beispiel Schreiben verdeutlicht.

Die erste Ebene beschreibt das reine Ersetzen analoger durch digitale Medien, ohne dabei die Aufgabe an sich zu ändern. So schreiben Lernende einen Text in einem Wortverarbeitungsprogramm anstatt mit dem Stift, ohne dabei auf zusätzliche Funktionen wie die Rechtschreibhilfe oder das Benutzerwörterbuch zurückzugreifen. Auf der ersten Ebene ändert sich also nur das Medium, mit dem die Schülerinnen und Schüler arbeiten, ohne dabei funktionale Verbesserungen mit sich zu bringen. Auf der zweiten Ebene findet bereits eine leichte Adaption der Aufgaben statt. Auf dieser Ebene nutzen Lernende bei der Texterstellung nun z. B. zusätzliche Hilfen wie das Rechtschreibprogramm oder Funktionen wie *copy & paste* oder *drag & drop*. Diese Art des Arbeitens wäre mit analogen Medien wie Stift, Blatt und Wörterbuch nur bedingt möglich. Die Verbesserung ist also funktional. Auf der dritten Ebene wird die Aufgabe nun so umformuliert, dass die Nutzung digitaler Tools explizit gefordert wird, z. B. indem Schülerinnen und Schüler die Aufgabe bekommen, multimediale Inhalte, wie Bilder, Links, oder Audio- oder Videodateien, einzufügen oder ihre Texte gegenseitig mithilfe der Kommentarfunktion zu kommentieren. Soziale und kollaborative Aspekte des Lernens mit digitalen Medien beginnen in den Mittelpunkt zu rücken. Aufgaben, die ohne technologische Unterstützung nicht möglich wären, gehören der vierten und letzten Stufe an. Anstelle des Verfassens eines schriftlichen Textes bekommen Lernende z. B. die Aufgabe, eine digitale Geschichte zu verfassen. Der Inhalt der Geschichte wird nicht mehr weitestgehend über den Text vermittelt, Bilder und andere multimodale Elemente dienen also nicht mehr der reinen Illustrierung, sondern haben eine narrative Funktion. Der Einsatz digitaler Medien führt auf dieser Stufe zu einer signifikanten Änderung des Unterrichtsgeschehens.

EINLADUNG ZUM MITMACHEN

- Auf welchen der vier Ebenen bewegen Sie sich im Englischunterricht momentan vornehmlich?
- Denken Sie an eine konkrete Aufgabe aus Ihrem Unterricht. Wie könnten Sie die Aufgabe so umgestalten, um zu einer anderen Ebene zu gelangen?

Trotz der Nützlichkeit des *SAMR*-Modells sollte es durchaus auch kritisch betrachtet werden. So bietet es zwar die Möglichkeit, bestehende Aufgaben kritisch zu reflektieren und sinnvoll zu adaptieren, allerdings kann das Modell auch leicht zu einer nicht wünschenswerten Abgrenzung von analogem und digitalem Lernen sowie zu einem willkürlichen digitalen Medieneinsatz führen. Ebenfalls sollten Aufgaben weiterhin vom Lernziel und nicht vom technisch Möglichen aus gedacht werden. Anders gesagt, das Ziel sollte nicht der Einsatz digitaler Medien um jeden Preis sein, sondern die fremdsprachlichen und übergeordneten Lernziele; auch wenn „technische Möglichkeiten grundlegender Anlass sein [können], bestehende Muster des Lehrens und Lernens zu hinterfragen" (bildung.digital o. D. a/b). Geht es bei der beschriebenen Beispielaufgabe also z. B. um die Schulung der motorischen Fähigkeiten der Lernenden und nicht um das Üben des digitalen Schreibens, den Umgang mit einem Textverarbeitungsprogramm oder die Etablierung kollaborativer Schreibprozesse, ist der Stift der Tastatur vorzuziehen. Es sollte also situationsabhängig entschieden werden, welche (digitalen) Medien zum Erreichen der Lernziele am zielführendsten sind. Des Weiteren sollten die Stufen flexibel gehandhabt werden, denn es ist momentan noch recht unrealistisch, dass man sich durchgehend auf den oberen beiden oder gar auf der letzten Ebene bewegt bzw. dass bestehende Lernkontexte ein dauerhaftes Verweilen im oberen Bereich sinnvoll erscheinen lassen. So hebt Stevens hervor: „If the SAMR model was a swimming pool, and we all jumped in the deep end or ‚swam' above the ‚line' we would exhaust ourselves and sink – but, if we swim laps, imagine the possibilities" (Stevens o. D.). Vor diesem Hintergrund gibt es mittlerweile zahlreiche Adaptionen des Modells, welche die vier Stufen nebeneinander bzw. auf einer Ebene darstellen und so versuchen, den technokratischen Charakter des Modells aufzuweichen und den lerngruppen- und kontextabhängigen Einsatz digitaler Medien hervorzuheben. So wird Lehrkräften die Möglichkeit gegeben, sich je nach Bedarf auf einer der vier Ebenen zu bewegen (Abb. 7).

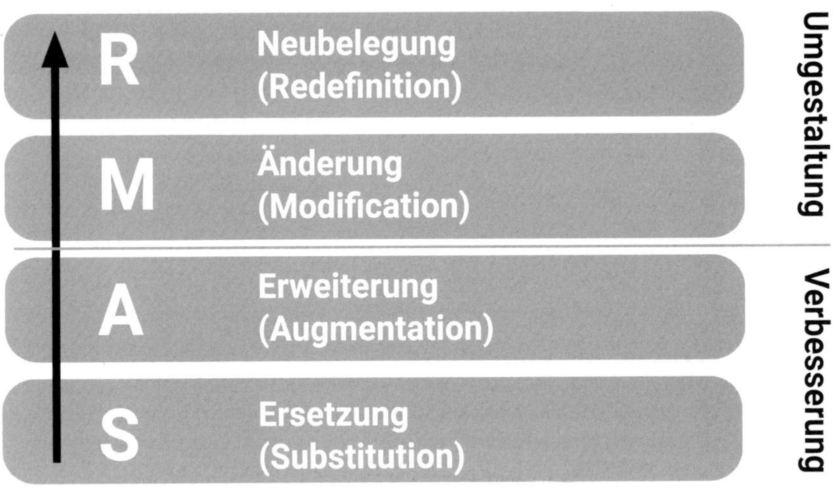

Abb. 7: Puenteduras *SAMR*-Modell (2006); modernes Modell, mebis o. D.

3.6 Der *Framework for 21st Century Learning*

Ein weiteres Modell für die Unterrichtsentwicklung unter den Bedingungen der Digitalität ist der *Framework for 21st Century Learning*, welcher auf die US-amerikanische Non-Profit-Organisation *Partnership for 21st Century Learning* (*P21*) zurückgeht (P21 o. D.). Das Rahmenmodell beschreibt sowohl diejenigen Fähigkeiten und Wissensbestände, die Lernende besitzen müssen, um erfolgreich am (digitalen) Leben teilhaben zu können, als auch die notwendigen Unterstützungen, die Lernende benötigen, um ihre Lernziele zu erreichen.

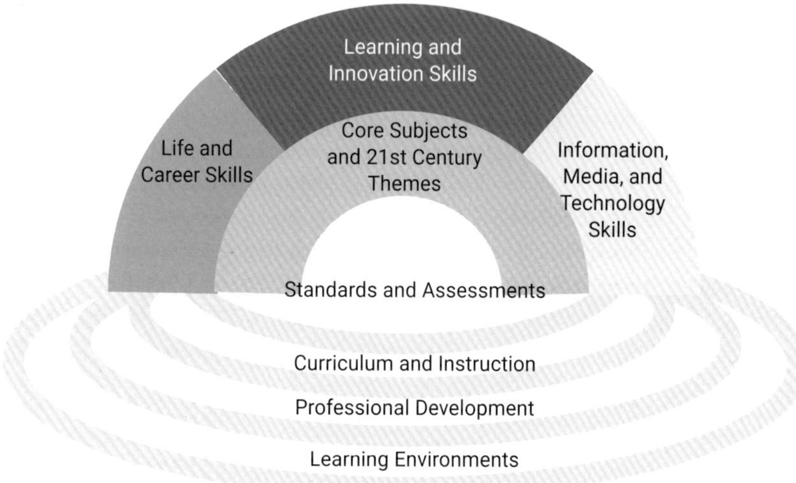

Abb. 8: *P21's Frameworks for 21st Century Learning* (P21 o. D.)

Auch wenn das Modell nicht zuletzt aufgrund der Beteiligung von Vertretern aus der Wirtschaft einiges an Kritik erfahren hat, zeigt es doch, wie sich das Lernen in der modernen digitalen Wissensgesellschaft verändert hat und dass heute andere Schlüsselkompetenzen im Vordergrund stehen als noch vor einigen Jahren. Ein Baustein des Modells sind die vier Handlungsfelder erfolgreichen und wirksamen Lernens im 21. Jahrhundert: Kreativität, Kommunikation, Kollaboration und kritisches Denken (Abb. 8). Diese vier Voraussetzungen werden werden oft in dem sogenannten 4K-Modell zusammengefasst (mebis o. D.), welches eine wertvolle Ergänzung zum SAMR-Modell darstellt.

EINLADUNG ZUM MITMACHEN

- Schauen Sie sich das Interview Unterrichten mit dem 4K-Modell an.
- Wählen Sie eines der 4Ks aus und überlegen Sie, durch welche konkreten Aufgaben Sie Ihr ausgesuchtes K fördern können.

4 Didaktische Konzepte digitalen Lehrens und Lernens

4.1 Einführung in das Kapitel

EINLADUNG ZUM VORDENKEN

- Welche Modelle digitalen Lehrens und Lernens kennen Sie?
- Welche Vorteile und Herausforderungen sehen Sie darin, zumindest Teile Ihres Unterrichts im digitalen Raum stattfinden lassen zu können?

Computer sind schon seit einigen Jahren nicht mehr aus deutschen Klassenzimmern wegzudenken. Jedoch entwickelt und diversifiziert sich das Lernen mit neuen und digitalen Medien, befeuert durch die rasanten technischen Entwicklungen der letzten Jahre und einem sich immer schneller wandelnden Medienverhalten, zunehmend weiter. Die Welt wird nicht nur hybrider, sondern auch mobiler. Wir bewegen uns zunehmend weg vom fest installierten Computer im Klassenraum. Mobile Endgeräte und Apps machen das Lernen zunehmend mobiler und flexibler. Das Lernen unterwegs wird zur Normalität. So finden sich heute neben dem klassischen Akronym *CALL* zahlreiche weitere Kurzwörter, wie *NBLT* (*Network-Based Language Teaching*), *TELL (Technology-Enhanced Language Learning)* und *MALL* (*Mobile-Assisted Language Learning*). Diese und zahlreiche andere Akronyme stehen für Ansätze, in denen technische Geräte, Werkzeuge und zunehmend auch Plattformen dafür genutzt werden, Schülerinnen und Schülern ein zeitgemäßes und an ihren Kenntnissen, Fähigkeiten und Bedürfnissen ausgerichtetes Fremdsprachenlernen mit digitalen Medien zu ermöglichen. Dabei geht es längst nicht mehr allein um den Einsatz (digitaler) Unterrichtsmedien, sondern um ganz unterschiedliche „Verbindungen und Verknüpfungen verschiedenster Präsenzphasen, Lernorte, Szenarien und Tools" (Feigl 2017, S. 3), die eine ganze Palette an möglichen Lernanlässen bieten. Der Trend beim Sprachenlernen, so Feigl,

> „geht von Face-to-Face, dem allerorts gängigen Präsenzunterricht, über CALL (Computer Assisted Language Learning bzw. Computergestütztem Sprachenlernen) hin zu MALL (Mobile Assisted Language Learning bzw. Sprachenlernen mit Hilfe von Mobilgeräten) und Formen des Verbundlernens (Blended Learning)." (Feigl 2017, S. 3)

Die wechselnden Szenarien seit dem Schuljahr 2020/21 haben die Aufmerksamkeit verstärkt auf unterschiedliche Formen des Lehrens und Lernens jenseits des physischen Klassenraumes gelenkt. Klassischer Präsenzunterricht wurde vielerorts auf *Blended-*, Hybrid- und Online-Unterricht, also auf das Lernen im virtuellen Raum bzw. auf das Lernen im Verbund, umgestellt.

Vor diesem Hintergrund lernen Sie in diesem Kapitel verschiedene Formen des digital-gestützten Lernens jenseits des klassischen Präsenzunterrichts kennen. Gemein ist diesen Ansätzen, dass sie Möglichkeiten (aber auch Grenzen!) des Lernens im digitalen Zeitalter aufzeigen. Richtig eingesetzt ermöglichen hinter Begriffen wie *E-Learning*, Online-Lernen und umgedrehter Unterricht stehende Lehr-Lern-Formen nicht nur, die in Kapitel 2 beschriebenen Prinzipien des modernen Englischunterrichts umzusetzen, sondern auch, Schülerinnen und Schülern diejenigen Kompetenzen zu vermitteln, die sie für das Leben in der digitalen Gesellschaft benötigen. Die Ansätze zeigen, dass digitale Medien nicht nur für den Präsenzunterricht zahlreiche neue didaktische und methodische Ansätze eröffnen, sondern auch die wirksame Umsetzung außerschulischer bzw. kombinierter Modelle ermöglichen. Damit einher gehen eine weitere Flexibilisierung und Personalisierung von Lernumgebungen sowie eine differenzierte Ausgestaltung von Lernprozessen, die es Lehrkräften erlaubt, besser auf die Bedürfnisse einzelner Lernender einzugehen.

4.2 *Computer-Assisted Language Learning* (CALL)

Die Geschichte des computergestützten Fremdsprachenlernens geht bis in die 1950er-Jahre des letzten Jahrhunderts zurück. Im Fokus der Disziplin lag vor allem am Anfang die Beschäftigung mit dem Einsatz von Computern im Kontext des Fremdsprachenunterrichts. So definierte Levy *CALL* noch in den 1990er-Jahren als „the search for and study of applications of the computer in language teaching and learning" (1997, S. 1). Vor allem in den frühen Jahren des computergestützten Fremdsprachenunterrichts (*early CALL*) ging es um die Interaktion von Lernenden mit Sprachlernprogrammen. Seitdem hat sich das Forschungsfeld ständig weiterentwickelt: „Historically computer-assisted language learning has been shaped not only by trends in language pedagogy and SLA theories, but also by the state of computer technology" (Davies/Otto/Rüschoff 2013, S. 20; vgl. auch Heim/Ritter 2012, S. 11–16). Grob können vier Phasen des computergestützten Fremdsprachenlernens unterschieden werden (Abb. 9), im Rahmen derer Aspekte der technischen Umsetzung immer mehr in den Hintergrund rückten, während lerntheoretische Zugänge zunehmend in den Vordergrund gelangten.

- Behaviourist CALL: 1950-mid-1970s, Computer as tutor, drill-and-practice programmes, e. g. vocabulary packages, grammar gap-filling
- Communicative CALL: mid-1970s-1980s, data-driven learning (DDL), skills practice in a non-drill format, more student choice
- Integrative CALL: 1990s, Learning Management Systems (LMS)
- CALL and Web 2.0: mid-1990s, Web 2.0 tools

Abb. 9: Phasen des computergestützten Fremdsprachenlernens (basierend auf Heim/Ritter 2010, S. 14; Davies/Otto/Rüschoff 2013, S. 21–34)

Heute können mit *CALL* ganz unterschiedliche Anwendungen digitaler Medien im Sprachlernkontext gemeint sein, wobei der Computer

> „stellvertretend für sämtliche Formen von digitalen (End-)Geräten steht, mit denen das Sprachenlernen und -lehren unterstützt werden kann, also auch mobile Endgeräte wie Smartphones oder Klassenzimmerausstattungen wie interaktive Whiteboards."
> (Bündgens-Kosten 2020, S. 273)

Trotz der Bekanntheit des Begriffs *CALL* existieren heute eine Vielzahl von Begriffen, die teils synonym, teils unterschiedlich verwendet werden. Im deutschen Sprachraum hat sich vor allem der Begriff des *E-Learnings* (*Electronic Learning*) durchgesetzt, der alle Formen des Lernens beschreibt, in denen elektronische bzw. digitale Medien für die Wissensvermittlung, aber auch andere Aspekte von Lehr-Lern-Prozessen, wie die Distribution von Materialien oder die Interaktion zwischen Lernenden, genutzt werden. Im Folgenden wird zunächst auf den Ansatz des *Blended Learning* eingegangen und danach mit *Mobile Learning* und *Flipped Learning* zwei Arten des *Blended Learning* vorgestellt.

4.3 *Blended Learning*

Präsenzunterricht (*face-to-face learning, f2f*) meint das Lernen im Klassenzimmer. Zu den Merkmalen des klassischen Präsenzlernens zählt, neben der physischen Anwesenheit der Lehrkraft, eine hohe Kontrolle durch die Lehrkraft, direktes Feedback, das Lernen mit allen Sinnen sowie an der Gesamtgruppe ausgerichtete Aktivitäten. Online-Lernen (*online learning*) hingegen meint Lernarrangements, die weitestgehend im digitalen Raum stattfinden, wobei kleinere Präsenzlerneinheiten möglich sind. Betrachtet man *f2f*-Lernen und Online-Lernen als zwei Enden eines Kontinuums, dann begegnet man zahlreichen *buzz words* wie *E-Learning, Blended Learning* und hybrides Lernen, die in der Alltagssprache zwar teilweise synonym gebraucht werden, aber keineswegs dasselbe meinen.

Blended Learning (auch *mixed learning* oder Lernen im Verbund), also vermischtes Lernen, meint zunächst einmal nichts anderes als die Vermischung verschiedener Lernformen (hybrides Lernen), wobei hiermit meistens, im Gegensatz zum vollwertigen *E-Learning*, eine Verzahnung von klassischen Präsenz- und *E-Learning*-Angeboten bzw. Online-Lernphasen gemeint ist. Ein Teil des Unterrichts findet also nicht inner-, sondern außerhalb des Klassenraums statt; Elemente des *E-Learning* werden mit Präsenzphasen sinnvoll verknüpft, z. B. indem Schülerinnen und Schüler sich Inhalte eigenständig von zu Hause oder unterwegs aus aneignen. Alternativ wird auch die Kombination von gemeinsamen Lernphasen über Open-Source-Videokonferenztools wie *Zoom* oder *BigBlueButton (BBB)* und Arbeitsphasen allein oder in Kleingruppen dem *Blended Learning* zugeordnet, wobei hier der Fokus nicht auf dem physischen Lernraum liegt, sondern darauf, dass Begegnungen zwischen den Lernenden untereinander sowie zwischen Schülerinnen und Schülern und der Lehrkraft möglich sind. Zentrales Element des *Blended Learnings* ist das Element des *Blends* (Feest 2019, S. 11).

> Hybrides Lernen ist ein ganz unterschiedlich verstandener Begriff, der z. B. die Kombination verschiedener **medialer Vermittlungsformen** meint. Auch wenn hybrides Lernen und *Blended Learning* oft synonym verwendet werden, beschreibt hybrides Lernen im eigentlichen Sinne eine bestimmte Lernsituation, bei der ein Teil der Lernenden im Klassenraum lernt, während ein anderer Teil zugeschaltet wird.

In *Blended-Learning*-Szenarien bewegen sich alle Beteiligten in einem Kontinuum zwischen individuellem und gemeinschaftlichem Lernen (z. B. Lernen in der Gesamtgruppe, Lernen in Kleingruppen oder individuelles Lernen), an fernen, aber auch präsenten Lernorten. Die traditionelle Rollenverteilung wird aufgehoben, je nach Lernsituation übernehmen Schülerinnen und Schüler die Rolle der Lehrenden und umgekehrt. Die Lehrkraft bewegt sich zwischen einer aktiven Steuerung des Lernprozesses und einer Unterstützung der Wissenskonstruktion durch die Lernenden anhand themenspezifischer, aber auch themenübergreifender Gegenstände. Dabei wechseln die Methoden zwischen instruktiv und konstruktiv, handlungsorientiertes Lernen steht im Vordergrund.

Dabei ist *Blended Learning* mehr als nur eine pragmatische Alternative zum vollen *E-Learning* oder traditionellen Präsenzunterricht, denn der Ansatz versucht, Präsenzphasen und *E-Learning* so miteinander zu kombinieren, dass die jeweiligen Vorteile verstärkt und Nachteile kompensiert werden. Die Vorteile des *Blended Learning* im Überblick sind:

- mehr Raum für zeit- und ortsunabhängiges Lernen;
- eine bessere Berücksichtigung unterschiedlicher Lernniveaus und Lerntypen durch einen höheren Grad der Differenzierung und Individualisierung;
- ein stärkerer Fokus auf eigenständiges und autonomes Lernen,
- die Förderung der Interaktion der Lernenden untereinander;
- praxisnahes Lernen sowie
- mehr Möglichkeiten für unmittelbares und individuelles Feedback.

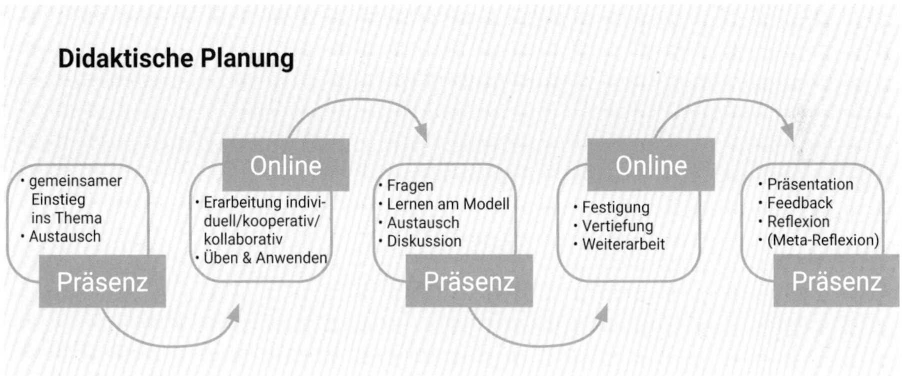

Abb. 10: Ein mögliches Unterrichtsmodell des *Blended Learnings* (Pölert 2020)

Präsenz- und Online-Phasen könne unterschiedlich miteinander verzahnt werden. So können der Einstieg in ein Thema, die Erarbeitung eines Themenkomplexes, Vertiefung und Transfer sowohl digital oder in Präsenz stattfinden, wobei digitale und nicht digitale Phasen je nach Thema, Lerngruppe und Situation beliebig miteinander kombiniert werden können (vgl. Abb. 10).

Fast zeitgleich mit dem Begriff des *E-Learnings* kam um das Jahr 2000 der Ansatz des mobilen Lernens (*mobile learning*) auf, welches auch im *Blended Learning* eingesetzt werden kann.

4.4 *Mobile-Assisted Language Learning (MALL)*

Smartphones gehören heute zur Grundausstattung von Lernenden. Mobiles Lernen (*Mobile Learning, M-Learning*) meint zunächst einmal nichts anderes als das Lernen von unterwegs, also unabhängig von festen Arbeitsplätzen bzw. Lernorten. Diese Art des Lernens kommt heutigen Schülerinnen und Schülern, die sowohl in der realen, aber auch virtuellen Welt zunehmend unterwegs sind und bei denen die Aneignung von Wissen meist situativ, informell und in den Alltag integriert erfolgt, entgegen (Falk 2019, S. 27). Mobiles Lernen, im Englischen *Mobile Assisted Language Learning* (*MALL*, auch *ML*) oder *Mobile Enhanced Language Learning and Teaching* (*MELLT*), wobei letztere Bezeichnung die besondere Rolle der Lehrkraft in der Umsetzung hervorhebt, meint das Lernen mit mobilen Endgeräten; ein Ansatz, der vor allem mit dem zunehmenden Einsatz von Tablets, aber auch Smartphones immer mehr an Bedeutung gewinnt. Wobei vor allem neue Ansätze des mobilen Lernens den Schwerpunkt nicht ausschließlich auf die Nutzung mobiler Technologien legen, sondern verstärkt eben auch auf die Mobilität der Lernenden (Kukulska-Hulme/Shield 2008, S. 273). „In the 21st century, portable or handheld devices with multiple integrated functions", so Heinz, ermöglichen „people to learn – according to the key attributes of mobile learning – ‚seamlessly' or ‚anywhere and anytime'" (2021, S. 61–62). Somit zeichnet sich das mobile Lernen vor allem durch drei zentrale Elemente aus: die Rolle der Lernenden, deren Mobilität sowie der räumliche, aber auch soziale Kontext, in dem gelernt wird (vgl. ebd., S. 64). Schülerinnen und Schüler lernen in mobilen und flexiblen Lernräumen (Strasser 2016) und interagieren dabei nicht nur untereinander, sondern auch in unterschiedlichen Kontexten und mit verschiedenen Umgebungen (Falk 2019, S. 24).

Zusammengefasst und konzeptualisiert werden die Vorteile, aber auch Herausforderungen mobilen Lernens u. a. in dem sogenannten *IPAC-Framework 2021*, welcher auf den Modellierungen von Kearney, Burden und Schuck beruht (vgl. u. a. Kearney/Schuck/Burden 2020). Zentrale Elemente des Modells sind die Bereiche Personalisierung, Authentizität und Kollaboration. Lernende können mit unterschiedlichen Akteuren zusammenarbeiten (Lehrkräfte, Peers, aber auch mit *informal mentors*), dabei arbeiten sie mit authentischen Materialien und in authentischen Umgebungen und folgen ihren individuellen Lernwegen. Der Framework bietet mit seinen jeweiligen Unterkategorien auch die Möglichkeit, Lernaktivitäten zu evaluieren (entsprechende Materialien finden Sie z. B. auf der Seite des bayerischen Infoportals *mebis*).

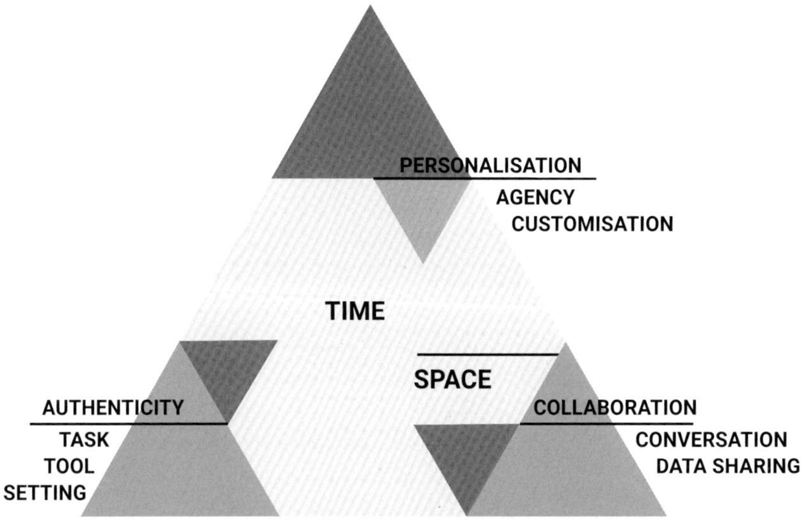

Abb. 11: Der *IPAC-Framework 2021* (beruht auf Kearney et al. 2012)

Wie bei anderen Ansätzen des digitalen Lernens hängt der Erfolg mobiler Lernszenarien nicht nur vom Potenzial mobiler Geräte wie Smartphone oder Tablet ab, sondern eben auch von den Funktionalitäten dieser Geräte sowie vom Einsatz von Methoden innovativer und Lernszenarien.

Basierend auf Pegrum (2016, S. 25) unterscheidet Feigl drei Aktionsebenen mobilen Lernens (Tab. 10).

Aktionsebene 1	Digitale Geräte sind mobil, Lernende und Lernerfahrung sind es nicht.	Einsatz von Lern-Apps oder Gamification
Aktionsebene 2	Geräte und Lernende sind mobil, die Lernerfahrungen sind es nicht.	Peer-to-Peer oder Tandem-Lernen
Aktionsebene 3	Alle Aktionsebenen sind mobil.	MOOCs (Massive Open Online Courses

Tab. 10: Aktionsebenen mobilen Lernens nach Feigl (2017, S. 4–5)

Nach Strasser lassen sich sechs didaktische Eckpunkte für die Planung von Unterrichtseinheiten mit mobilen Endgeräten unterscheiden (vgl. Tab. 11).

Informelles Lernen	Der Alltag wird durch die Nutzung mobiler Endgeräte in den Unterricht eingebunden. Das Smartphone wird zur Schnittstelle zwischen formellem Lernen, Alltagsleben und Jugendkultur.
Episoden situierten Lernens schaffen	Formelles Lernen und smartphonegestützte Unterrichtsaktivitäten werden miteinander verbunden.

Lern- und Medienkontexte generieren	Mithilfe mobiler Endgeräte werden neue Lernkontexte inner-, aber auch außerhalb des Unterrichts geschaffen.
Kommunikationsbrücken und Kommunikationsketten schaffen	Smartphone und Tablet schaffen Kommunikationsbrücken und -ketten zwischen Alltag und Schule.
Lernende als Experten ihres Alltagslebens in der Schule individuell aktiv werden lassen	Lernende bringen ihr Wissen über das Lernen mit mobilen Endgeräten in den Unterricht ein.
Sensible Entwicklungs- und Lernkontexte schaffen	Von Lernenden außerhalb des Unterrichts geschaffene Artefakte wie Bilder, Videos und vieles mehr werden in den Unterricht eingebracht und zum Lernen genutzt.

Tab. 11: Eckpunkte für die Planung mit mobilen Endgeräten (basierend auf Strasser 2016)

Die Möglichkeiten des mobilen Lernens im Englischunterricht sind vielfältig, wobei sie gemeinsam haben, dass Schülerinnen und Schüler mehr Verantwortung und Kontrolle über das eigene Lernen übernehmen. Ein im Kontext des mobilen Lernens bekannter Ansatz ist der des *Bring your own device* (vgl. Kapitel 6). Dabei geht es nicht darum, sofort eine gesamte Unterrichtseinheit mit mobilen Geräten zu planen, sondern diese gerade am Anfang für einzelne Aktivitäten, wie die Recherche zu einem Thema, das Sammeln von Ideen oder Aufgaben in Sprachlern-Apps, zu nutzen.

i

Bring your own device (*BYOD*, Bringe dein eigenes Gerät mit) beschreibt einen Unterrichtsansatz, der darauf basiert, dass Lernende im Klassenzimmer mit ihren eigenen Geräten arbeiten. Trotz der Vorteile des Ansatzes sollten bei *BYOD*-Aktivitäten nicht nur die Vorgaben des Bundeslandes und der Schule berücksichtigt werden, sondern auch, wie viele Lernende über ein geeignetes Endgerät verfügen und ob eine stabile Internetverbindung zur Verfügung steht. Dabei sollten sich iPad und Smartphone prinzipiell im Flugmodus befinden und andere Applikationen wie *WhatsApp* etc. für die Unterrichtszeit ausgeschaltet sein.

4.5 *Flipped Classroom*

Ein in Deutschland immer noch wenig beachteter Ansatz ist der des *Flipped Classrooms*, wobei auch alternative Bezeichnungen wie *Flipped Instruction* oder *Inverted Classroom* sowie im Deutschen auch umgedrehter Unterricht oder umgedrehtes Klassenzimmer zu finden sind. Dabei bedeutet ein Umdrehen des Unterrichts mehr, als dass „(a) the professor's lecture is delivered at home and (b) the student's homework is done in class“ (Slomanson 2014, S. 95). Die *Flipped Classroom*-Bewegung geht maßgeblich auf Jonathan

Bergmann und Aaron Sams, zwei Lehrer für Naturwissenschaften an der Woodland Park High School in Colorado, zurück. Sie begannen, PowerPoint-Präsentationen zu vertonen und kurze Videos für diejenigen Lernenden aufzunehmen, die Unterrichtsstunden aufgrund von Krankheit oder Sportveranstaltungen verpasst hatten. Jedoch merkten Bergmann und Sams relativ schnell, dass auch Schülerinnen und Schüler, die im Unterricht anwesend waren, die Videos z. B. zur Wiederholung von Unterrichtsstoff nutzten. Dadurch wurde die Unterrichtszeit für das Klären von Fragen, eine tiefer gehende Beschäftigung mit Inhalten sowie die Arbeit an Projekten frei.

Die Grundidee des Ansatzes ist es, dass Schülerinnen und Schülern Lerninhalte vor dem Präsenzunterricht, z. B. in Form von Videos, aber auch Texten, Audiodateien, Links zu Websites oder Ähnlichem, zur Verfügung gestellt werden und sie sich mit diesen aktiv auseinandersetzen. Dabei eignet sich das umgedrehte Klassenzimmer besonders, aber nicht nur, für die Behandlung grammatikalischer und landeskundlicher Themen sowie für kommunikationsorientierte Lernaufgaben. Zu den zahlreichen Vorteilen des *Flipped Classroom*-Ansatzes zählen, dass

- differenzierte Medien- und Aufgabenangebote gemacht werden können;
- die Aufmerksamkeitsspanne der Lernenden durch kürzere Input-Phasen nicht überschritten wird;
- ein tieferes Verständnis der Inhalte erreicht werden kann;
- die Eigenverantwortung der Lernenden gefördert wird;
- kooperative und kollaborative Lernformen sowie die Interaktion zwischen den Lernenden untereinander gestärkt werden;
- Materialien zur Vorbereitung auf Prüfungen zur Verfügung stehen;
- sich ein höherer Sprechanteil der Lernenden (student talking time) ergibt;
- die digitale Kompetenz der Lernenden, z. B. durch den Einsatz von Videos oder anderer digitaler Materialien, ausgebaut wird;
- mobiles Lernen gefördert wird;
- die (Selbst-)Reflexionskompetenz der Lernenden gestärkt wird.

Die Materialien, die für das Lernen im Unterricht genutzt werden können, sind vielfältig. Dazu zählen z. B.

- durch die Lehrkraft oder Lernende selbst erstellte Lernvideos;
- kürzere Dokumentationen;
- vertonte/animierte Präsentationen;
- Screencasts und Podcasts.

Durch die Auslagerung von Erklärungen durch die Lehrkraft (Frontalunterricht) oder individuelles Einüben wird Zeit für vertieftes Üben, Diskussionen oder Projektarbeit in der Unterrichtszeit geschaffen.

EINLADUNG ZUM MITMACHEN

Beobachten Sie in den nächsten Unterrichtsstunden in einer Lerngruppe, welchen Anteil ihre Erklärphasen (Frontalunterricht) sowie die individuelle Bearbeitung von Aufgaben durch die Lernenden an Ihrem Unterricht hat. Welche der Erklärphasen könnten Sie auslagern und wie könnten Sie die gewonnene Unterrichtszeit nutzen?

Um eine vertiefte Bearbeitung (*cognitive processing*) sicherzustellen, werden die bereitgestellten Ressourcen durch konkrete Arbeitsaufgaben, Quizaufgaben etc. begleitet. Wichtig ist ebenfalls, dass die Materialien durch

- Strukturierungshilfen sowie Vorentlastungen (z. B. zeitliche Vorgaben);
- inhaltliche und sprachliche Hilfestellungen, entweder durch die Lehrkraft selbst oder *peers/learning buddies*;
- konkrete Handlungsanweisungen (*A simple „Watch the video" may not be enough!*) und
- Anreizsysteme (automatisch auswertbare Übungsaufgaben, sofortiges Feedback) begleitet werden.

Um eine tiefergehende Auseinandersetzung mit den Lerninhalten sowie das dialogische Lernen während der Präsenzphasen zu unterstützen, sollten interaktive und kollaborative Lernformen und Methoden wie Partner- und Gruppenarbeit (*fishbowl discussion, ball bearing, four corners, world café*, szenisches Aufarbeiten von Inhalten) oder z. B. Rollenspiele gewählt werden, die das gemeinsame Bearbeiten von Aufgaben anregen.

Trotz der zahlreichen Vorteile bringt der *Flipped Classroom* vor allem für Neueinsteiger einige Herausforderungen mit sich, die nicht unterschätzt werden sollten. Dazu zählen u. a. eine mangelnde Vertrautheit mit dem Konzept, mangelnde Vorbereitung auf das eigenständige Erarbeiten von Inhalten, Verständnisprobleme, fehlende Motivation sowie Konzentrationsprobleme (Kuty 2021, S. 128 basierend auf Low/Hew/Chen 2017, S. 61 ff.). Des Weiteren entstehen durch das Flippen des Unterrichts vor allem organisatorische Herausforderungen für die Lehrkraft, denn

- Materialien müssen zuerst einmal erstellt werden, vor allem wenn eigene Lernvideos genutzt werden sollen;
- Nachfragen der Lernenden unmittelbar und nicht erst in der Präsenzphase zu beantworten bedeutet, dass eine zusätzliche Kommunikationsplattform nicht eingerichtet, sondern auch kuratiert werden muss;
- eine geringe Verbindlichkeit in der Lerngruppe bzw. fehlende Kontrollaufgaben können dazu führen, dass nicht alle Lernenden vorbereitet in den Präsenzunterricht kommen.

Daher ist es wichtig anzuerkennen, dass

> „dieses Konzept – wie jedes andere auch – nicht per se erfolgreich ist und grundsätzlich jeden Lernenden anspricht, sondern dass es wie bei jedem anderen Ansatz auch auf eine Analyse der Potenziale und Herausforderungen sowie eine passgenaue Planung für die jeweilige Lerngruppe entsprechend der Zielstellungen des Englischunterrichts ankommt." (Kuty 2021, S. 128)

Die Planung einer *Flipped Classroom*-Einheit bedarf einer an die Bedürfnisse der Lerngruppe angepassten Planung und einer begleiteten und zielgerichteten Durchführung, denn vor allem Schülerinnen und Schüler, die nicht mit den Prinzipien des umgedrehten Unterrichts vertraut sind, bedürfen vor allem am Anfang eines intensiven Scaffoldings.

Der Ablauf des *Flipped Classrooms* lässt sich grob in sechs Schritte unterteilen (vgl. Abb. 12).

Stufenmodell

Schritt 1: Planen
- Thema auswählen
- Lernziele möglichst mit den Lernenden formulieren
- Materialien heraussuchen bzw. erstellen
- Präsenzphase planen

Schritt 2: Einführung in das Thema
- Vorwissen abfragen
- Neugier der Lernenden wecken

Schritt 3: Video bzw. andere Materialien bereitstellen (Bild/Datei hochladen)

Schritt 4: Lernende bearbeiten Verständnisaufgaben

Schritt 5: Unterricht
- Klären von Fragen/Wissen vertiefen (Partner-/Gruppenarbeit, Lernen durch Lehren, Diskussionen im Plenum)

Schritt 6: Reflexion

Abb. 12: Möglicher Ablauf einer *Flipped Classroom*-Unterrichtseinheit

Die Lehrkraft führt, entweder während der Präsenzphase oder z. B. in Form eines Videos, kurz in das Thema der Unterrichtseinheit ein. Danach setzen die Schülerinnen und Schüler sich mit den bereitgestellten Materialien auseinander, sie schauen also z. B. ein Lernvideo, hören ein Podcast oder lesen einen Text und bearbeiten die dazugehörigen Aufgaben. Die Aufgaben sollten so gestaltet sein, dass das Vorwissen der Lernenden aktiviert wird, sie sich intensiv mit den Materialien und damit dem Thema auseinandersetzen, sie motiviert werden, eigene Erfahrungen und bereits vorhandenes Wissen einzubringen. Des Weiteren sollten sie dazu dienen, das Verständnis der Lernenden abzuprüfen. Auf den Input und die individuelle Bearbeitung von Aufgaben folgt die Präsenzphase, in der sich die Schülerinnen und Schüler interaktiv und gemeinsam mit den Inhalten auseinandersetzen, Meinungen austauschen oder an Projekten arbeiten. Kuty (2021, S. 129 f.) fasst die Schritte, welche Lernende während der Input- und Präsenzphase durchlaufen, wie folgt zusammen:

Inputphase	Lernende ...	Präsenzphase	Lernende ...
Listen/Watch/Read	entscheiden, wo, wann und wie oft sie mit dem Material arbeiten. Sie machen sich erste Notizen.	Share	tauschen sich aus, diskutieren Teilaspekte des Themas und versuchen, mögliche Verständnisprobleme zu lösen.
Think	bearbeiten erste Aufgaben und notieren Gedanken, Fragen und Probleme, weitergehende individuelle Lernziele zum Thema.	Practice and apply	arbeiten an Projekten bzw. lösen komplexe Kompetenzaufgaben.
Dig deeper	konzentrieren sich auf individuelle Aspekte, die sie weitergehend bearbeiten möchten.	Present	stellen die Ergebnisse der Partner- bzw. Gruppenarbeit vor, weitere Übungsaufgaben folgen.
Discuss	beteiligen sich an schriftlichen Diskussionen, z. B. auf Padlet, und sprechen Fragen und Probleme offen an.		

Tab. 12: Input- und Präsenzphase im *Flipped Classroom* (basierend auf Kuty o. D.)

Der Ansatz *Flipped Classroom* unterstützt ein stark eigenständiges Handeln der Schülerinnen und Schüler, denn die Auslagerung weitestgehend am Lehrenden ausgerichteter Unterrichtsanteile ermöglicht ihnen, eigene Entscheidungen im Sinne des autonomen Lernens zu treffen. Dennoch, bzw. gerade deswegen, kommt der Lehrkraft in allen Lernphasen eine wichtige Rolle zu, denn sie ist nicht nur dafür verantwortlich, dass Lernen stattfindet, sondern auch dafür, Schülerinnen und Schüler auf ihren individuellen Lernwegen zu unterstützen und Hilfestellungen zu bieten.

Neben dem klassischen *Flipped Classroom*-Ansatz existieren auch Variationen wie das *in-class-flip* (auch *faux flipped*), *half-flip* sowie *gamified flip-model* (ebd., S. 130 ff.). Im Rahmen des *in-class-flip*-Modells setzen sich Schülerinnen und Schüler im Präsenzunterricht mit den vorbereiteten Materialien auseinander. Dadurch ist ein zusätzliches und sofortiges *Scaffolding* möglich, denn Lehrende können sofort auf mögliche Fragen und Probleme reagieren. Vor allem für Schülerinnen und Schüler (und Lehrende), die nicht mit dem *Flipped classroom*-Ansatz vertraut sind, ist das *faux flipped*-Modell ein guter Weg hin zum *fully flipped classroom*, denn es ermöglicht, die nötigen digitalen Kompetenzen und Selbstlernstrategien anzubahnen, die der *Flipped classroom*-Ansatz voraussetzt. Das *half-flip* Modell

> „zielt auf die Unterstützung bei komplexeren Lernaufgaben (zum Beispiel im Task-based-setting), an denen zumeist kooperativ und/oder kollaborativ gearbeitet wird. Bei dieser Variante werden den Schüler*innen digital sowohl Informationen als auch Unterstützung angeboten." (ebd., S. 121 f.)

Der *gamified flip*-Ansatz setzt auf den verstärkten Einsatz von *gamification strategies*, vor allem um Schülerinnen und Schüler (zusätzlich) zu motivieren. So können z. B. Punkte für das Bearbeiten einer Aufgabe oder Lösen eines Lernquiz vergeben werden.

4.6 Methodisch-didaktische Implikationen

Die hier vorgestellten Modelle sind mehr als nur rein pragmatische Alternativen zum klassischen Präsenzunterricht. Denn die Gestaltung von Lernprozessen in einer Kultur der zunehmenden Postdigitalität sollte sich nicht länger an der Frage orientieren, „ob und wie digitale Endgeräte an Schulen genutzt werden können" (Krommer/Wampfler 2021, S. 8), denn sie „prägen die Lernkultur mit, sind aber nicht der Fokus von Entscheidungen" (ebd.). Damit rücken die Lernenden in den Mittelpunkt des Unterrichtsgeschehens. Formen des *Blended Learning* fordern die „Ko-Präsenz als gemeinhin unhinterfragtes Fundament des schulischen Unterrichts" (ebd., S. 14) heraus und fördern Lernsettings, die es Schülerinnen und Schülern ermöglichen, zunehmend autonom und unabhängig von der Lehrkraft zu agieren. Sie mindern synchrone und unterstützen asynchrone Kommunikation, sie verringern die Kontrollmöglichkeiten der Lehrkraft und fördern das eigenständige Lernen sowie *peer learning*.

Eine 1:1-Übertragung der Struktur und Inhalte von Präsenzveranstaltungen zu hybriden oder kompletten Online-Szenarien ist wenig zielführend und sollte möglichst vermieden werden. Des Weiteren sollten bei der Anbahnung digitaler Lernprozesse Lernende und ihre Bedürfnisse sowie ihre unterschiedlichen Zugriffsmöglichkeiten auf und Zugänge zu Wissen in den Vordergrund gestellt werden, ohne dabei (zumindest in den nächsten Jahren) die (technischen und pädagogischen) Vorkenntnisse der Lernenden sowie infrastrukturelle Rahmenbedingungen außer Acht zu lassen. Lehrende sollten daher die folgenden didaktisch-methodischen Fragen nicht nur bei der Auswahl spezifischer Tools, sondern auch bei der Auswahl des Lehr-Lern-Ansatzes berücksichtigen.

- Was bezwecke ich?
- Was will ich wie erreichen?
- Wo verorte ich die Lernziele der Lernenden?
- Welche Werkzeuge kann ich bei der Umsetzung der Ziele unterstützend einsetzen?
- Welche Kompetenzen besitzen die Lernenden bereits, welche müssen neu angebahnt werden?
- Welche Funktion übernimmt der Einsatz der Werkzeuge der Lernumgebung?
- Wo sind Präsenzphasen notwendig? Warum? Wie gestalte ich diese?
- Welche innovativen Prüfungsformate kann ich anbieten?

5 Empirische Befunde zum digitalen Medieneinsatz im Unterricht

5.1 Einführung in das Kapitel

EINLADUNG ZUM VORDENKEN

- Wie schätzen Sie die Lernwirksamkeit digitaler Medien ein?
- Welche positiven Effekte digitalen Lernens können Sie in Ihrem Unterricht beobachten?

Dass digitale Medien keine, wie von Spitzer vor einem Jahrzehnt formuliert, „Lernverhinderungsmaschinen“ (2012, S. 89) sind, ist inzwischen genauso akzeptiert wie die Tatsache, dass es „kaum sinnvoll ist, nach der Lernwirksamkeit digitaler Medien *an sich* zu fragen“ (Becker/Blell/Rössler 2016, S. 9). Erstens sind Erfolge in digital gestützten Lernumgebungen auf die durch das Medium in Bewegung gebrachten kognitiven Prozesse zurückzuführen und nicht auf das Medium selbst (Renkl/Atkinson 2007), zweitens stehen Inhalte und Methodik im Mittelpunkt unterrichtlicher Prozesse und nicht das (digitale) Medium. Klafkis Primat der Didaktik gilt also weiterhin. Denn medienbasierte Lernarrangements führen keineswegs aus sich heraus zu motivierteren Lernenden, mehr Interaktion und Abwechslung oder besseren Lernergebnissen. „Mit den digitalen Medien“, wie Grünewald betont, „lassen sich grundsätzlich ebenso viele effektive wie ineffektive Lehr-Lern-Szenarien realisieren wie mit traditionellen Medien“ (2010, S. 211, zit. nach Becker et al. 2016, S. 9). Ähnlich argumentiert Bates[1], wenn er sagt: „Good teaching may overcome a poor choice in technology, but technology will never save bad teaching“ (o. D.) Auf die Lehrperson und gute Konzepte kommt es an! Richtig eingesetzt, können digitale Medien, wie zahlreiche Praxisbeispiele zeigen, auch im Englischunterricht eine hohe Lerwirksamkeit entfalten (vgl. u. a. Dausend 2017). Nicht zuletzt können digitale Medien auch aus Perspektive der Medienerziehung und -bildung einen echten Mehrwert bieten, denn eine intensive und kontinuierliche Beschäftigung mit digitalen Medien trägt dazu bei, Schülerinnen und Schüler auf die multiplen Herausforderungen eines Lebens in einer Gesellschaft der Digitalität vorzubereiten (vgl. Kapitel 1). Trotz zahlreicher konkreter Anwendungsbeispiele und „what works recipes“ (Hattie 2009, S. 3) ist die Frage nach

1 https://www.tonybates.ca (Zugriff: 09.10.2022)

dem Einfluss eines digitalen Medieneinsatzes im Unterricht z. B. auf die Lernleistung der Schülerinnen und Schüler damit jedoch nicht abschließend beantwortet. Ein Grund dafür ist sicherlich, dass „[t]he research evidence relating to ‚what works' is burgeoning, even groaning, under a weight of such ‚try me' ideas" (ebd., S. 2). Auch viele verfügbare Metastudien zeigen, wenn auch keine negativen, oft kaum wirksame Effekte digitaler Mediennutzung (vgl. u. a. Hattie/Zierer 2018). Dennoch kommt z. B. Scheiter zu dem Schluss, dass die Frage nach dem Mehrwert digitaler Medien also durchaus positiv beantwortet werden kann, wobei es sehr stark auf die jeweilige Altersgruppe und den Fachbereich ankommt (2021, S. 1041).

Vor diesem Hintergrund gibt dieses Kapitel einen kurzen Einblick in den Forschungsstand zum Einsatz von und Umgang mit digitalen Medien im Unterricht. Da in diesem Buch immer wieder auf empirische Befunde zu einzelnen Aspekten des Lernens mit digitalen Medien und Texten im Kontext des Englischunterrichts eingegangen wird, stehen im Folgenden fach- und kompetenzübergreifende empirisch fundierte Annahmen zum digitalen Lernen im Mittelpunkt. Wie bereits angedeutet, ist die Lehrkraft entscheidend für den Erfolg digitalen Lernens. Nur wenn sie einem digitalen Medieneinsatz offen und motiviert gegenübersteht und über das nötige technische und mediendidaktische Know-how verfügt, kann digitales Lernen gelingen. Darum beschäftigt sich der zweite Teil dieses Kapitels mit der unterrichtsbasierten Aktionsforschung (*action research*) und zeigt Wege auf, wie Lehrkräfte ihre eigene digitale Unterrichtspraxis nicht nur kritisch reflektieren, sondern auch evidenzbasiert verbessern können.

5.2 Forschungsstand zum Lernen mit digitalen Medien

Eine übermäßige Nutzung von Smartphones und sozialen Medien im Alltag kann durchaus negative, schädigende Effekte haben. Zu diesem Ergebnis kommen Hattie und Zierer in *Visible Learning: Auf den Punkt gebracht* (2020), die aktualisierte Auflage der Fortschreibung der inzwischen weltweit bekannten Hattie-Studie aus dem Jahr 2009, auf die wir später in diesem Kapitel noch einmal zurückkommen. Schlafmangel, Cyberstress und vieles mehr können die Folgen sein (vgl. Kapitel 12). Eine so eindeutige Aussage kann, was die Nutzung digitaler Medien im Klassenraum angeht, nicht getroffen werden. „Die Zahl der Studien zur Lerneffizienz von Computer, Internet und Smartphone", so Schaumburg, „ist kaum zu überblicken. Sowohl Befürworter digitaler Medien in der Schule als auch Skeptiker finden Ergebnisse, die ihre Position stützen" (Schaumburg o. D., vgl. auch Schaumburg 2018, S. 27–40). Jedoch können digitale Medien auf ganz unterschiedliche Art und Weise wirken und eben nicht nur auf Ebene des fachspezifischen Lernerfolgs individueller Schülerinnen und Schüler.

Relativ unbestritten ist, dass der Einsatz digitaler Endgeräte und Plattformen auch im Englischunterricht zur Entwicklung und Stärkung der übergeordneten Medienkompetenzen der Schülerinnen und Schüler beitragen kann. So kommt Herzig im Rahmen einer für die Bertelsmann Stiftung erstellten Expertise auf Basis verschiedener explorativer Studien zu dem Schluss, dass ein digitaler Medieneinsatz sich nicht nur (zumindest anfänglich) motivierend auf die Lernenden auswirken, sondern auch die überfachlichen Kompetenzen von Schülerinnen und Schülern steigern kann (Herzig 2014, S. 13). Eine höhere Medienkompetenz, Selbststeuerung und kognitive Komplexität kann durchaus erreicht werden. Denn durch den Umgang mit digitalen Endgeräten und Werkzeugen sowie das Bearbeiten von Aufgaben in digitalen Lernräumen können „zeitgemäße Interaktions-, Kommunikations- und Reflexionsprozesse ermöglicht werden" (Hauck-Thum 2021, o. S.), die eben genau diese Aspekte fördern. Beispiele hierfür sind multimediale digitale Pinnwände wie *Padlet* oder partizipative Echtzeittechnologien wie Umfragetools wie *Plickers* durch die Lernende nicht nur an Umfragen inner- und außerhalb des Unterrichts teilnehmen, sondern auch selbst angelegte Fragen *in real time* realisieren können. Es fehlt jedoch weiterhin an Antworten, ob der Einsatz digitaler Medien Lernleistung und Lernerfolg fördern. Dabei mangelt es keineswegs an Studienergebnissen. Eine einfache *Google*-Suche fördert Tausende Ergebnisse zutage, die zeigen, dass Forschende und Praktiker in ganz unterschiedlichen Kontexten und mit ganz unterschiedlichen Forschungsdesigns versuchen, die Frage nach der Wirksamkeit digitaler Mediennutzung zu beantworten. Doch zum einen können die Ergebnisse vorhandener (meist kleinerer, explorativer) Studien nur schwer eins zu eins auf andere Kontexte und Lerngruppen übertragen werden und zum anderen zeigen die Ergebnisse vor allem vorhandener Metastudien nur niedrige positive, also kaum wirksame Effekte. Denn gerade die Lerneffektivität wird jedoch durch eine Vielzahl konstitutiver Faktoren beeinflusst (Schaumburg o. D.). Dazu zählen u. a. die Hard- und Software-Ausstattung der Schule sowie der Lehrkraft und Schülerinnen und Schüler, das digitale Medium bzw. das digitale Medienangebot, die unterrichtlichen Prozesse, in die das Medienangebot eingebunden wird und die sich aus ihm ergeben, und, nicht zuletzt, die Kenntnisse und Erfahrungen im Bereich digitale Mediennutzung seitens der Lehrenden (vgl. z. B. TPACK Modell), aber auch der Lernenden (vgl. u. a. Petko 2012; Herzig, 2014, S. 9–10). Des Weiteren sind ganz unterschiedliche Gelingensbedingungen für eine lernwirksame Nutzung entscheidend. Der Unterricht sollte konstruktivistisch, also partizipations- und handlungsorientiert angelegt sein

(Schaumburg 2018, S. 36 f., und dabei möglichst offene und von den Lernenden gesteuerte Lernszenarien in den Blick nehmen. Interessanterweise ist nicht selten aber genau das Gegenteil der Fall. So heißt es bei Tseng et al.: „[R]esearch on exploring TPACK suggests that while teachers had varying levels of confidence in their TPACK competence, their TPACK indicated the dominant use of technology in traditional teacher-centered teaching“ (2020, S. 948). Die Interaktion und realweltliche Kommunikation zwischen den Lernenden untereinander sollte genauso gefördert werden wie autonome Lernprozesse. Des Weiteren ist eine Mischung aus analogen und digitalen Medien zumindest zum jetzigen Zeitpunkt sinnvoller als eine lange Einsatzdauer ausschließlich digitaler Medien (ebd.; Herzig 2014; Hillmayr et al. 2017, S. 10 f.). So betont auch der bekannte Pädagoge Hilbert Meyer in seinem Papier „Digitale Medien – Plädoyer für eine didaktisch fundierte Unterrichtsentwicklung“:

> „Dafür, dass die empirischen Forschungsergebnisse enttäuschend sind, gibt es eine Reihe von Gründen: Der Anteil der Lehrperson am Lernerfolg der Schüler*innen ist immer deutlich größer als der Anteil der eingesetzten Methoden und Medien. Grundlage jeden Lernerfolgs ist ein funktionierendes Arbeitsbündnis zwischen der Lehrperson und den Schüler*innen. Wichtiger als die intensive Nutzung eines ganz bestimmten Mediums ist die Nutzung von Kumulationseffekten durch die Arbeit mit verschiedenen Methoden und Medien.“ (Meyer o. D.; vgl. auch Meyer/Junghans 2019)

Dabei spielen auch die Funktionen einer App oder Plattform eine entscheidende Rolle. So wirkt sich z. B. eine Vokabel-App, die zur reinen individuellen Wiederholung gedacht ist und stupide mit digitalen Karteikarten arbeitet, anders auf den Lernerfolg aus als eine interaktiv gestaltete und auf *gamification*-Elementen basierende Lern-App. Allein die genannten Faktoren zeigen, „dass die empirischen Zugänge zur Bestimmung von Wirkungsfaktoren digitaler Medien in schulischen Lehr-Lern-Prozessen ein äußerst kompliziertes und multifaktorielles komplexes Geschehen berücksichtigen müssen“ (Herzig 2014, S. 11).

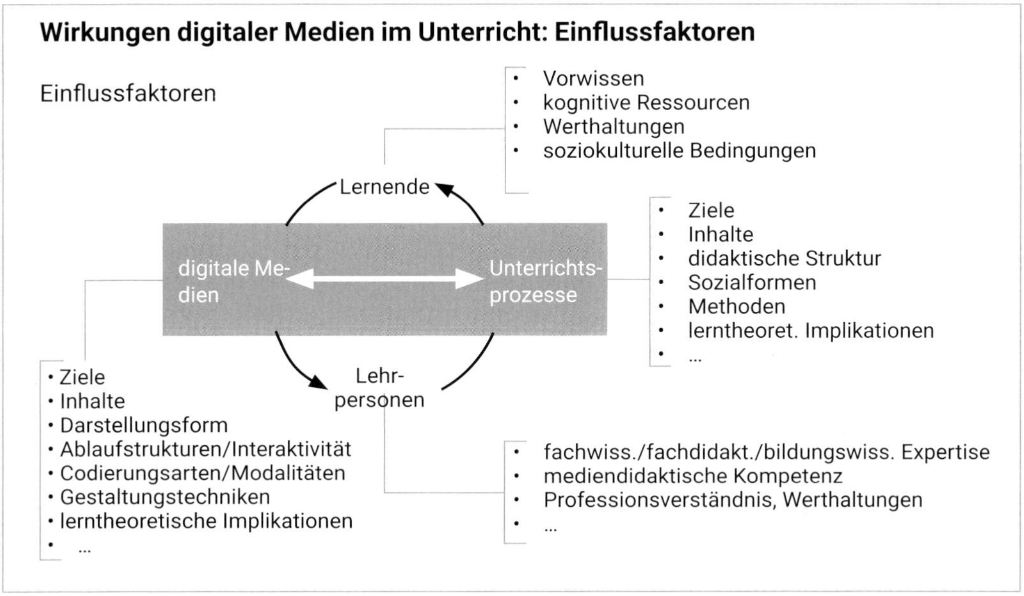

Abb. 13: Einflussfaktoren auf die Wirkung digitaler Medien (basierend auf Herzig 2014, S. 10)

Ebenso verdeutlichen die Gelingensbedingungen, dass Lehrkräften bei der erfolgreichen Umsetzung digitaler Lehr-Lern-Konzepte eine entscheidende Rolle zukommt. Das reine Vorhandensein digitaler Medien im Klassenzimmer reicht nicht aus, sie müssen auch sinnvoll eingesetzt werden. Lehrkräfte sollten neben technischem Wissen auch über ausreichend Kenntnisse darüber verfügen, wie sie digitale Medien methodisch sinnvoll und an den individuellen Lernvoraussetzungen sowie -zielen der Schülerinnen und Schüler ausgerichtet einsetzen (vgl. Kapitel 2). Auch die Überzeugungen der Lehrkräfte hinsichtlich der Effektivität digitaler Medien und ihre digitalen Kompetenzselbsteinschätzungen spielen eine nicht unerhebliche Rolle (vgl. dazu z. B. das *Will, Skill, Tool, Pedagogy Model of Technology Integration* (*WSTP*) von Knezek und Christensen [2016], das dazu dient, die Implementierungswahrscheinlichkeit digitaler Medien vorherzusagen). Lehrkräfte, die selbst digitale Medien in ihrem Unterricht nutzen, sind stärker der Überzeugung, dass ein digitaler Medieneinsatz zu einer Verbesserung der Lernergebnisse der Schülerinnen und Schüler führt als Nichtnutzende. So sind laut dem *Monitor digitale Bildung* der Bertelsmann Stiftung 36 % der Lehrkräfte, die digitale Lernangebote nutzen, der Meinung, dass diese eine positive Auswirkung auf die Lernergebnisse ihrer Schülerinnen und Schüler haben (im Gegensatz zu 16 % bei Lehrkräften mit geringer Nutzungserfahrung) (2017, S. 17). Zu ähnlichen Ergebnissen kommt die *International Computer and Information Literacy Study* (*ICILS*) 2018 (Drossel/Schaumburg/Labusch 2019; Eickelmann et al. 2019, S. 113–135) (ein Blick in die Ergebnisse der 2013er-Studie zeigt, dass sich in Deutschland seitdem nicht wirklich viel getan hat [vgl. Bos et al. 2014, S. 33–41]). Die Schulleistungsstudie, welche die computer- und informationsbezogenen Kompetenzen von Achtklässlerinnen und Achtklässlern in Deutschland im internationalen Vergleich untersucht, zeigt nämlich, dass nur 34,7 % der deutschen Lehrkräfte (gegenüber 71 % der Lehrkräfte international und 51,5 % der Lehrkräfte in der EU) der Meinung sind, „dass der Einsatz digitaler Medien die Schüler*innenleistungen verbessert“ (Drossel et al. 2019, S. 229). So konstatieren Demski et al., dass „der Glaube an die Wirksamkeit von digitalen Medien für das Schülerlernen in Deutschland […] (noch) eher gering“ ist (2021, S. 65).

Nach über 15-jähriger Forschungsarbeit veröffentlichte Hattie 2009 seine bereits erwähnte Metastudie *Visible Learning*, die 2013 unter dem Titel *Visible Learning – Lernen sichtbar machen* auch in deutscher Sprache erschien. Die Studie stellt eine quantitative Synthese aus über 800 Metastudien (mit ca. 250 Millionen Lernenden zum Zeitpunkt der Veröffentlichung und bereits über 300 Millionen Schülerinnen und Schülern im Jahr 2020!) zu verschiedenen Einflussfaktoren auf den kognitiven Lernerfolg von Schülerinnen und Schülern dar – mit dem Ziel herauszufinden, welche Faktoren für das schulische Lernen besonders relevant sind. Dabei werden zum Thema Computer/Smartphones und Internet inzwischen über 100 Metastudien berücksichtigt, was diese Variable zu einer der am intensivsten beobachteten macht (Zierer 2017, S. 47). Die Ergebnisse der Metastudie zeigen, kurz gesagt, dass der Einsatz digitaler Medien zwar keine negativen, aber eben auch nur niedrige positive, also kaum wirksame Effekte hat. Jedoch sind auch Hatties Ergebnisse in ihrem jeweiligen Kontext zu interpretieren und spiegeln höchstens wider, „wie effektiv oder ineffektiv die neuen Medien bisher genutzt worden sind“ (Meyer 2020, o. S.). Sie sagen also nichts über das generelle Potenzial digitaler Medien im Unterricht aus. Herzig fasst die Ergebnisse unterschiedlicher Forschungsprojekte in seiner bereits erwähnten Expertise zusammen und kommt zu dem Schluss, dass eine höhere Effektstärke vor allem dann gegeben ist, wenn

- Lehrkräfte für den Medieneinsatz geschult werden (die Ergebnisse der ICILS-Studie 2018 machen deutlich, dass hier in Deutschland großer Nachholbedarf besteht, denn während im internationalen Mittel 47,5 % der Lehrkräfte in Deutschland im Rahmen der universitären Ausbildung gelernt haben, wie digitale Medien im Unterricht eingesetzt werden können, ist das nur bei 25,9 % der Lehrkräfte in Deutschland der Fall);
- ein vielfältiges und flexibles Lernangebot bereitgestellt wird;

- Schülerinnen und Schüler möglichst autonom lernen können und in unterrichtliche Entscheidungen miteinbezogen werden (z. B. Kontrolle des Lernprozesses, Bestimmung der Geschwindigkeit);
- Peer-Learning gefördert wird und
- Feedback durch das Medium vorgesehen ist (vgl. 2014, S. 18–19).

Nicht nur Lehrkräfte, sondern auch Schülerinnen und Schüler sollten also auf einen digitalen Medieneinsatz vorbereitet werden, z. B. in dem autonome Lernprozesse und der Erwerb von Selbstlernstrategien gefördert wird und sie schrittweise an das Lernen mit digitalen Medien herangeführt werden. Auch so kann die Effektivität digitaler Mediennutzung nachhaltig gesteigert werden.

Dieser kurze Exkurs zeigt, dass Ergebnisse zur Nutzung digitaler Medien im Unterricht nur schwer pauschalisiert werden können und in ihrem jeweiligen Kontext betrachtet werden müssen. Des Weiteren sollten digital gestützte Lehr-Lern-Szenarien kontinuierlich erprobt, evaluiert und weiterentwickelt werden. Dazu bedarf es nicht nur einer offenen und positiven Einstellung von Lehrkräften gegenüber digitalen Medien, sondern auch des nötigen technischen und mediendidaktischen Wissens sowie der kontinuierlichen Reflexion und Weiterentwicklung der eigenen unterrichtlichen Praxis. Damit kommt der Aktionsforschung, also dem Bemühen, unterrichtliche Prozesse und das eigene Handeln besser zu verstehen, gerade im Bereich der digitalen Bildung eine besondere Rolle zu.

5.3 Aktionsforschung

Die Aktionsforschung hat gerade in den letzten Jahren auch in der Lehrkräftebildung an Bedeutung gewonnen (vgl. u. a. Ludwig 2018, S. 16–23; Gabel/Heim 2019, S. 7–10). Aktionsforschung (*action* bzw. *practitioner research*) bietet Lehrkräften die Möglichkeit, sich aus der Praxis ergebende Fragen zu beantworten und ihre unterrichtliche (digitale Medien-)Praxis kritisch zu reflektieren. Gerade positive Ergebnisse können z. B. die Einstellung von Lehrkräften gegenüber dem Einsatz digitaler Medien verbessern und so zu einem breiter gefächerten und kontext-sensitiven digitalen Medienangebot führen. Aktionsforschung meinte dabei nichts anderes als die systematische Beobachtung des eigenen Unterrichts sowie das Erheben von Daten im Rahmen niederschwelliger und begrenzter Forschungsvorhaben (Burkert/Heim/Schwienhorst 2020, S. 197), deren Ergebnisse zu einer evidenzbasierten Verbesserung des eigenen Unterrichts führen können (Watts 1985). So definiert Elliot die Aktionsforschung als „die systematische Untersuchung beruflicher Situationen, die von Lehrerinnen und Lehrern selbst durchgeführt wird, in der Absicht, diese zu verbessern“ (1991, S. 69). Dabei können kleine Forschungsprojekte sowohl allein, aber auch in Kooperation mit Kolleginnen und Kollegen durchgeführt werden (kollaborative Aktionsforschung), wobei auf qualitative sowie quantitative Methoden der Datenerhebung von der (Selbst-)Beobachtung über die Analyse von Lernprodukten bis zur Durchführung kleiner Umfragen oder Studien mit Schülergesprächen oder Fragebogen reichen (vgl. u. a. Sambanis/Ludwig 2022, S. 14). Unterschieden wird zwischen explorativer und evaluativer Aktionsforschung, wobei erstere eher einer Bestandsaufnahme gleicht (Wie handeln Lernende in einer bestimmten Situation?) und letztere überprüft, „ob und inwieweit bestimmte vorweg definierte Ziele bzw. Erfolgserwartungen eintreffen“ (Porsch o. D., S. 6) (z. B.: Inwieweit kann ich die audiovisuelle Kompetenz von Lernenden durch den Einsatz von Videos verbessern?).

Action research ist dabei als zirkulärer, rekursiver Prozess zu verstehen, der aus den fünf Phasen *planning, gathering data, analysing/reflecting, deciding a new course of action* und eng an Schritt vier anknüpfend *asking (new) questions* besteht, wobei der letzte Schritt wieder zu Schritt 1, dem Sammeln von Daten, führt (vgl. Abb. 14).

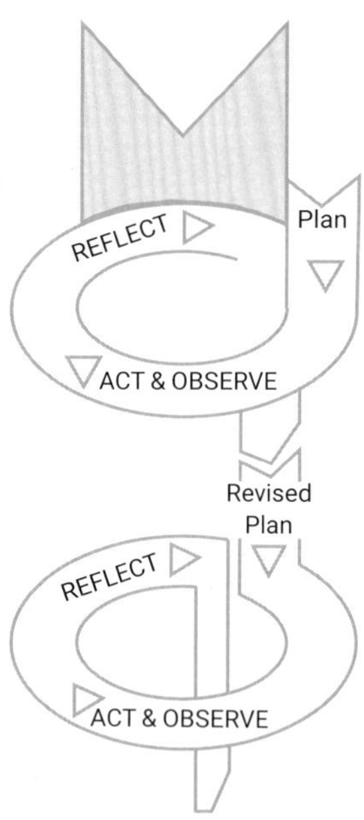

Abb. 14: Rekursiver Zyklus der Aktionsforschung

Mögliche Fragen in Hinblick auf einen digitalen Medieneinsatz können z. B. die folgenden sein:

- Nutze ich digitale Medien ausreichend in meinem Unterricht?
- Welche digitalen Tools werden besonders gut angenommen?
- Welche Methoden sind in Verbindung mit digitalen Medien besonders effektiv?
- Welche Tools eignen sich besonders zur Förderung der Schreibkompetenz?
- Welche Erfahrung haben die Lernenden mit der Informationsbeschaffung im Internet?
- Welche Schwierigkeiten haben Schülerinnen und Schüler bei der Nutzung von Übersetzungsprogrammen?
- Wie kommt Sabine* mit der Vokabellern-App zurecht, die ich ihr empfohlen habe?

Solche und ähnliche Fragen ermöglichen auch, einen digitalen Medieneinsatz unter Berücksichtigung der individuellen Lernvoraussetzungen und außerschulischen (medialen) Alltagserfahrungen der Schülerinnen und Schüler zu gestalten.

EINLADUNG ZUM MITMACHEN

Suchen Sie sich eine durch digitale Medien gestützte Unterrichtsaktivität aus. Welche Fragen haben Sie bezüglich dieser Aktivität? Wollen Sie z. B. wissen, was Ihre Schülerinnen und Schüler über die Aufgabe oder das digitale Tool denken oder welche der Lernenden besonders von der Aufgabe profitieren? Welche Instrumente könnten Sie nutzen, um Ihre Fragen zu beantworten? Führen Sie Ihre Forschung durch und überlegen Sie anschließend, wie Sie die Aktivität noch effektiver gestalten könnten.

6 Die Förderung fremdsprachlicher Kompetenzen mit digitalen Medien

6.1 Einführung in das Kapitel

EINLADUNG ZUM VORDENKEN

- Wie kommunizieren Kinder und Jugendliche heute?
- Welche Rolle können digitale Medien bei der Vermittlung kommunikativer Kompetenzen spielen?

Kommunikation ist im Wandel und bereits heute stehen digitale Kommunikationswege bei Jugendlichen ganz oben auf der Liste. Kurz gesagt: Digitale Kommunikation prägt zunehmend unseren Alltag. Dadurch verändert sich nicht nur die Sprache selbst, denn sie wird einfacher, prägnanter und flexibler, sondern auch die Art, wie wir kommunizieren. Wir kommunizieren in zunehmend bild- und videobasierten Netzwerken „schnell, ökonomisch und interaktiv" (Beißwenger 2015, S. 6) und wechseln dabei ständig zwischen der Leser- und Schreiberrolle sowie Hörer- und Sprecherrolle hin und her (ebd.). Einerseits sollte der Fremdsprachenunterricht an der Kommunikationswirklichkeit der Schülerinnen und Schüler ansetzen und ihre alltäglichen Formen der digitalen Kommunikation thematisieren, aber auch kritisch reflektieren. Andererseits bieten digitale Medien zahlreiche Möglichkeiten, die fremdsprachlichen Kompetenzen der Schülerinnen und Schüler z. B. im Bereich multimodale Kommunikation zu fördern.

Vor diesem Hintergrund stellt dieses Kapitel Wege und Möglichkeiten der Förderung der funktionalen kommunikativen Kompetenzen der Lernenden im Zeitalter der Digitalisierung vor, wobei die niederschwellige und erfolgreiche Integration alltagsrelevanter Kommunikationsformen und Textsorten im Vordergrund steht. Funktionale kommunikative Kompetenz gliedert sich, angelehnt an den Gemeinsamen Europäischen Referenzrahmen, in fünf Teilkompetenzen: Sprechen, Hör-/Hör-Seh-Verstehen, Leseverstehen, Schreiben sowie Sprachmittlung. Diese gehen zunehmend mit dem kontinuierlichen Aufbau einer übergeordneten Text- und Medienkompetenz der Schülerinnen und Schüler einher. Dabei sollte die Entwicklung einer funktionalen kommunikativen Kompetenz so weit wie möglich an die kommunikativen Alltagspraxen der Schülerinnen und Schüler anknüpfen und sie dazu motivieren, neue „Formen und Kontexte des Kommunizierens und Interagierens“ (Stumpf 2019, S. 107) kritisch zu erforschen und kritisch zu reflektieren. Fremdsprachlich-kommunikative Kompetenz, digitale Medienkompetenz und Handlungskompetenz gehen dabei Hand in Hand.

Lesen ist seit jeher eine der wichtigsten Kulturtechniken unserer Gesellschaft. Trotz der weit verbreiteten Annahme, dass gerade *digital residents* weniger lesen, lesen wir nicht weniger, sondern anders (Lauer 2020). Es sind mehr Texte verfügbar als je zuvor und wir lesen diese zunehmend auf digitalen Endgeräten. Dennoch ist nicht abzustreiten, dass gerade das Lesen vor radikalen Umwälzungen steht und sich sowohl Leseverhalten, Leseumwelt als auch Leseprozesse zunehmend wandeln und diversifizieren (vgl. u. a. Schroeder 2020). Das erste Unterkapitel geht daher der Frage nach, wie wir Schülerinnen und Schüler diejenigen Lesestrategien und -techniken vermitteln können, die sie benötigen, um in ganz unterschiedlichen digitalen Lesesituationen selbstständig, aktiv und informationskritisch zu lesen.

Daran anschließend befasst sich der nächste Teil des Kapitels mit dem Potenzial digitaler Medien zur Förderung der fremdsprachlichen Hörkompetenz. Gleich dem Lesen geht es auch beim Hören darum, die außerschulischen Hörverstehenssituationen der Lernenden in den Unterricht zu integrieren. Im Mittelpunkt stehen daher Podcasts und Audiobooks, die zu einer motivierenden und differenzierten Auswahl von Hörtexten beitragen können (Mischke 2017, S. 2–8).

Der Schwerpunkt dieses Kapitels liegt auf der Entwicklung des Hör-Seh-Verstehens der Lernenden, denn der Konsum audiovisueller Inhalte zählt zu den größten (digitalen) Umbrüchen unserer Zeit. Egal ob Wissenserwerb, Unterhaltung oder Kommunikation: Audiovisuelle Texte sind überall. Anhand von lebensweltnahen *video genres* wie Erklär- und Influencervideos wird aufgezeigt, wie sich die (außerschulischen) medialen Hör-Seh-Gewohnheiten der Schülerinnen und Schüler auf ganz vielfältige Art und Weise in den Englischunterricht einbinden lassen.

Ebenfalls die Art, wie wir schreiben, erfährt momentan einen fundamentalen Umbruch; weg vom Stift und hin zum gestützten Schreiben mit der Tastatur. Doch nicht nur die Schriftmedien ändern sich, sondern auch die Art, wie wir schreiben. Wir schreiben zunehmend interaktionsorientiert, in ganz verschiedenen Kontexten und für ganz unterschiedliche Adressdatengruppen. Dabei greifen wir nicht länger nur auf das geschriebene Wort, sondern auch auf Ton und Bild zurück (vgl. u. a. Aebi/Göldi/Weder 2020). Individuelles Schreiben rückt immer mehr in den Hintergrund und wird auch in der Arbeitswelt zunehmend durch kollaborative Schreibprozesse ersetzt. Aus dieser sich rapide verändernden Schreibkultur ergeben sich zahlreiche Impulse auch für den Englischunterricht, die in diesem Unterkapitel an den Beispielen kollaboratives Schreiben und *fan fiction writing* vorgestellt werden.

Die Wichtigkeit von Wortschatz- und Grammatikarbeit ist ungebrochen. Auch wenn Wortschatz- und Grammatikvermittlung heute weitestgehend integriert stattfinden soll, ist die Förderung der Wortschatz- und Grammatikkompetenz der Schülerinnen und Schüler weiterhin unerlässlich. Digitale Medien können mehr, als die Arbeit in den Bereichen Grammatik und Wortschatz nur motivierender zu gestalten, denn sie können vor allem einen wichtigen Beitrag zur Förderung der lexikalischen und grammatikalischen Bewusstheit der Lernenden leisten und neue Wissens- und Handlungsrahmen schaffen.

Das Kapitel schließt mit dem inter- und transkulturellen sowie globalen Lernen. Die zunehmend digitale und globale Welt zeichnet sich durch „enormous improvements in the economy, transportation and digital communication, international businesses, work-related migration, transnational mobility and cross-cultural contacts" aus (Blell/Doff 2014, S. 78). Damit einher geht eine „growing recognition for the need for an intercultural focus in language education" (Moeller/Nugent 2014, S. 1). Kulturelle Kompetenzen sind also wichtiger denn je, denn das Bewegen in der digitalen Welt fordert uns ständig neu heraus, kulturelle Begegnungssituationen zu bewältigen und unsere eigene Kultur vor dem Spiegel fremder Kulturen neu zu überdenken (Elsner 2010, S. 103). Doch digitale Medien und Plattformen können Schülerinnen und Schüler auch dazu anregen, neue kulturelle Erfahrungsräume zu erforschen, kulturelle Erfahrungen zu verarbeiten und eigene kulturelle Deutungsmuster kritisch zu reflektieren.

Zusammengefasst erfordert das Leben mit Smartphone, Tablet & Co. neue Kompetenzen und das Ausfüllen neuer Rollen. Für den Unterricht ergeben sich aber auch neue Inhaltsfelder und Gelegenheiten der Kompetenzförderung und Möglichkeiten, Kompetenzen integral und prozessorientiert anzubahnen und handlungsorientiert einzuüben.

6.2 Lesen und Lesekompetenz im digitalen Zeitalter

EINLADUNG ZUM VORDENKEN

- Aus welchen digitalen Quellen beziehen Sie Ihre Informationen?
- Welche digitalen Sachtexte lesen Sie in Ihrem Alltag?
- Mit welchen Herausforderungen werden Sie bei der Rezeption digitaler Texte konfrontiert?

EINLADUNG ZUM MITMACHEN

Nehmen Sie sich einen Moment Zeit und schreiben Sie Ihre persönliche Definition von fremdsprachlicher Lesekompetenz auf ein Blatt Papier.

Lesekompetenz, auch Leseverstehen oder Lesefähigkeit, ist eine der Grundfertigkeiten, die der Englischunterricht vermitteln sollte. Dabei ist Lesekompetenz ein vielseitiges Konzept, das unterschiedliche Aspekte wie Lesemotivation (Leseinteresse, Lesefreude), Lesefertigkeit (Lesetechniken), Leseflüssigkeit, Lesestrategien und Reflexionsfähigkeit mit einschließt (vgl. Thaler 2012, S. 190–191). Bereits analoges Lesen ist also eine durchaus komplexe Fähigkeit, die sich in unterschiedliche Teilfähigkeiten untergliedert (Ehlers 2006, S. 31). Sowohl für das muttersprachliche als auch das fremdsprachliche Lesen existieren zahlreiche Modelle, die versuchen, die Abläufe beim Lesen eines Textes zu beschreiben. Der *bottom-up*-Ansatz geht davon aus, dass die Bedeutung eines Textes im Text selbst liegt und der Lesende diese Bedeutung entschlüsseln muss, während der *top-down*-Ansatz annimmt, dass dem Lesenden eine zentrale Rolle im Leseprozess zukommt. Lesen, so Thaler, „wird als psycholinguistisches Detektivspiel betrachtet, bei dem der Leser Text aufnimmt, Hypothesen aufstellt, diese im Prozess des Weiterlesens verwirft, neue Hypothesen aufstellt und so fort“ (2012, S. 190). Dabei greift der Lesende z. B. auf sein allgemeines Weltwissen sowie themenspezifisches Hintergrundwissen zurück. Auch wenn Lesen ein hoch konstruktiver Prozess ist, scheint das Verstehen eines Textes ohne das Wissen um die sprachliche Form und Struktur eines Textes schwierig, sodass man davon ausgehen kann, dass beim Lesen *bottom-up*- und *top-down*-Prozesse ineinandergreifen (ebd.). Lesende müssen in der Lage sein, Informationen zu filtern (Selektivität), also Fragen zu stellen wie „Welche Informationen sind für mich wichtig/unwichtig?“, die Informationen in übergeordnete Kategorien einordnen (Abstraktion) sowie über das Gelesene hinauszugehen (Inferieren) (Ehlers 2006, S. 32).

Auch wenn Lesen „auf der Folie des muttersprachlichen Lesens“ (Thaler 2012, S. 190) stattfindet, gibt es unterschiedliche Annahmen dazu, wie stark die muttersprachliche die fremdsprachliche Lesekompetenz beeinflusst. Während die Interdependenztheorie davon ausgeht, dass eine gute bzw. schwache Lesekompetenz in der Muttersprache zu ähnlichen Leistungen in der Fremdsprache führt, geht die heute favorisierte Schwellentheorie davon aus, dass die Lesekompetenz in der Fremdsprache eher vom Niveau in der Fremdsprache abhängt. Fest steht, dass beim fremdsprachlichen Lesen die Informationen in einer anderen Sprache präsentiert werden, welche nicht nur die Leseflüssigkeit, sondern auch die Inferierfähigkeit des Lesenden beeinflusst, z. B. indem sich der Lesende zu sehr auf die sprachlichen Aspekte eines Textes und eben nicht auf seinen Inhalt konzentriert. Nicht zuletzt stehen Schülerinnen und Schüler beim Lesen eines Textes, z. B. aus der englischen oder US-amerikanischen Presse, oft nicht dasselbe Hintergrundwissen, u. a. bezüglich gesellschaftlicher Normen oder Ereignisse, zur Verfügung, sodass ein verstehendes Lesen schwierig ist.

Immer wieder ist der Presse zu entnehmen, dass Kinder und Jugendliche zu wenig oder gar nicht mehr lesen. Richtig ist, dass sich das Leseverhalten heutiger Jugendlicher stark von dem vorangegangener Generationen unterscheidet. Neben Printformaten (in einem durchaus auch digitalen Kontext) bestimmen digitale Texte stark den (Lese-)Alltag der heutigen Schülerinnen und Schüler. Dazu gehören digitale Ausgaben von Printmedien, aber vor allem digitale Texte auf Websites, in den sozialen Medien und vielfältige Arten von multimodalen Texten wie Videos, auf die man oft durch einen einfachen Klick oder ein schnelles Wischen zugreifen kann. Lesen ist längst kein passiver Prozess mehr, sondern ein aktives Interagieren mit dem Text und anderen Lesenden.

Für den Fremdsprachenunterricht Englisch bedeutet dies, dass die Vermittlung klassischer Lesestrategien nicht mehr ausreicht, um Lernende auf die komplexen Prozesse vorzubereiten, die das Lesen im digitalen Zeitalter mit sich bringt. Es geht nicht mehr länger nur um das Erkennen klassischer Textsorten und das Beherrschen unterschiedlicher Wort- und Texterschließungskompetenzen (Methodenkompetenz), sondern auch darum, Quellen zu bewerten, (digitale) Informationen gegeneinander abzuwägen und unter Zurückgreifen auf das eigene Vorwissen miteinander in Beziehung zu setzen. Schauen wir uns dazu ein kurzes Beispiel an.

EINLADUNG ZUM MITMACHEN

Legen Sie dieses Buch noch einmal einen Moment zur Seite und googeln Sie den Begriff *fast fashion*.

- Welche Ergebnisse werden Ihnen angezeigt?
- Welche (Lese-)Strategien setzen Sie ein, um die angezeigten Informationen zu verarbeiten?
- Wodurch zeichnen sich die Ihnen vorgeschlagenen Ergebnisse aus?
- Wie gehen Sie auf Basis der Ergebnisse bei der weiteren Recherche vor?

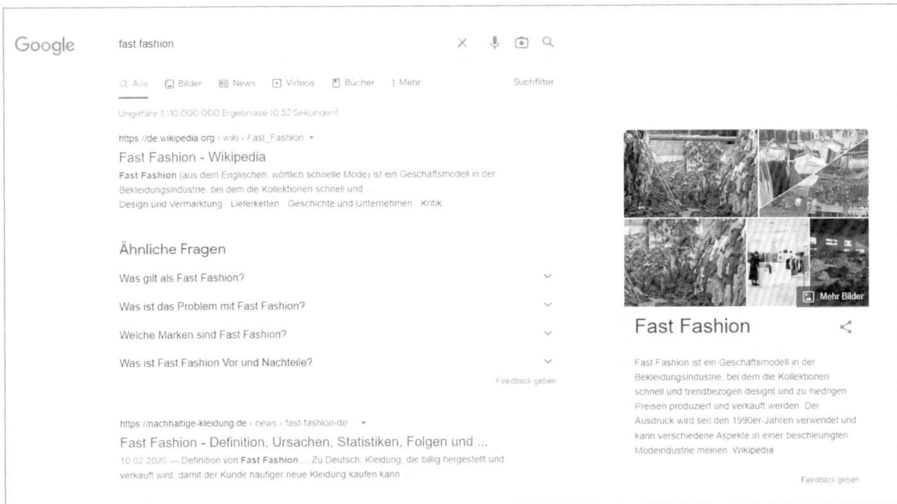

Abb. 15: Ergebnisse einer *Google*-Suche zum Begriff *fast fashion*

Der Screenshot (Abb. 15) zeigt exemplarisch, wie das Ergebnis einer *Google*-Suche nach dem Begriff *fast fashion* aussehen könnte. Bereits auf den ersten Blick wird deutlich, dass das Lesen digitaler Informationen mehr umfasst als nur das Erkennen von Buchstaben. Die Suchergebnisse sind multimodal, sie enthalten Hyperlinks, Grafiken und Bilder. Des Weiteren stehen zahlreiche Möglichkeiten bereit, die Suche einzugrenzen sowie die angezeigten Informationen zu bewerten. Lernende müssen die gefundenen Informationen also integrieren und sourcen. Integrieren bedeutet, dass Schülerinnen und Schüler in der Lage sind, Informationen nicht länger nur aus einem, sondern aus zahlreichen Texten zusammenzuführen und „die inhaltlichen Schnittmengen und Bezüge über die Dokumentengrenzen hinweg zu erkennen" (Philipp 2020, S. 146), wobei Lesende dabei auch an ihr Vorwissen anknüpfen. Sourcing bezeichnet unterschiedliche Prozesse, um „vorhandene oder verfügbare Metadaten über Dokumente zu identifizieren, zu beurteilen, kognitiv zu repräsentieren und für die Relevanz- und Plausibilitätseinschätzung zu nutzen" (ebd.).

Cookies, Datenpakete, die von Webbrowsern und Internetseiten erzeugt werden, um individuelle Nutzerdaten zu speichern, bilden einen wichtigen Faktor bei der Ermittlung der personalisierten Suche, denn sie speichern die besuchten Websites.

Dabei muss man auch in Hinblick auf die Behandlung solcher Texte im Unterricht berücksichtigen, dass die angezeigten Ergebnisse für jeden Lernenden leicht anders aussehen, denn Suchergebnisse werden, ohne Abschalten der Personalisierungsfunktion, von *Google* mithilfe von Cookies personalisiert, z. B. indem häufig besuchte Websites weiter oben angezeigt werden. Dabei werden auch angeschaute *YouTube*-Videos, bevorzugte Sprachen sowie andere Aspekte des individuellen Surfverhaltens berücksichtigt.

Digitales Lesen ist also ein performativer Akt und verlangt somit Kompetenzen, die weit über das traditionelle lineare Lesen hinausgehen. Doch was heißt überhaupt digitales Lesen und was genau unterscheidet digitales vom nicht digitalen Lesen (vgl. auch Kapitel 8)?

Beispiele zum Training digitaler Lesestrategien anhand von Websites

Informationen recherchieren, kuratieren & bewerten

- Websites kennenlernen, die für eine Suche geeignet sind (.com, .org, .edu., .gov.)
- geeignete Keywords zusammenstellen
- Erwartungshaltungen externalisieren
- Internetquellen finden und bewerten
- geeignete Informationen aus unterschiedlichen Quellen auswählen, zusammenstellen und durch eigenes Wissen ergänzen
- Inhalte ordnen, analysieren sowie visualisieren
- Follow-up-Recherche
- eigene Hinweise zur Online-Recherche erstellen
- Websites als Bookmarks dem eigenen Browser hinzufügen
- Schülerinnen und Schüler verfassen selbst geeignete Hinweise im Umgang für Online-Recherchen

6.2.1 Digitales Lesen

Digitales Lesen ist ein heute fast inflationär gebrauchter Begriff, der im Grunde nichts anderes meint, als dass wir heute nicht mehr allein auf den gedruckten Text, sondern zunehmend auch auf ein vielfältiges digitales Leseangebot zurückgreifen, das nicht nur digitalisierte *print-first texts,* sondern auch genuin digitale Texte z. B. in Blogs und sozialen Medien umfasst. Digitales Lesen beschreibt also den Prozess des Rezipierens eines eingescannten Textes auf dem Bildschirm des Computers oder Smartphones, aber eben auch das Lesen im digitalen Raum geborener Texte (*born-digital texts*). Dieses vielfältige Textrepertoire stellt andere Ansprüche an die Sprach- und Lesekompetenz heutiger Jugendlicher, als gedruckte Texte dies noch vor einigen Jahren taten. Digitale Texte sind nicht linear, sondern erscheinen in Form sogenannter Hypertexte, die Lesende aktiv dazu anregen, Sinnzusammenhänge herzustellen, während sie quasi nebenbei im Sinne des *multitasking* externe Impulse, wie eingehende *WhatsApp*-Nachrichten etc., unterdrücken müssen.

i

Multitasking during reading ist heute ein häufig vorkommendes Phänomen und beschreibt, dass Lesende während des Lesens unterschiedliche Tätigkeiten ausführen. Die Metastudie von Clinton-Lisell weist darauf hin, dass sich *multitasking* negativ auf das Verstehen eines Textes auswirkt, vor allem wenn die zum Lesen zur Verfügung stehende Zeit begrenzt ist. Dabei wirkt sich *multitasking* negativer auf das Verstehen aus, wenn Texte auf dem Papier gelesen werden (Clinton-Lisell 2021).

Digitales Lesen erfordert also eine stark selbstregulative, metakognitive Steuerung des eigenen Lesens (Philipp 2020, S. 148). Der Blog unterricht.digital.info listet fünf zentrale Herausforderungen auf, die Leserinnen und Leser beim Lesen digitaler Texte bewältigen müssen (vgl. Tab. 13).

Herausforderung	Erklärung
Hypertextstruktur	Eine Orientierung ist schwierig, denn digitale Texte sind nicht linear und nicht chronologisch. Links, Videos, Bilder, Grafiken usw. fördern ein fragmentiertes Lesen.
Ablenkung	Lesende werden durch intra-, aber auch extratextuelle Elemente, wie z. B. Werbung, von einem fokussierten Lesen des digitalen Textes abgelenkt.
Lektüreprozess	Der Lektüreprozess muss oft, z. B. durch Lesezeichen oder den Browserverlauf, rekonstruiert werden.
Urheberschaft	Die Urheber digitaler Texte sind oft schwer zu bestimmen, was nicht zuletzt eine kritische Bewertung und Zitation von Quellen schwierig macht.

Tab. 13: Herausforderungen beim Umgang mit digitalen Texten (basierend auf Unterricht digital o. D.)

Dennoch, so Schroeder, ist die Frage ob bzw. wie sich das Lesen durch die Digitalisierung ändert, nicht leicht zu beantworten (2020, S. 1). Unterschiedliche (Meta-)Studien zum Lesen auf Papier und am Bildschirm (Clinton 2019; Delgado/Ackerman/Salmerón 2018) zeigen zwar einen leichten Vorteil für das Papier-Lesen (Schroeder 2020, S. 1), allerdings nur, „wenn die Leser*innen unter Zeitdruck standen, d. h. ein Zeitlimit bei der Lektüre vorgegeben wurde" (ebd., S. 4); ein Umstand der hinsichtlich des schulischen Lesens nicht außer Acht gelassen werden darf. Die Stavanger Erklärung: Zur Zukunft des Lesens (2018) zum Einfluss digitaler Medien auf das Leseverhalten kommt zu ähnlichen Ergebnissen. Sie zeigt, dass lange (!) Informationstexte auf Papier besser verstanden werden als auf dem Bildschirm. Die Forscher betonen jedoch ausdrücklich, dass sich eine individualisierte und auf den Lesenden zugeschnittene Umgebung positiv auf die Motivation und das Verständnis auswirken kann. Jedoch werden dadurch Fragen etwa nach der Rolle der Bildschirmgröße nicht beantwortet. Auch beziehen sich die Ergebnisse explizit auf digitale Sachtexte, nicht aber auf narrative, literarische Texte und geben nur bedingt Hinweise darauf, welche kognitiven Ressourcen Schülerinnen und Schüler für das Lesen digitaler Sachtexte beanspruchen und welche Strategien sie nutzen.

Zusammengefasst ist es also keineswegs das Ziel, die eine Form des Lesens der anderen vorzuziehen. Es geht vielmehr darum, sowohl die (Sach-) Textauswahl als auch die damit einhergehenden Aufgaben so zu gestalten, dass Lernende zum bewussten Rezipieren sowohl gedruckter als auch digitaler Texte animiert werden. Nur so können Lernende ein breit gefächertes Lesestrategierepertoire aufbauen, das es ihnen ermöglicht, unterschiedliche Repräsentationen von Informationen aufzunehmen, zu verstehen und bedürfnisorientiert zu nutzen. Dabei können wir nicht außer Acht lassen, dass auch digitale Texte weiterhin analoge Merkmale aufweisen (Cho/Afflerbach 2017). Des Weiteren sollte vor allem das *deep reading* (längerer Texte) gefördert, *shallow reading* (oberflächliches Lesen) kritisch reflektiert und Lernenden Strategien aufgezeigt werden, um auch Texte auf digitalen Geräten tief zu lesen. Denn jüngere Lesende sind oftmals nicht an einem Text als Ganzes interessiert, sondern fokussieren sich auf das Finden von Keywords und zentralen Aussagen (*scanning*), die ihren individuellen Informationsbedarf befriedigen. Dabei wird oft nur einzelnen Absätzen überhaupt Bedeutung geschenkt wird (*skimming*).

Im Folgenden werden nun ausgewählte digitale nichtfiktionale Sachtexte vorgestellt und aufgezeigt, wie Schülerinnen und Schüler an die digitale Textarbeit im Englischunterricht herangeführt werden können.

6.2.2 Digitale Sachtexte lesen

Digitale Sachtexte nehmen auch im täglichen Leben einen wichtigen Platz ein, denn wir greifen in vielen Alltagssituationen auf sie zurück, z. B. um Dinge nachzuschlagen oder uns intensiver mit einem Thema auseinanderzusetzen. Doch was sind überhaupt digitale Sachtexte? Sachtexte lassen sich relativ einfach von narrativen Texten abgrenzen, denn während narrative Texte eine Geschichte erzählen, berichten Sachtexte über reale Personen oder informieren über Ereignisse und tragen so zu einem Erkenntnisgewinn bei. Dabei können Sachtexte z. B. darstellender, erörternder, informierender, appellierender oder argumentierender Natur sein. Zu den bekanntesten Sachtexten im (digitalen) Alltag gehören u. a. *newspaper articles, forum entries, reviews, advertisements,* und *how-to manuals.* In Anbetracht der Fülle digitalen Materials und der Tatsache, dass sich digitale Textformen ständig weiterentwickeln, scheint eine Klassifizierung digitaler Sachtexte zunehmend schwierig, denn unterschiedliche Formen von Text greifen ineinander und beziehen sich aufeinander. Vor diesem Hintergrund schlägt Wampfler (2019, S. 157–162) eine relativ grobe Einteilung digitaler Sachtexte in sieben Kategorien vor: (1) digital publizierte und angereicherte journalistische Texte, (2) intermediale Social-Media-Texte, (3) intertextuelle, interaktive und kollaborativ verfasste Texte, (4) Erklärvideos, (5) Podcasts, (6) VR- und AR-Sachtexte und (7) Chatbots. Jedoch weist Wampfler darauf hin, dass auch Computerspiele, zumindest diejenigen, die primär der Wissensvermittlung dienen, auch als digitaler Sachtext gezählt werden könnten. Diese Kategorisierung verdeutlicht, dass die Grenzen zwischen unterschiedlichen Textarten und Genres im digitalen Raum zunehmend verschwimmen. Gemein ist diesen Texten jedoch, dass sie **multimodal** (sie kombinieren unterschiedliche Darstellungsformen), **multilinear** (sie verknüpfen sichtbar unterschiedliche Quellen) sowie **interaktiv** (sie machen den Lesenden durch seine Auswahlentscheidungen zu Mitproduzenten des Textes) sind.

EINLADUNG ZUM MITMACHEN

Beobachten Sie eine Woche lang Ihr digitales Leseverhalten. Welche digitalen Sachtexte lesen Sie und welche Lesestrategien wenden Sie beim Lesen dieser Texte an? Mit welchen Schwierigkeiten sehen Sie sich konfrontiert?

Nehmen wir als Beispiel die Bedienungsanleitung. Um eine klassische Print-Gebrauchsanweisung, z. B. für das neue Handy oder die neue Spielekonsole, zu verstehen, muss man in der Lage sein, dem Text die benötigten Informationen zu entnehmen und die Anleitung praktisch umzusetzen. Moderne, digitale Gebrauchsanleitungen, die in der Regel mithilfe eines QR-Codes (vgl. Kapitel 2.2) über das Smartphone abgerufen werden, unterscheiden sich jedoch in mehrerlei Hinsicht fundamental von ihren gedruckten Vorgängern. Digitale Gebrauchsanleitungen sind oft multimodal, d. h., sie können Hyperlinks, Animationen, Erklärvideos oder Audios enthalten. Eine digitale

Suchfunktion erleichtert das Finden von Informationen. Auch unterliegen sie keiner vorgegebenen Zeichenzahl, sodass sie ausführlicher sein können. Mehrere Personen können gleichzeitig auf sie zugreifen. Nicht zuletzt wird das Hilferepertoire des Herstellers durch ein umfassendes Zusatzangebot von anderen Nutzenden erweitert, die eigene Videos und Blog-Einträge zum Zusammenbau oder der Nutzung eines Gerätes online veröffentlichen, welche dann wieder von anderen Usern im Rahmen fast dialogischer Schreibprozesse kommentiert und erweitert sowie bewertet werden. Dieses einfache Beispiel zeigt, dass die Herausforderungen an digital Lesende steigen und digitale Medienkompetenz und Lesekompetenz mittlerweile fast nicht mehr voneinander zu trennen sind, denn die

- Anzahl der verfügbaren Texte steigt stetig;
- Qualitätssicherungsmaßnahmen werden seltener;
- Quellen und Meinungen werden immer widersprüchlicher und
- computerbasierte Propaganda beeinflusst unsere Meinung (*social bots*, Trolle).

Um derartige Sachtexte professionell und erfolgreich lesen zu können, bedarf es einer Vielzahl digitaler Lesestrategien, denn es geht nicht länger um das reine Entnehmen von Informationen aus einem Text, sondern auch und vor allem darum, evaluativ-reflexiv zu lesen (Philipp 2020, S. 143). Zu diesen Strategien gehören u. a. das

- Auswählen von Quellen;
- Filtern von Informationen;
- kritische Bewerten von Informationen unter Zurückgreifen auf das eigene Vorwissen;
- Herstellen von Bezügen zwischen unterschiedlichen Quellen sowie
- Navigieren zwischen Dokumenten (ebd., S. 148).

Diese Strategien laufen nicht sequenziell, sondern oft parallel ab. Wichtig ist, dass Lernende bei Recherchen nicht nur auf eine Quelle zurückgreifen, sondern die Informationen unterschiedlicher Quellen miteinander vergleichen, gegeneinander abwägen und eigene Schlüsse ziehen (vgl. Kapitel 7.2.3).

Social Bots (von engl. *robot*), auch *Social Networking Bots*, sind selbsttätige, auf Algorithmen basierende Programme, die menschliches Verhalten im digitalen Raum, also z. B. das Liken oder Teilen sowie Kommentieren von Nachrichten, simulieren. Sie übernehmen unterschiedliche Funktionen wie das Überschwemmen von Unterhaltungen mit Spam, sodass reale Kommentare von Nutzenden untergehen, das Entfachen von Trends mithilfe von Bot-Armeen, Shitstorming und andere Formen der Meinungsbeeinflussung z. B. durch die Verbreitung von Fake News oder Fake-Bewertungen. So schließen sich Nutzende der von Bots generierten Meinung an, obwohl diese nicht auf Fakten basiert. Im Gegensatz zu Bots sind Trolle echte Menschen, die bewusst Diskussionen stören und Falschmeldungen verbreiten. Auch wenn ein Großteil der Bots durch Social-Media-Portale erkannt und gelöscht werden, sollten individuelle User gewisse Profile einer kurzen Echtheitsüberprüfung unterziehen. Dabei können u. a. die folgenden Fragen helfen:

- Wie aktiv ist der Account? Eine unrealistisch erscheinende Anzahl von Posts oder Likes kann auf einen Bot hinweisen.
- Welche Themen werden behandelt? Wird nur zu einem oder sehr wenigen Themen gepostet oder kommentiert?
- Wie sieht das Profil aus? Das Fehlen jedweder Angaben oder des Profilbildes weist auf einen Fake-Account hin.
- Wie schnell reagiert der Account?

Doch wie sieht die Arbeit mit digitalen Sachtexten im Englischunterricht konkret aus? Das Internet bietet eine Vielzahl von Sachtexten, die sich für den Unterricht eignen. Dazu zählen vor allem auch Texte aus dem Bereich *digital* bzw. *online journalism*. Digitaler Journalismus zeichnet sich vor allem dadurch aus, dass Elemente des *offline journalism* mit für den digitalen Raum typischen Möglichkeiten der Partizipation, Interaktion und Kommunikation kombiniert werden. Wie andere digitale Texte auch, sind *online articles* nicht linear und hypertextuell. *Digital journalism* ist vielfältiger. Dabei steht nicht länger nur das Distribuieren von Nachrichten im Vordergrund, sondern auch das aktive Einbinden ehemals passiver Nachrichtenrezipienten. Klassisch werden Online-Nachrichten über die Websites von Nachrichtenanbietern verbreitet (z. B. https://www.theguardian.com/uk-news oder http://www.dailysun.co.za). Inzwischen gibt es aber auch eine Vielzahl interaktions- und kommunikationsorientierter Formen wie Blogs, Podcasts, Videoplattformen, Mailinglisten, zahlreiche Angebote in sozialen Medien und viele mehr (Abb. 16). In diesem Zusammenhang taucht immer wieder der Begriff des *grassroot journalism* auf (Graswurzel-Journalismus, Bürger-Journalismus, partizipativer Journalismus), bei dem Nicht-Journalisten/-Journalistinnen aktiv an der Gestaltung der Medienlandschaft, z. B. über die Publikation und Verbreitung von Nachrichten etwa über eigene *social media accounts*, mitwirken. Während die Diversifizierung der journalistischen Landschaft sicherlich zu begrüßen ist, birgt sie auch viele Gefahren, denn längst nicht mehr alle Nachrichtentexte sind redaktionell verifiziert, Falschnachrichten können sich rasant schnell verbreiten. Damit wird die Vermittlung von Nachrichtenkompetenz immer wichtiger. Für den Englischunterricht ergeben sich daraus unterschiedliche Lernziele, wie z. B. das Wecken von Medien- und Nachrichteninteresse, das Bilden von Vertrauen in Nachrichtenmeldungen und das Vermitteln digitaler Nachrichtenkompetenz, also die Fähigkeit, digitale journalistische Inhalte zu verstehen und kritisch hinterfragen zu können. Dazu gehört auch, zwischen Werbung und Meinung, Kommentar und Tatsachenbericht unterscheiden zu können und Falschnachrichten zu erkennen (vgl. Kapitel 8.2). Denn auch wenn der Konsum klassischer Nachrichten abnimmt, wächst das Interesse auch unter Jugendlichen, sich zu informieren. So schlägt Werner z. B. die Verwendung von *live texts* im Englischunterricht vor, eine „immediate form of journalism“, die sich vor allem für die Berichterstattung zu „(pre-scheduled) events with limited duration, such as sports matches, political events (elections, presidential debates, inauguration ceremonies etc.), natural disasters or terrorist attacks“ (Werner 2023) eignet.

Abb. 16: *Instagram*-Auftritt der Washington Post

Für den Englischunterricht bieten sich zahlreiche Möglichkeiten. Schülerinnen und Schüler können ihr eigenes Nachrichtenverhalten reflektieren, Beispiele von *digital journalism* analysieren oder eigene News-Beiträge erstellen.

6.3 Hörverstehenskompetenz

Das Hörverstehen gehört im Alltag zu den wichtigsten Kompetenzen. Dabei geht es nicht nur darum, Geräusche wahrzunehmen, sondern vor allem sinnentnehmend zu hören. Auch wenn audiovisuelle Medien mehr und mehr den Alltag bestimmen, sind auch auditive Medien immer noch fester Bestandteil der heutigen Medienkonsumwelt von Kindern und Jugendlichen. So hören 92 % regelmäßig Musik, 58 % Radio, ein Drittel der Befragten nutzt regelmäßig Sprachassistenten wie Siri oder Alexa. Immerhin 17 % hören regelmäßig Hörbücher oder Hörspiele und fast genauso viele begeistern sich für Podcasts (mpfs 2021, S. 13). Hören ist also weiterhin relevanter Teil des alltäglichen Medienkonsums.

Auch bei der Hörverstehenskompetenz greifen unterschiedliche Fähigkeiten und Fertigkeiten ineinander (Thaler 2012, S. 161), denn genau wie beim Lesen gilt es, eigenes Vorwissen zu aktivieren, Kommendes zu erahnen (antizipieren) und Schlussfolgerungen aus dem Gehörten zu ziehen (inferieren). Des Weiteren halten gerade Hörtexte eine Vielzahl von Hürden wie das Tempo des Gesprochenen, Hintergrundgeräusche oder die Anzahl der Sprechenden bereit, die Lernende nicht selten verzweifeln lassen. Ein einfaches Vor- und Zurückblättern wie beim Lesen ist nicht möglich, obwohl auch hier z. B. Zeitmarkierungen und die Möglichkeit des wiederholten Abspielens die Unterschiede zwischen Lesen und Hören geringer werden lassen.

In Hinblick auf Hörtexte, die im Englischunterricht eingesetzt werden können, behält die moderne digitale Medienlandschaft inzwischen ein breites Repertoire an authentischen Hörtexten wie *songs, internet radio, radio plays, weather reports, audio guides* und viele mehr bereit. Des Weiteren sind zahlreiche lineare Fernsehformate mittlerweile nicht mehr nur als Livestream, sondern auch als Podcast verfügbar, sodass sie leicht in den Unterricht integriert werden können. So gibt es vor allem im Bereich des Journalismus eine Vielzahl von gesprochenen Texten wie *commentaries, interviews, reports,* oder *features,* die, richtig eingesetzt, auch für den Unterricht durchaus interessant sind. Doch auch alltägliche kleinere Hörtexte wie die Antworten von Sprachassistenten, Sprachnachrichten auf Instant Messaging Diensten, die *Google-Screenreader*-Funktion sowie Audioversionen anderer geschriebener Texte oder gesprochene Routen in Navigationssystemen wie *Google Maps* können ohne großen Aufwand im Englischunterricht Verwendung finden. Denn sie sind nicht nur authentisch, sondern werden ständig aktualisiert und sind leicht und an individuelle Nutzende angepasst verfügbar. Diese und viele andere Texte mehr eignen sich nicht nur für klassische Hörtextaufgaben wie *multiple choice, true or false* oder *matching,* sondern auch für handlungsorientierte Aufgabenformate. Podcasts, Radiosendungen oder *sound collages* können inzwischen mit einfachen technischen (und auch sprachlichen) Mitteln von Schülerinnen und Schülern selbst erstellt und zum weiteren Hörkompetenztraining genutzt werden. Nicht zuletzt wissen wir aus der Forschung, dass gerade Schülerinnen und Schülern, die das Lesen eines geschriebenen Textes als Herausforderung empfinden, das parallele, simultane Hören (*reading-while-listening*) unter bestimmten Bedingungen das Verständnis erleichtert (vgl. u. a. Gailberger 2013).

6.3.1 Podcasts

Das Wort Podcast setzt sich aus den Wörtern *pod* (Play on demand) und *cast* (Abkürzung von Broadcast für Rundfunksendung) zusammen. Einfach gesagt sind Podcasts Audiobeiträge, die über das Internet erhältlich sind und sowohl live, aber auch offline gehört werden können. Über einen Web- bzw. RSS-Feed können Podcasts einfach abonniert werden (Storck 2012; Strohn 2012, S. 22). Längst sind Podcasts kein Nischenphänomen mehr, denn eine steigende Zahl von Menschen hört sie z. B. beim Auto- oder Zugfahren. Zwar stehen Comedy-Formate sehr hoch im Kurs, doch dienen Podcasts auch als Informationsquelle bei relevanten Themen und werden durchaus auch genutzt, um sich intensiver mit einem bestimmten Thema auseinanderzusetzen (BITKOM 2021). Dabei sorgt die Tatsache, dass quasi jeder Podcasts erstellen kann, für eine große thematische Bandbreite, bringt aber durchaus auch die Gefahr eines Qualitätsverlustes mit sich (Nelges 2015, S. 109).

Trotz der Omnipräsenz von Podcasts in unserem Alltag können sie ohne Weiteres als „das unterschätzte Format im Englischunterricht“ (Herzog 2018, o. S.) gelten. So gaben in einer Umfrage von Nelges zwei Drittel der Befragten an, dass sie in der Schule noch nie mit Podcasts gearbeitet geschweige denn selbst Audio- oder Videomaterial bearbeitet haben (Nelges 2015, S. 116 ff.) Dies ist insofern verwunderlich, da authentische sowie didaktisierte Podcasts nicht nur einfach zugänglich sind und eine große Genre- und Themenpalette (Comedy, Nachrichten, Politik, Gesundheit) abdecken, sondern Schülerinnen und Schülern auch authentische Sprachbegegnungen bieten können, bei denen das aktive und genaue Zuhören geschult wird.

Often bieten Podcast-Seiten auch Glossare, Worterklärungen und passende Hörverstehensaufgaben (Storck 2012, S. 4). Damit bieten Podcasts die Möglichkeit zu individualisierten und differenzierten Hörverstehensaufgaben, auch als Hausaufgabe, denn nicht alle Lernenden müssen denselben Podcast hören oder Transkripte, Untertitel und Vokabellisten nutzen. Ebenfalls können sich aus der Nutzung von Podcasts auch andere kommunikative sowie kreative Aufgaben ergeben, z. B. indem Lernende einen gehörten Podcast zusammenfassen oder eine Podcast-Serie in Form einer Kurzpräsentation vorstellen (vgl. Tab. 14; Heim/Ritter 2012, S. 154–156). Verschiedene Fertigkeiten werden also integrativ geübt. Durch die Arbeit mit Podcasts werden aber längst nicht nur die sprachlichen Fertigkeiten geschult, sondern auch die übergeordneten Medienkompetenzen, denn Schülerinnen und Schüler lernen auch, was ein Podcast ist, wie sie aktuelle Podcasts finden und abspeichern sowie *on demand* zur Verfügung haben können. Auch die Lehrkraft kann Podcasts aufnehmen, z. B., um neues Vokabular oder ein neues Thema vorzustellen. Vor allem das eigene Erstellen von Podcasts bietet die Möglichkeit, sich aktiv nicht nur mit dem Mediengenre, sondern auch mit einem Thema inhaltlich auseinanderzusetzen.

	Lernende
Learning new words	erarbeiten unbekannte Wörter entweder aus dem Kontext oder durch Nachschlagen.
Writing a transcript/ subtiteling a podcast	erstellen ein Transkript oder Untertitel.
Listening tandem	erstellen Hörverstehensübungen zu einem von ihnen gewählten Podcast.
Writing a summary	fassen einen Podcast schriftlich zusammen.
Writing a review	rezensieren einen gehörten Podcast.
Designing a podcast cover	erstellen ein Cover zu einer Podcast-Serie.

Tab. 14: Ideen zum Einsatz von Podcasts im Englischunterricht

Abb. 17: Podcast-Serie *6 Minute English* der BBC

Viele Sender und Streamingportale wie *Spotify* oder die *Amazon*-Tochter *Audible* bieten inzwischen Podcasts an, von denen viele, wenn auch nicht alle, für den Englischunterricht geeignet sind. Doch es gibt auch ein wachsendes Podcast-Angebot für Lernende des Englischen als Fremdsprache. So sind z. B. auf der Seite des *British Council* eine Vielzahl von Podcasts inklusive Zusatzmaterialien wie *transcripts* und Lernaufgaben verfügbar. Auch die BBC bietet mehrere Podcast-Serien zum Englischlernen an. In *6 Minute English* unterhalten sich zwei Moderatoren/Moderatorinnen über spannende und relevante Themen wie *climate change*, *artificial intelligence* oder *fusion kitchen*. Jeder Podcast beginnt mit einer kurzen Einführung in das Thema. Ebenfalls wird eine Frage gestellt, die erst am Ende des Podcasts beantwortet wird, sodass für die Zuhörenden die Möglichkeit besteht, die Frage im Laufe des Podcasts auch selbst zu beantworten. Danach folgt ein kurzes ca. 4- bis 5-minütiges Gespräch. Der Podcast endet mit der Beantwortung der gestellten Frage sowie der Erklärung schwieriger Wörter.

B

Podcast-Webseiten, die für den Englischunterricht geeignet sind

- *Voice of America*: Learning English: Podcasts für Lernende unterschiedlicher Niveaus zu Themen wie Grammatik und Vokabular, aber auch Gesundheit und Lifestyle, inklusive Transcript (https://learningenglish.voanews.com, Zugriff: 07.07.2022)
- *The English We Speak*: 3-minütige Podcasts zu Redewendungen und Ausdrücken, die im britischen English verwendet werden (https://www.bbc.co.uk/programmes/p02pc9zn/episodes/downloads, Zugriff: 07.07.2022)
- *English Learning for Curious Minds*: Podcast-Serie für Fortgeschrittene zu ganz unterschiedlichen Themen aus Kultur und Gesellschaft. Die Seite bietet zu ihren Podcasts Vokabellisten, Untertitel und Transkripte (https://www.leonardoenglish.com/podcasts, Zugriff: 07.07.2022).
- *Espresso English*: Podcast-Folgen zu ganz unterschiedlichen Bereichen der englischen Sprache wie Aussprache oder Grammatik (https://www.espressoenglish.net, Zugriff: 07.07.2022)
- *This American Life*: Innovative Podcasts zu ganz unterschiedlichen Bereichen der amerikanischen Kultur für fortgeschrittene Lernende (https://www.thisamericanlife.org/523/death-and-taxes, Zugriff: 07.07.2022)
- *Luke's English Podcast*: Podcast-Show zu ganz unterschiedlichen Aspekten der englischen Sprache (https://teacherluke.co.uk, Zugriff: 07.07.2022)
- Eine einfache *Google*-Suche zeigt Ihnen zahlreiche weitere Podcast-Seiten, auf denen Podcasts *on demand* zur Verfügung stehen.

Abb. 18: BBC-Podcast-Serie *The English We Speak*

Auch wenn Schülerinnen und Schüler eigene Podcasts erstellen zu lassen zunächst nach einer Herausforderung klingen mag, bietet es Lernenden zahlreiche Möglichkeiten, sich autonom mit sprachlichen und thematischen Aspekten des Englischunterrichts auseinanderzusetzen. Bereits niederschwellige Sprachaufnahmen können einfach mit dem Smartphone gemacht werden (z. B. mit *Voice Record,* die in den gängigen App-Stores frei verfügbar ist). Frei verfügbare Tools zum Aufnehmen und Bearbeiten eigener Podcasts wie *Spreaker* (https://www.spreaker.com) oder *Audacity* (https://www.audacity.de) sowie das Hochladen auf der Schulhomepage oder Podhost-Seiten wie *Podomatic* (www.podomatic.com) oder *Podigee* (www.podigee.com) kann den Unterricht aber durchaus nicht nur technisch bereichern. Denn ob Radiosendungen, Reiseberichte, Vorstellungen der eigenen Stadt in Form einer *audio tour,* Buchrezensionen, Restaurantkritiken oder thematische Podcasts zu *fashion items* oder *climate change* sowie Charakterisierungen berühmter Personen – der Kreativität sind kaum Grenzen gesetzt.

6.4 Hör-Seh-Verstehen im Englischunterricht

EINLADUNG ZUM VORDENKEN

- Welche audiovisuellen Medienangebote nutzen Sie in Ihrem Alltag?
- Auf welche Hör-Seh-Texte greifen Sie in Ihrem Unterricht zurück?

Audiovisuelle Medien sind in unserem Alltag allgegenwärtig und prägen auch zunehmend die Mediennutzung von Jugendlichen. Die digitale Generation schaut Videos vornehmlich im Internet und wird immer fitter darin, ein Video Content selbst zu erstellen, zu bearbeiten und zu teilen. So nutzt die große Mehrheit der heutigen Teenager ihre Kameras nicht nur für Fotos, sondern auch zum Drehen eigener Videos. Die Ergebnisse der mini-KIM-Studie zeigen, dass bereits 2- bis 5-jährige Kleinkinder genauso viel Zeit mit Streamingportalen wie mit dem linearen Fernsehangebot verbringen (mpfs 2020, S. 9). Auch die Ergebnisse der JIM-Studien der letzten Jahre sind in Hinblick darauf, welche Bedeutung audiovisuell vermittelten Inhalten mittlerweile zukommt, eindeutig. In vier Fünftel der befragten Haushalte wird ein Streamingdienst genutzt und der Konsum von Online-Videos gehört zum liebsten Freizeitangebot der Jugendlichen. Dabei ist *YouTube* immer noch das beliebteste Internetangebot, wobei vor allem die Videoplattform *TikTok* einen starken Zuwachs verzeichnet und nun von jedem zehnten Jugendlichen als liebstes Internetangebot genannt wird (ebd. 2020, S. 36).

Die Abnahme textbasierter und die damit einhergehende Zunahme Bewegtbild-zentrierter Formen der Kommunikation stellt auch den Englischunterricht vor neue Herausforderungen. Zum einem sind Kinder und Jugendliche das Lesen längerer Texte nicht mehr gewohnt und zum anderen bilden sie „ihre Vorstellung davon, was Erzählen und Erzähltes ist, weniger am Buch bzw. Printmedium als am Film bzw. an AV-Medien aus“ (Frederking/Krommer/Maiwald 2012, S. 147). Hinzu kommt, dass sie Videos nicht nur zur Unterhaltung, sondern zunehmend auch als Informationsquelle nutzen. Bereits heute informieren sich immerhin bereits 31 % der Jugendlichen zu aktuellen Themen und Ereignissen bei *YouTube* und 35 % bei *Instagram* (mpfs 2021, S. 40). Ob Alltagstipps, Rezepte und Reparatur- und Bedienungsanleitungen, Unterhaltung und Information, Storytelling-Wissensvermittlung, digitale Nachhilfe, *YouTube* und andere soziale Medienplattformen bieten alles, was das jugendliche Herz begehrt. Die Video-Content-Konsumenten von heute sind die Influencer von morgen. Doch welche audiovisuellen Texte sollten im Englischunterricht behandelt werden? Welche Lernziele stehen dabei im Vordergrund? Wie lassen sie sich motivierend und lernendenorientiert einsetzen? Diese und andere Fragen stehen bei der Arbeit mit digitalem Video Content im Englischunterricht im Vordergrund.

Noch 1989 bezeichnete Ingrid Schwerdtfeger Hör-Seh-Verstehen als die übersehene fünfte Kompetenz. Inzwischen ist das Hör-Seh-Verstehen neben dem Sprechen, Schreiben, Hören und Lesen aus Bildungsstandards und Lehrplänen jedoch nicht mehr wegzudenken. Dabei stellt Hör-Seh-Verstehen keine Teilkompetenz des Hörverstehens dar, sondern eine eigenständige Kompetenz, die weit über ein bildgestütztes Hörverstehen hinausgeht (Thaler 2007, S. 13; Rössler 2020, S. 2). Das Dekodieren audiovisueller Texte ist jedoch gerade für Fremdsprachenlernende eine komplexe Kompetenz, die mit vielen Herausforderungen einhergeht. Denn, so Thaler,

> „[d]er Prozess des Hörverstehens muss mit dem des Sehverstehens synchronisiert werden, d. h., gesprochene Texte müssen verstanden, Bilder gedeutet, außersprachliche Merkmale erschlossen und kinematografische Techniken (z. B. Bildmontage) analysiert und zueinander in Beziehung gesetzt werden. Wenn schließlich noch textuelle Elemente (z. B. Untertitel oder im Bild zu sehende Schriftzüge) hinzukommen, dehnt sich das Hör-Seh-Verstehen zu einem Hör-Seh-Lese-Verstehen aus.“ (2012, S. 169)

Des Weiteren steht nicht mehr das rein passive Konsumieren audiovisueller Texte im Vordergrund, denn der Fremdsprachenunterricht sollte Schülerinnen und Schüler daran heranführen, (zunehmend digitale) Videoformate in ihrer Gesamtheit (medien-)kritisch wahrzunehmen, zu verarbeiten, je nach Situation zu interpretieren und selbst zu erstellen (vgl. u. a. Ludwig/Scheffler

2022, S. 47). Einem passiven und unreflektierten Medienkonsum der Lernenden soll also durch eine Förderung des bewussten und vor allem kritischen Erlebens audiovisueller Materialien entgegengewirkt werden. Dabei müssen drei Übertragungskanäle berücksichtigt werden: Bild (z. B. Situation, Personen, Ort, Zeit, Handlung, Gestik, Mimik, Bewegungen, Zeichen), Ton (z. B. Geräusche, Musik, Stille, Sprache) sowie Text (z. B. Untertitel oder Kommentar) (vgl. Nünning/Surkamp 2008, S. 248). Dieser Input gelangt zunächst in das Kurzzeitgedächtnis, wo er dann mit bereits gespeicherten Wissensbeständen, also z. B. dem individuellen Weltwissen, dem narrativen Wissen, dem Wissen über unterschiedliche Genres sowie dem formalen filmischen Wissen (u. a. Kameraeinstellungen, Schnitt, Perspektivenwechsel) abgeglichen und die Bedeutung konstruiert wird. Die Entwicklung der Hör-Seh-Kompetenz von Englischlernenden ist, wie die Entwicklung aller anderen fremdsprachlichen Kompetenzen auch, kein *one-off*, sondern bedarf der kontinuierlichen Einbindung audiovisueller Materialien in den Englischunterricht.

Henseler, Möller und Surkamp (2011, S. 2–3) unterscheiden in Hinblick auf den Fremdsprachenunterricht zwischen fünf aufeinander aufbauenden Weisen des Hör-Seh-Verstehens (Tab. 15).

Art	Erläuterung
Globales Hör-Seh-Verstehen	Erfassen der kommunikativen Situation und/oder des Themas
Grobes Hör-Seh-Verstehen	Erfassen der wesentlichen Aspekte einer oder mehrerer [Film]szenen
Selektives Hör-Seh-Verstehen	Konzentration auf einzelne ausgewählte Aspekte
Detailliertes Hör-Seh-Verstehen	Vollverstehen aller Einzelheiten einer Szene
Transzendierendes Hör-Seh-Verstehen	Elaborieren, Abstrahieren, Generalisieren, Konstruieren, Antizipieren, Evaluieren, Inferieren

Tab. 15: Weisen des Hör-Seh-Verstehens

Für die Vorführung audiovisueller Inhalte schlägt Thaler (2007, S. 12) ein mehrschrittiges Verfahren vor, welches es Lernenden ermöglicht, Hör-Seh-Verstehen als aufeinander aufbauenden Prozess zu erleben, unterschiedliche Hör-Seh-Strategien anzuwenden, produktiv mit der Frustration des Nichtverstehens umzugehen und ihre individuellen Erfahrungen des Hör-Seh-Verstehens kritisch zu reflektieren (vgl. Tab. 16).

	Stufe	Erläuterung
1	Aufbau einer Hör-Seh-Motivation	• Einführung der Lernenden in das Thema • Wecken der Neugier der Lernenden
2	Vorentlastung	• Klärung wichtiger Wörter und/oder Strukturen • Vermittlung von Hintergrundinformationen
3	Verdeutlichung der ersten Hör-Seh-Absicht	• Klärung der Aufgabenstellung (globales oder grobes Verstehen) • Erläuterung der Aufgabe
4	erstes Hör-Sehen	• Präsentation des Videos, Filmausschnitts
5	Kontrolle des Globalverstehens	• Besprechung der Aufgabe • Präsentation der Antworten
6	Verdeutlichung der zweiten Absicht	• Vorgabe: detailliertes (selektives, transzendierendes) Verstehen
7	zweites Hör-Sehen	• Präsentation des Videos, Filmausschnitts
8	Kontrolle des Detail-Verstehens	• Besprechung der Aufgabe • Präsentation der Antworten
9	Optional:	• Drittes Hör-Sehen (mit spezieller Aufgabe)
10	Abschluss	• Anschlussaufgaben • Transferaufgaben • Reflexion

Tab. 16: 10 Schritte zur Behandlung von Videos im Englischunterricht (basierend auf Thaler 2007, S. 12)

Die Grundlagen und Methoden der englischsprachlichen Filmdidaktik sind inzwischen gut dokumentiert (Henseler/Möller/Surkamp 2011). Dabei sollten Filme nicht nur als ästhetisches Kunstwerk behandelt werden, sondern auch als sprachlernförderndes Medium (vgl. ebd., S. 8). Dabei können Hör-Seh-Ansätze in einem Wechselspiel zwischen *bottom-up* und *top-down* genutzt werden. Neben den klassischen Langformaten wie Spielfilmen, filmischen Adaptionen und längeren Dokumentationen erfreuen sich zunehmend jedoch auch kürzere Videoarten wie Kurzfilme (z. B. *animated* oder *silent short films), film trailer, weather forecasts, music videos* oder *cooking* und *baking shows* (vgl. Brose 2021, S. 20–23; Ludwig/Scheffler 2022, S. 47–52) einer immer größeren Beliebtheit. Gerade *animated films* sind oft frei im Internet verfügbar, behandeln aktuelle und auch kritische Themen (vgl. u. a. Greenberg 2023; Thomson 2023 zur Verwendung des *animated short films Ian* aus dem Jahr 2018, der die Geschichte eines Jungen erzählt, der unter Zerebralparese leidet) und können leicht auch in eine Einzelstunde eingebaut werden, sodass auch mehrere Videos zu einem Thema zur Förderung der Multiperspektivität) der Lernenden geschaut werden können.

Noch eher wenig Beachtung finden die vielfältigen außerschulischen digitalen Hör-Seh-Erfahrungen von Lernenden. Dabei bieten gerade diejenigen Videos, die Lernende in ihrer Freizeit konsumieren, einen guten Anknüpfungspunkt für den Englischunterricht, denn die Behandlung bekannter und gern gesehener digitaler Inhalte kann nicht nur motivierend wirken, sondern stellt eine authentische Lernerfahrung dar. Gerade diese Lernerfahrungen ermöglichen es Schülerinnen und Schülern, diejenigen auch fremdsprachlichen Kompetenzen zu erwerben, die sie als *prosumers* im *digital global village* des 21. Jahrhunderts benötigen: Inhalte kritisch konsumieren, Informationen und Quellen hinterfragen, die vielfältigen Mitmachfunktionen wie das Hochladen, Bewerten und Kommentieren von Inhalten aktiv nutzen, ohne dabei kritische Aspekte wie den Einfluss von Algorithmen zu ignorieren.

Im Folgenden soll der Schwerpunkt auf der Behandlung ausgewählter digitaler Videoinhalte liegen, welche den Hör-Seh-Gewohnheiten einer Generation entsprechen, die sich ihr Wissen über Erklärvideos selbstständig aneignet, Influencern als digitalen Vorbildern folgt und ihre eignen Inhalte (*user-generated videos*) in Form von Reels in ihren Social Media Feeds zugänglich machen und damit nicht selten viral gehen. Diese mannigfaltigen Arten von Videos können im Englischunterricht nicht nur mit Lernenden analysiert und besprochen werden, sondern eine Vielzahl von Funktionen übernehmen (vgl. Tab. 17).

Unterrichtsimpuls	Die Lehrkraft zeigt zur Einführung ins Thema ein kurzes Erklärvideo.
Reaktivierung von Vorwissen	Die Lehrkraft fasst bereits Gelerntes noch einmal in Form eines Videos zusammen (z. B. das simple past vor der Einführung des past progressive).
Präsentation und Visualisierung von Inhalten	Die Lehrkraft oder Lernende stellen fachliche Inhalte dar.
Präsentation und Sicherung von Ergebnissen	Schülerinnen und Schüler präsentieren ihre Ergebnisse, z. B. einer Partner- oder Gruppenarbeit, in Form eines Videos.
Reflexion von Lernprozessen	Die Lernenden reflektieren bzw. evaluieren ihre Lernprozesse.

Tab. 17: Ausgewählte Funktionen von Videos im Englischunterricht

Die Reels-Funktion erlaubt Usern, eigene kurze 15- bis 30-sekündige Videos zu bearbeiten oder zu erstellen und ihrem Social Media Feed oder über Explore z. B. auf *Instagram* oder *TikTok* zu teilen. Dabei können die Videos u. a. mit Liedern, Hashtags oder (AR-)Effekten versehen werden, um eine größere Aufmerksamkeit zu erlangen. Inzwischen wird die Reels-Funktion auch zu Marketingzwecken genutzt.

6.4.1 *YouTube*-Videos

EINLADUNG ZUM VORDENKEN

- Für welche Zwecke nutzen Sie *YouTube*?
- Welche Arten von Videos auf *YouTube* fallen Ihnen ein?

Die Webvideo-Plattform *YouTube*, die 2005 von den ehemaligen *PayPal*-Mitarbeitern Steve Chen, Chad Hurley und Jawed Karim gegründet und später an *Google* verkauft wurde, wird inzwischen von Milliarden von Menschen täglich genutzt. Auch in Deutschland ist *YouTube* nach *WhatsApp* und *TikTok* die beliebteste Smartphone-Anwendung von Jugendlichen (mpfs 2020, S. 22). Während *YouTube* anfänglich vor allem der Unterhaltung in Form von Musik-, Sport- oder Tiervideos diente, behält die Plattform heute eine Vielzahl von nicht immer klar trennbaren Videoarten bereit, die fast alle Anliegen der Nutzerinnen und Nutzer abdecken. Praktische Tipps, Unterhaltung, Nachrichten oder Möglichkeiten zum Selbstporträt, *YouTube* bietet fast alles (vgl. Tab. 18). Auf *YouTube* angesehene Inhalte regen jugendliche Nutzende dazu an, neue Aktivitäten auszuprobieren, sich mit anderen auszutauschen und selbst aktiv zu werden. Dabei folgen Jugendliche nicht mehr einfach nur ihren Lieblings-*YouTubern*, denn eine wachsende Zahl lädt inzwischen selbst Videos hoch oder hat sogar einen eigenen *YouTube*-Channel. *YouTube* ist für heutige Jugendliche Leitmedium und digitaler Kulturort zugleich. Videos, so die Ergebnisse der Studie *Jugend/YouTube/Kulturelle Bildung* des Rates für Kulturelle Bildung aus dem Jahr 2019, ist ein integrativer Bestandteil der heute vorherrschenden Remix-Kultur der 12- bis 19-jährigen.

Quasi nebenbei ist *YouTube* aber auch zu einer der weltweit beliebtesten und am meisten genutzten Suchmaschinen aufgestiegen, die zu Informationszwecken und zur Recherche informationsorientierter Themen wie Gesundheit oder Sexualität genutzt wird. Dabei rangiert *YouTube* zwar hinter *Google*, aber noch vor *Wikipedia*. Eng daran anknüpfend nutzt fast die Hälfte der in *Jugend/YouTube/Kulturelle Bildung* befragten Jugendlichen *YouTube* auch für schulische Belange (u. a. zur Wiederholung und Vertiefung von Inhalten, Hausaufgaben und Prüfungsvorbereitung) (Rat für Kulturelle Bildung 2019, S. 10, 34).

	Videos
Tutorials, How-to videos, Explainer videos	die erklären, wie ein bestimmtes Produkt funktioniert oder eine bestimmte Tätigkeit ausgeführt wird.
Product (demo)videos	die Zuschauende zum Kauf eines Produktes anregen sollen.
	Unboxing/unwrapping videos (eine Person wird beim Auspacken eines Produktes gezeigt)
	Haul videos (ein kürzlich erworbenes Produkt wird vorgestellt)
	Torture tests (die Widerstandsfähigkeit eines Produktes wird durch unterschiedliche Tests bewiesen)
	Tours (Tour durch die eigene Wohnung oder das eigene Haus)
	Tempties (das Zeigen von leeren Produktverpackungen z.B. durch bekannte *YouTuber*)
	Vs./Versus (der Vergleich von Produkten verschiedener Hersteller)
Comedy/Parody	die vornehmlich der Unterhaltung dienen. Bekannte Genres sind:
	Skits (kurze, humoristische Auftritte)
	Pranks (Hervorrufen emotionaler Reaktionen durch Streiche von Prankstern)
	Bloopers (Videos, die aus zusammengeschnittenen vermasselten Szenen bestehen)
	Lip-syncing (Videos, in denen Lippenbewegungen mit gesprochenen Wörtern synchron abgeglichen werden).
Reactions	in denen Nutzende ihre Reaktionen auf Filme, Serien oder Trailer teilen, in dem sie sich beim Sehen fremder Videos filmen.
Challenges	die Personen bei dem Erfüllen einer Aufgabe zeigen (bekannte *Challenges* sind z. B. die *ice bucket* oder *cinnamon challenge*. Oft haben *Challenges* einen sozialen Hintergrund, denn sie weisen auf wenig beachtete Krankheiten hin oder unterstützen das Sammeln von Spendengeldern.
Follow-me-arounds	in denen sich meist bekannte *YouTuber* in ihrem Alltag oder z. B. auf Reisen oder beim Besuch eines Events aufnehmen und Zuschauenden nicht zuletzt durch bestimmte Kameratechniken wie verwackelte Aufnahmen das Gefühl, an ihrem Leben teilzuhaben, vermitteln.
Q&A videos	in denen *YouTuber* mit ihren Followern interagieren, indem sie ihre Fragen z. B. aus den Kommentaren beantworten.

Gaming	in denen es rund um das Thema digitale Videospiele (u. a. *Livestreams, Walkthroughs, Game Reviews*) geht.
Let's play videos (gameplay videos)	die Gamer beim Spielen eines Videospiels zeigen und aus dem Off kommentiert werden. Im Gegensatz zum *video game walkthrough* geht es um das Teilen der subjektiven Spielerfahrung und um ein *Review* des Videospiels (vgl. u. a. Ackermann 2017; Fromme/Hartig 2020; Fischer 2021; Reinhardt 2022).
Fan videos (Fanvids)	die von Fans erstellt wurden und in denen sie sich zu einem Film oder einer Serie äußern, ihre Reaktionen z. B. zu einer bestimmten Episode mitteilen oder den Originaltext kreativ verändern, oft unter Einbeziehung von Original-Clips.
Behind-the-scenes videos (BTS videos)	die Ereignisse rund um das Machen eines Films oder einer Serie dokumentieren und oft nicht gezeigte Szenen (*Outtakes*) beinhalten.
ASMR videos (Autonomous Sensory Meridian Response)	die sogenannte Trigger, also bestimmte Handlungen wie *ear blowing, hair brushing, soap cutting, tapping, scratching* oder auch *role plays* (z. B. der Besuch beim Friseur), zeigen und einen Entspannungseffekt haben oder andere emotionale Reaktionen hervorrufen.

Tab. 18: Ausgewählte Arten von auf *YouTube* verfügbaren Videos

Der Einsatz dieser und anderer Videos bietet zahlreiche Möglichkeiten, die Medien- und Informationskompetenz der Lernenden zu schulen und sie auf das bereits angesprochene Lernen und Leben in einer Kultur der (Post-)Digitalität vorzubereiten. Aus mediendidaktischer Perspektive sollte die Thematisierung von *YouTube* als globale Multimediaplattform zum Ziel haben, Wahrnehmungs- und Reflexionsprozesse anzustoßen und die digitale Teilhabe der Lernenden zu fördern.

Aufgaben sollten also so gestaltet sein, dass sie Lernende bei der Exploration neuer Teilhabemöglichkeiten sowie beim Erkennen und Überwinden möglicher Teilhabehürden unterstützen.

Doch was genau ist das Potenzial der Videoplattform für den Englischunterricht? Für Lehrerinnen und Lehrer bietet *YouTube* ein unerschöpfliches didaktisches Archiv. Sie können sich selbst neue Inhalte aneignen, Methoden nachschlagen, Unterrichtsinhalte durch audiovisuell aufbereitete Materialien veranschaulichen und Jugendliche durch das Einbinden von *YouTube*-Stars und alltagsnahen Videoformaten in Verbindung mit handlungs- und produktorientierten Lernformen erreichen und motivieren. Denn nicht nur die auf *YouTube* behandelten Themen sind für Jugendliche spannend, sondern vor allem die Art, wie Inhalte aufbereitet und präsentiert werden. *YouTube*-Videos haben einen höheren Unterhaltungsfaktor, greifen auf verschiedene Arten der Darstellung (z. B. Grafiken, Texte, Bilder) zurück und können überall, beliebig oft und in unterschiedlicher Geschwindigkeit abgespielt werden. Zudem können durch eine einfache Stichwortsuche unterschiedliche Videos zu einem Thema schnell gefunden werden.

Trotz dieser zahlreichen Vorteile sollten Lernende auch verstärkt für die Gefahren, die durchaus von der Plattform ausgehen, geschult werden; Gefahren, derer sich Jugendliche durchaus bewusst sind, z. B.: Hasskommentare, die Dekontextualisierung und Manipulation einzelner Bilder und Texte sowie ganzer Inhalte, die Darbietung von ungeeigneten Inhalten durch eine fehlende oder falsche Altersfreigabe, Werbung, die nicht oder nur schwer als solche zu erkennen ist, sowie Mobbing. Hier sollte der Fremdsprachenunterricht ansetzen, denn bei der Kontextualisierung von Wissen, der kritischen Diskussion dargestellter Inhalte sowie dem Klären von Fragen können Nutzerkommentare das Gespräch in der Lerngruppe nicht ersetzen.

Differenzierte Aufgabenformate sollten Lernende dazu befähigen, *YouTube*-spezifische Kompetenzen und Fähigkeiten wie das Bewältigen der dargebotenen Informationsflut, das kritische Bewerten der Qualität von Videos sowie den Umgang mit Kommentaren, aber auch das Hochladen von Videos zu erwerben. Ziel ist es, die lebensweltlichen Erfahrungen der Lernenden in das Unterrichtsgeschehen einzubinden, positive Aspekte der Videoplattform hervorzuheben und negative Seiten zu thematisieren. Dabei werden nicht nur die Recherche- und Informationskompetenzen der Lernenden gefördert, sondern auch ihre fremdsprachlichen Kompetenzen in den Bereichen Sprechen, Lesen und Hör-Seh-Verstehen. Was den konkreten Einsatz einzelner Videoarten angeht, so sind die Möglichkeiten fast grenzenlos. *YouTube*-Kanäle wie *simpleclub* bieten Erklärungen und Zusammenfassungen bestimmter Themen und Tutorials z. B. zur Grammatik bieten die Möglichkeit, sich in einem anderen Format mit Inhalten auseinanderzusetzen. Lernende können gebeten werden, ihren Lieblingskanal, ihr beliebtestes Videoformat oder ihren *favourite YouTuber* z. B. in Form eines Steckbriefes oder einer Kurzpräsentation vorzustellen.

Für die Behandlung von *YouTube*-Videos bietet sich ein mehrschrittiger Prozess an, der Schülerinnen und Schüler dazu anregt, sich mit bekannten Formaten in der Fremdsprache auseinanderzusetzen und ihr Nutzungsverhalten auf *YouTube* kritisch zu reflektieren. Nehmen wir *unboxing videos* und *infographic videos* als Beispiel.

Entpack-Videos zeigen Menschen dabei, wie sie etwas auspacken. Dabei handelt es sich meistens um etwas, das sie bestellt haben, wodurch die Grenzen zwischen Unterhaltung und Werbung fließend sind. *Unwrapping videos* üben gerade auf Jugendliche eine besondere Faszination aus, denn das Gefühl, etwas Neues zu bekommen, springt auf die Zuschauerinnen und Zuschauer über. Quasi nebenbei kann man sich über neue Produkte informieren und sich mit anderen Usern über das Produkt austauschen. *Unboxing videos* können sowohl die schriftlichen als auch mündlichen Fertigkeiten der

Lernenden schulen, aber im Sinne des performativen Lernens auch ästhetische Lernerfahrungen bieten (vgl. Abb. 19).

Abb. 19: Entpack-Videos haben sich zu einem beliebten Video-Genre entwickelt

Activity	Presenting
Historical/book character box	a historical person or character from a book
Book presentation box	a book, speculating about a book cover
Location box	items typical of a country, region, or place
Reflection box	items which represent things which worked well or one has learned

Tab. 19: Mögliche *classroom activities* zu *unboxing videos*

Im Rahmen dieser und ähnlicher Aufgabenstellungen können Lernende nicht nur kreativ tätig werden und ihre Präsentationstechniken verbessern, sondern auch lernen, in der Fremdsprache über Dinge zu spekulieren, Emotionen auszudrücken und Dinge zu beschreiben. Die erstellten *unboxing videos* können anschließend untereinander ausgetauscht oder der Gesamtgruppe vorgestellt werden. Als *follow-up tasks* können Lernende gemeinsam überlegen, wie sie das Video bei *YouTube* hochladen würden, um möglichst viele Klicks und Likes zu erhalten, oder schriftliche Nutzerkommentare verfassen. Nicht zuletzt können auch Lehrkräfte mithilfe eines selbst gestalteten *coming next unboxing videos* in ein neues Thema einführen, z. B. indem die Box-Inhalte auf konkrete Unterrichtsinhalte, Vokabeln und Begriffe oder ein bestimmtes Land hinweisen. Infografiken, eine Zusammensetzung aus den Wörtern Information und Grafik, sind kein reines Marketingtool mehr, sondern spielen heute in unterschiedlichen Bereichen des täglichen Lebens eine zunehmend wichtige Rolle. Die im Englischen als *infographics* bezeichneten Übersichten erzählen keine Geschichten im eigentlichen Sinn, sondern bieten visuell aufbereitete und redaktionell bearbeitete Daten in Form von Diagrammen, Organigrammen, Explosionszeichnungen oder thematischen Karten (vgl. Abb. 20). Unterschieden wird in der Regel zwischen statischen, animierten und interaktiven Infografiken, wobei Letztere den Rezipienten aktiv in das Lesen der *infographic* miteinbeziehen, denn er entscheidet selbst, zu welchen Aspekten er durch Klicken, Scrollen oder Wischen mehr Informationen erhält. Eng verwandtes Genre sind z. B. *charticles* und *listicles*, die ebenfalls Informationen kurz und prägnant zusammenfassen.

Abb. 20: Eine *Infographic* zum Thema *Cinema*

Auch unter Jugendlichen sind *infographics* beliebt, denn sie kommen ihren Sehgewohnheiten, die mehr und mehr an das Lesen kurzer Bildtexte gewohnt sind, entgegen und erlauben einen auch im Zeitalter von Big Data einen schnellen Überblick über große Datenmengen und lassen sich u. a. über soziale Medien nicht nur einfach finden, sondern auch verbreiten. In den letzten Jahren sind auch verstärkt *infographic videos* zu finden, also die kurze visuelle, filmische Darstellung von Daten und Wissen in Form eines Videos. *Infographics* sowie *infographic videos* können einen echten Mehrwert für den Englischunterricht bieten und ganz unterschiedlich eingesetzt werden, z. B. als *discussion prompts, introduction to a topic* oder zur Zusammenfassung von Texten und Videos. Vor allem das Erstellen eigener Infografik-Videos ermöglicht Schülerinnen und Schülern das tiefere Verständnis von Inhalten, z. B. indem sie komplexe Inhalte zusammenfassen, neu strukturieren oder visuell aufbereiten. Bei der Erstellung von *infographic films* spielen nicht nur Designaspekte eine Rolle, sondern vor allem das Finden und Bewerten von Quellen, also das Heranziehen von glaubhaften und belegbaren Daten.

Des Weiteren bietet sich *Youtube* auch als Rechercheplattform an, die Schülerinnen und Schüler in ihrer Freizeit bereits nutzen. Dadurch lernen sie, die Vielzahl der Informationen, die sich hinter den oft zahlreichen Videos verbirgt, kennen und setzen sich mit der Frage auseinander, wie sie wichtiges von unwichtigem Wissen unterscheiden und relevante Informationen herausfiltern können. Aspekte, die hier berücksichtigt werden können, sind u. a. die Verbreitung und Verarbeitung von Informationen mithilfe algorithmischer Mechanismen, denn sie bestimmen auf Grundlage von Mediennutzungsdaten, welche Inhalte (Websites) in welcher Reihenfolge bei einer Suchanfrage angezeigt werden. Dadurch findet eine Vorsortierung digitaler Inhalte statt, die eine Überforderung von Nutzenden verhindert, aber andererseits auf eine maximale Verweildauer der Zuschauenden abzielen und auch zu einer Beeinflussung von Kaufentscheidungen und Meinungsbildung beitragen kann.

6.4.2 Lernvideos

Vor allem auf *YouTube* findet sich eine große Zahl von Lernvideoformaten zu fast jedem erdenklichen Thema. Einfach gesagt sind Lernvideos meist kurze, mit der Kamera, dem Smartphone oder dem iPad aufgenommene Filme, die komplexe und abstrakte Tätigkeiten oder Themen mithilfe von Bildern, Musik, Text und gesprochener Sprache einfach nachvollziehbar erklären oder eine Anleitung geben (vgl. u. a. Kapitel 6.3.2). Lernvideos sind aus unserem Alltag nicht mehr wegzudenken, denn immer häufiger greifen wir in ganz unterschiedlichen Situationen nicht mehr zum geschriebenen Text, sondern zu *Google* und *YouTube*, um uns neues Wissen und Fertigkeiten anzueignen.

EINLADUNG ZUM MITDENKEN

- In welchen Alltagssituationen haben Sie bereits auf ein Lernvideo zurückgegriffen?
- Welches Sprachlernpotenzial besitzen Lernvideos Ihrer Meinung nach?

Inzwischen existiert mit *How-to-Videos, Explainity videos* und *Tutorials* eine Vielzahl von Begriffen, die je nach Kontext teils synonym, aber teils auch ganz unterschiedlich verwendet werden. Die Grenzen zwischen den einzelnen Formaten sind fließend. Relativ sicher unterscheiden lässt sich zwischen Erklärvideos und Video-Tutorials. Erklärvideos erklären im wahrsten Sinne des Wortes ein Konzept, eine Handlung oder eine Funktion, sie sind, so Wolf, „durch eine überwiegend informelle Gestaltung und Ansprache geprägt und weisen eine hohe Bandbreite von sehr sachorientierten bis hin zu unterhaltenden Erklärformaten auf" (2015a, S. 124). Tutorials hingegen zeigen eine Handlung wie Schminken, Kochen oder den Umgang mit elektronischen Geräten Schritt für Schritt. Diese wird zusätzlich meist aus dem Off kommentiert. Kurze Tutorials werden auch als *microvideos* bezeichnet.

Im Internet verfügbare Lernvideos unterscheiden sich klar durch den Expertenstatus von Erklärvideoproduzenten, denn dieser „reicht von Inhaltslaien bis hin zu Inhaltsexperten" (Wolf 2015b, S. 31). Des Weiteren unterscheiden sie sich z. B. durch ihre technische Gestaltung oder den Einbezug bzw. das Weglassen einer Rahmenhandlung. Tabelle 20 gibt einen Überblick über ausgewählte Techniken, die zur Erstellung von Erklärvideos genutzt werden können.

Typ	Inhalte werden ...
Whiteboard- oder Legetrickstil	mithilfe von Schrift, Symbolen oder Flachfiguren vor einem neutralen Hintergrund und meist ohne zusätzliche Effekte im Rahmen einer Handlung erklärt.
Piktogramme	mit einfachen Symbolen, digitalen Icons oder kurzen Infografiken dargestellt. Diese Art der Darstellung eignet sich vor allem für die Vermittlung von Zahlen, Daten und Fakten.
Cartoon/Comic Stil	mithilfe animierter Videos oft in Form kurzer Geschichten vermittelt.
Realdreh	durch Interviewszenen, Außenaufnahmen usw. vermittelt oder ein Moderator äußert sich zu einem bestimmten Thema, wobei die Meinung des Moderators klar deutlich wird. Realfilme können mit Animationen kombiniert werden.
Flat-Design Animation	durch 2D-Animationen dargestellt.

Screencasts/Screen Captures	mithilfe von Aufnahmen des eigenen Bildschirms (Desktop, Smartphone), oft mit zusätzlichen Tonaufnahmen, vermittelt.
Individueller Stil	durch eine Kombination verschiedener Stile und unter Verwendung zusätzlicher Filmtechniken wie Stop-Motion oder Retrodesigns dargestellt.

Tab. 20: Ausgewählte Techniken zum Erstellen von Erklärvideos

In Hinblick auf den Englischunterricht bieten sowohl im Internet verfügbare, aber auch von der Lehrkraft oder Lernenden selbst erstellte Erklärvideos durchaus einen Mehrwert, denn sie können Schülerinnen und Schülern beim Lernen helfen (vgl. u. a. Medienkompetenzrahmen NRW 2017). Gut gewählte Erklärvideos bieten für den Englischunterricht die Möglichkeit, Schülerinnen und Schülern den Zugang zu Wissen zu erleichtern und gleichzeitig ihre digitalen Medienkompetenzen zu fördern. Dabei gilt es jedoch zu beachten, dass gerade existierende und in der Regel frei verfügbare Erklärvideos durchaus komplexe Zusammenhänge vereinfachen, Informationen aus dem Zusammenhang reißen und auch falsches Faktenwissen wiedergeben können (ebd.). Erklärvideos bedürfen daher, wie alle digital verfügbaren Informationen, einer kritischen Auseinandersetzung.

Erklärvideos können sowohl zum Themeneinstieg, aber auch zur Erarbeitung von Inhalten seitens der Schülerinnen und Schüler genutzt werden. So kann ein Erklärvideo z. B. als Impuls zur Einführung in ein Thema zu Beginn einer neuen Unterrichtseinheit gezeigt und mit den Lernenden besprochen werden. Bereits in dieser Phase kann Schülerinnen und Schülern, je nach Lerngruppe, die Aufgabe gegeben werden, selbst ein Video zu einem bestimmten Thema auszuwählen und vorzustellen. Auch im umgedrehten Klassenraum können Lernvideos gut und sinnvoll eingesetzt werden (vgl. Kapitel 4.2.3), denn Lernende haben die Möglichkeit, sich ein Video beliebig oft und zu einem selbst gewählten Zeitpunkt anzusehen und vor- und zurückzuspulen. Um ein tiefergehendes Verstehen seitens der Lernenden zu sichern, sollten so eingesetzte Erklärvideos jedoch stets von interaktiven Aufgaben wie Quiz, Lückentexten, oder Lerntagebüchern begleitet werden. Dabei lassen sich Erklärfilme vielfältig, wie z. B. zur Erarbeitung, Veranschaulichung, Vertiefung oder Wiederholung eines bestimmten Themenaspektes, eines sprachlichen Phänomens oder zum Schließen von Verständnislücken, einsetzen.

Neben dem Zeigen sowie kreativen Umgang mit und Nachbearbeiten von existierenden Erklärvideos (vgl. Tab. 21) bietet sich vor allem das Erstellen eigener kurzer Filme durch die Lernenden, z. B. im Rahmen einer *Bring your own device*-Unterrichtseinheit, an.

Aufgabe	Lernende ...
Turning a script into a film	bekommen ein fertiges Drehbuch und setzen dieses filmisch um.
Subtitleling a video	untertiteln ein existierendes Video.
Adding sound or music to a video	fügen einem stummen Lernvideo unterschiedliche Tonelemente hinzu.
Summarising (non-)fictional texts, e.g. presenting a character or explaining the historical background of e.g. a play	gehen kreativ mit literarischen Texten, aber auch Sachtexten um, z. B. indem sie diese zusammenfassen.
Analysing or writing video comments	arbeiten mit den Filmkommentaren existierender Videos oder schreiben selbst kurze Filmkommentare.

Tab. 21: Ausgewählte Aufgabenformate zur Arbeit mit Erklärvideos

Aufgaben oder Projekte, die das Erstellen eigener Erklärvideos seitens der Lernenden meist in Partner- und Gruppenarbeit zum Ziel haben, sollten dabei die vier Schritte (1) **Planen**, (2) **Filmen**, (3) **Präsentieren** und (4) **Reflektieren** berücksichtigen (vgl. Aufgabenbeispiel). Dabei knüpfen Erklärvideos an die Idee des personalisierten Lernens an, denn sie ermöglichen Schülerinnen und Schülern nicht nur die Nutzung alternativer Lernkanäle, sondern auch ein Lernen in differenzierten Lernumgebungen, in denen sie Rollen und Aufgaben (*storyboarder, scriptwriter, producer, editor, subtitler*) ihren Stärken und Interessen entsprechend übernehmen.

Das folgende Unterrichtsbeispiel zeigt, wie Erklärvideos im Rahmen authentischer und an der Lebenswelt der Lernenden ausgerichteter Aufgabenformate auch in der Sachtextarbeit eingesetzt werden können. Ziel der Aufgabe ist eine intensive sowie kreativ-explorative Auseinandersetzung mit dem Genre, um sowohl die sprachlichen als auch medienorientierten Kompetenzen der Lernenden zu stärken.

Legetrick-Videos gehören mit zu den ältesten Erklärvideos. Dabei können zwei verschiedene Verfahren zur Erstellung unterschieden werden. Im Rahmen analoger Filme werden Bilder, einfache Zeichnungen oder Gegenstände mit der Hand ein- und wieder ausgeführt. Diese Bewegungen werden mit einer Kamera aufgezeichnet. Zum Erstellen digitaler Legetrick-Videos werden (digitalisierte) Bilder mithilfe von Software zum digitalen Videoediting zusammengefügt und bei Bedarf zusätzlich animiert.

Pre-task	Die Lehrkraft zeigt einen kurzen Legetrick-Erklärfilm und bespricht mit Lernenden die wichtigsten Elemente des Genres. Danach werden die Schülerinnen und Schüler in Gruppen eingeteilt und erhalten jeweils einen (digitalen) Sachtext, der sich mit einem bestimmten Thema auseinandersetzt. Bei längeren Texten kann auch ein Text auf die Gruppen aufgeteilt werden, sodass jede Kleingruppe einen Aspekt des Themas näher beleuchtet.

Task	Die Lernenden bekommen nun die Aufgabe, die wichtigsten Informationen aus dem Text herauszufiltern und hierzu ein Legetrick-Erklärvideo zu erstellen. Zur Differenzierung können die Informationen, die im Video vorkommen sollen, bereits markiert sein oder Lernende nur die Informationen bekommen, die sie im Video vorstellen sollen. Die Lernenden entwerfen nun das Storyboard (Download) und sammeln diejenigen Utensilien, die sie zum Erstellen des Videos benötigen, und nehmen es auf. Alternativ kann auch ein Whiteboard-Legetechnik-Video erstellt werden.
Post-task	Die Gruppen präsentieren ihre Ergebnisse, auf deren Basis eine weitere Auseinandersetzung mit dem Thema erfolgt.

Tab. 22: Unterrichtsbeispiel zur Arbeit mit Legetrick-Videos

6.4.3 *Influencer-Videos*

Ob auf *YouTube, TikTok, Instagram* oder *Twitch*: Influencerinnen und Influencer gibt es scheinbar überall. *Fashion, beauty, lifestyle* oder *political influencers,* die Netzstars von morgen sind aus der Populärkultur nicht mehr wegzudenken. Ganz im Gegenteil beeinflussen sie zunehmend die Meinungsbildung und Kaufentscheidungen von Jugendlichen. Laut der Studie der Deutschen Telekom Stiftung informiert sich bereits jeder Zehnte der 10- bis 12-jährigen und jeder Fünfte der 15- bis 16-jährigen Jugendlichen bei Influencern zu persönlich relevanten Themen (2020, S. 6). Ergebnisse der Postbank Jugend-Digitalstudie zeigen, dass 53 % der 16- bis 18-jährigen Jugendlichen schon einmal etwas auf Empfehlung eines Influencers (*YouTuber, Instagrammer, Blogger*) hin gekauft haben (2021). Influencer sind also Vorbilder, Entertainer und Wissensvermittler zugleich.

Der Begriff Influencer (von engl. *to influence*), auch *digital* oder *social influencer*, bezeichnet Personen, die regelmäßig Informationen zu einem bestimmten Produkt oder Themengebiet über internetbasierte Plattformen wie *Facebook*, *Instagram*, *YouTube* oder *Snapchat*, veröffentlichen. Prinzipiell kann jeder Social-Media-Nutzende durch den Aufbau einer Community zum Influencer werden. Neben der Beeinflussung von Kaufentscheidungen ihrer Follower können Influencer auch zur Meinungsbildung beitragen. Unterschieden wird u. a. zwischen Mikro- und Makro-Influencern. Während Mikro-Influencer sich durch eine kleinere Anzahl von Followern und die Behandlung eines eher kleinen Themen- oder Produktspektrums auszeichnen, haben Makro-Influencer eine große Fangemeinde und sind oft bei Unternehmen unter Vertrag. Abgesehen von der Anzahl der Follower spielen auch andere Aspekte wie die *engagement rate*, also der Interaktivitätsgrad der Community, bei der Bewertung des Erfolgs eines Influencers eine Rolle. Je nach Quelle wird zwischen Influencern und *Content Creators* unterschieden, wobei die Grenzen fließend sind und die Begriffe auch synonym verwendet werden.

Die Behandlung von Videos und Posts von Influencern bietet zahlreiche Möglichkeiten zur Entwicklung einer kritischen Medienkompetenz der Lernenden, denn es geht darum, digitale Inhalte aus medienethischer Perspektive zu bewerten und auch die Vorbildfunktion von Influencern kritisch zu hinterfragen. Das Thema *influencer* ist jedoch aus fremdsprachendidaktischer Sicht für den Englischunterricht interessant, denn Influencer sind authentische Repräsentanten der zielsprachlichen Jugendkultur. Des Weiteren bieten gerade in englischer Sprache veröffentlichte Videos zahlreiche Möglichkeiten zur sprachlichen Arbeit. Dabei können u. a. folgende Fragen einen kritischen Blick auf die moderne Influencer-Kultur unterstützen:

- Why do people want to be influencers? Do they want to make a difference or simply earn money?
- How credible/reliable are influencers?
- How do influencers earn money?
- How do influencers advertise their products?
- How do companies profit from filter bubbles?
- Which strategies do influencers use to influence their followers?
- How can influencer videos impact your mental health?

Abb. 21: *Modern influencer culture*

#payattentionto
How influencers advertise their products?

- Video ads, product placement (direct/indirect)
- Product samples
- Affiliate links
- Testimonials
- Unboxing
- Hauls
- Merchandising
- Offline events
- Subscriptions

Die folgende Übersicht zeigt ausgewählte Aufgaben und Fragen, die bei der Behandlung von Influencer-Videos im Englischunterricht bearbeitet und diskutiert werden können.

Phase	Erläuterung
Pre-viewing	Fragen zum Einstieg: • Who influences what you buy online or in a shop? • Do you know what an influencer is? • Do you watch influencer videos? • Why do you watch influencer videos? • Do you follow any influencers on social media? If yes which ones do you follow? • What skills or characteristics do influencers need to have to be successful? • What makes a good influencer video? Arbeitsaufträge zum Einstieg: Complete the following sentences (Blitzlichtmethode). • Influencers are ... • My favourite influencer is ... • In order to become a successful influencer one must ... • Influencers influence me by ... Create a profile about your favourite influencer.
While-viewing	In dieser Phase schauen Lernende ein Influencer-Video. Mögliche Beobachtungsaufträge sind z. B.: • Which topic does the video deal with? • Which information about the product are provided? • What kind of language does the influencer use (formal/informal, special vocabulary, persuasive language, language of opinions etc.)? • What does the influencer wear, look like? • Is there marked advertising? • Which strategies does the influencer use to convince you to buy their product?

Post-viewing	Nun erstellen die Lernenden ihr eigenes Influencer-Video zu einem Produkt (z. B. a new piece of technology) oder Thema (z. B. living big in a tiny house) ihrer Wahl. • Create your own influencer video about a product of topic of your choice. Alternative Arbeitsaufträge sind z. B.: • Make a person from history a modern influencer.

Tab. 23: Mögliche Aufgaben zur Behandlung von Influencer-Videos im Englischunterricht

6.5 Digitales Schreiben

„Why Kids Can't Write", titelte die *New York Times* 2017. „Zu viel Mündliches an Schulen: Es ist Zeit für eine Schreiboffensive", titelte Rainer Werner in einem Beitrag für die *Frankfurter Allgemeine Zeitung* 2019. Der öffentliche Diskurs ist, so scheint es, bestimmt von der Annahme, dass heutigen Schülerinnen und Schülern die Kompetenz, ja gar die Kunst, des Schreibens abhandengekommen ist. Schuld ist, so die fast einhellige Meinung, die digitale Kommunikation. Doch die Annahme, dass Jugendliche heute weniger schreiben als noch vor einigen Jahrzehnten, ist ein Trugschluss. Ganz im Gegenteil, ob E-Mails, *WhatsApp*-Nachrichten, Kommentare in Webforen oder Posts auf *Facebook* und *Instagram*, die Teenager von heute schreiben nicht weniger, sondern, ganz im Gegenteil, mehr und ständig. Denn auch wenn digitale Medien mündliche Kommunikationsformen in den Vordergrund zu stellen scheinen, ist und bleibt Schreiben eine zentrale Aktivität im kommunikativen Alltag von Jugendlichen (vgl. Busch 2021), die sich mit einer steigenden Vielzahl von Schreibsituationen in ihren digitalen Umgebungen konfrontiert sehen (Dürscheid/Frick 2016, S. 7 f.). Dabei sind Jugendliche durchaus in der Lage, zwischen formeller und informeller Schriftlichkeit zu unterscheiden und ihre Schreibungen kontextsensitiv zu realisieren (ebd.).

Es lässt sich aber keineswegs abstreiten, dass durch den Einfluss digitaler Medien eine „neue Schriftlichkeit" (Androutsopoulos 2007, S. 72) entstanden ist, ein Begriff, der den Prozess des Wandels in Hinblick auf sprachliche Phänomene einerseits und die gesellschaftlichen Funktionen von Sprache andererseits, beschreibt (ebd., S. 74). Gesprochene und geschriebene Sprache vermischen und ergänzen sich zunehmend und Schreiben ist immer häufiger spontan, dialogisch und interaktiv. Doch wodurch genau zeichnet sich Schreiben im digitalen Zeitalter genau aus?

Das Schreiben mit digitalen Hilfsmitteln hat sich inzwischen fest in unserem Alltag etabliert. Ob Touchscreen, Smartphone-Tastatur oder digitaler Stift für das Tablet – die digitale Welt hält unterschiedliche Möglichkeiten des Schreibens bereit. Doch digitales Schreiben „umfasst eine große Spannbreite" (Wampfler 2020, S. 15), denn es meint nicht nur das Schreiben mit digitalen Endgeräten, sondern eben auch das Schreiben mit Textverarbeitungsprogrammen und, nicht zuletzt, die im weitesten Sinne schriftliche Teilhabe an Interaktions- und Kommunikationsprozessen im digitalen Raum, also z. B. auf Social-Media-Plattformen, wobei der Schwerpunkt dieses Kapitels vor allem auf dem Interagieren mit und Vorfassen von digitalen Texten liegt.

Dass nicht nur Kinder und Jugendliche, sondern auch Erwachsene immer weniger mit der Hand schreiben, scheint eine Tatsache. Die digitale Schriftkommunikation ersetzt zunehmend das *offline*-Schreiben. Wir schreiben z. B. eine E-Mail anstatt eines Briefes und nutzen die Notizen-App statt eines Zettels.

Digitales Schreiben zeichnet sich durch eine Reihe von Merkmalen aus, die recht weitreichende Implikationen für die Entwicklung der Schreibkompetenz der Schülerinnen und Schüler auch im Englischunterricht hat, indem es weiterhin vorherrschend um ein text- und textsortenorientiertes Schreiben geht. Schreiben im digitalen Zeitalter ist räumlich und zeitlich entgrenzt. Wir können immer und überall schreiben, ohne dass wir dafür Stift und Zettel oder Computer und Tastatur benötigen. Des Weiteren ist digitales Schreiben oft nicht nur spontan und informell, sondern auch interaktionsorientiert, dialogisch, interpersonal, partizipativ und kollaborativ (vgl. u. a. Dürscheid/Wagner/Brommer 2010, S. 2). Aus den passiven Mediennutzenden der frühen Jahre sind aktive Mitproduzenten, *prosumer*, geworden. Durch diese Formen des Schreibens ergeben sich für den Englischunterricht sicherlich gewisse Herausforderungen, aber eben auch ein großes Potenzial, denn:

> „Computer, Schreibprogramme und Netz-Plattformen haben die Bedingungen, unter denen Texte verfasst werden, radikal verändert. Das gilt auch für die Schule. Doch die Szenarien, in denen im Unterricht heute geschrieben wird, haben sich in den letzten Jahren kaum geändert: Klassische Aufsätze sind weiterhin weit verbreitet."
> (Wampfler 2020, S. 24)

Die Entwicklung der fremdsprachlichen Schreibkompetenz ist mit dem Einzug des kommunikativen Ansatzes in den Hintergrund gerückt. Schreiben erfüllt auf den ersten Blick keine kommunikative Funktion, geschrieben wird oftmals nicht um des Schreibens willen, sondern zum Festigen und Abprüfen sprachlichen Wissens. Des Weiteren stellt Schreiben einen komplexen Prozess dar, der „ein Jonglieren mit diversen Anforderungen" (Knorr 2020, S. 366) erfordert. Denn zum Verfassen eines Textes in der Fremdsprache bedarf es nicht nur *language knowledge* (*grammar/vocabulary*), sondern auch *argumentative skills* und *composition proficiency* (unter Berücksichtigung der Textform) (vgl. Grimm/Meyer/Volkmann 2015, S. 128).

Auch wenn genre- oder produktorientierte Ansätze immer noch relevant sind, steht heute vor allem der prozessorientierte Ansatz (*process writing*) im Vordergrund, der zu einer Aufwertung des Schreibens im Kontext des Fremdsprachenunterrichts beitragen kann. Der Schwerpunkt liegt auf der Förderung und Vermittlung von Strategien und Techniken zur Optimierung des Schreibprozesses im Rahmen der vier Phasen *planning, drafting, revising* und *editing*. Dabei findet auch das fremdsprachliche Schreiben im Unterricht nicht in einem Vakuum statt, sondern sollte die sprachlichen und kulturellen Hintergründe der Schülerinnen und Schüler genauso miteinbeziehen wie die sozialen Kontexte, in denen Schriftsprache rezipiert wird. Schreibaufgaben, so Grimm, Meyer und Volkmann, „should be fashioned as meaningful, personal, and imaginative scenarios […], where the genre of the text to be written, its content, its addressee and mode (from speech to report) need to observed" (ebd., S. 130).

Die zahlreichen Schreibangebote wie Wikis, Blogs, soziale Plattformen und kollaborative Schreibplattformen, die das Internet bietet, und ihr didaktisches Potenzial sollten auch im Fremdsprachenunterricht nicht unbeachtet bleiben, denn fremdsprachliche Schreibkompetenz umfasst u. a. „die Fertigkeit, selbstständig zusammenhängende Textsorten zu verschiedenen Themen aus dem eigenen Interessengebiet in kommunikativen Zusammenhängen in der Zielsprache zu verfassen" (Porsch 2010, S. 55). Anders gesagt, Schreibprozesse in der Schule sollten die *informal writing practices* der Lernenden, ihr *writing in the wild*, durch konkrete und aus fremdsprachendidaktischer Perspektive sinnvolle Aufgaben miteinbeziehen und dabei auch die Merkmale digitalen Schreibens thematisieren. Digitale Tools und Plattformen können dabei unterschiedliche Funktionen in den verschiedenen Phasen des Schreibprozesses einnehmen. Dazu gehören z. B. das Sammeln, Austauschen und Strukturieren von Ideen zur Organisation des Schreibens, aber auch das kollaborative Erstellen von Texten sowie das Geben von Feedback. Die folgenden Beispiele zeigen, dass digitale Medien zu einer Aufwertung des Schreibens im Fremdsprachenunterricht beitragen können. Sie können die schriftlichen Medienpraktiken heutiger Schülerinnen und Schüler in den Englischunterricht miteinbeziehen und so Schülerinnen und Schüler zum Schreiben motivieren, ihre Kreativität fördern und dazu beitragen, die *real-worldness* von Schreibaufgaben zu steigern. Dabei hat „das Schreiben im digitalen Zeitalter auch den Vorteil, dass nahezu sämtliche erprobte methodische Zugänge weiterhin genutzt werden können" (Weisshaar o. D.). Des Weiteren sind auch die klassischen Aspekte des Schreibens wie *author, audience, context/setting* und *purpose* immer noch relevant, denn die Aufgabe des Englischunterrichts besteht nicht nur darin, Schülerinnen und Schüler an die reflektierte Nutzung von Abkürzungen, Emoticons, Memes, GIFs und anderer Zeichen, sondern auch an das Schreiben unterschiedlicher und vor allem längerer (digitaler) multimodaler Textsorten heranzuführen. Hier kommt digitalen Modelltexten eine besondere Bedeutung zu. Ziel der Aufgaben ist es, den Fokus des Schreibprozesses auf die Anbahnung von Kommunikationsfähigkeit, zur kreativen, selbstständigen Arbeit mit der Fremdsprache zu legen.

6.5.1 Digitales Schreiben: Stift, Tastatur oder Touchscreen?

Die handschriftliche Schreibfähigkeit von Kindern und Jugendlichen (aber auch Erwachsenen), so viel scheint klar, ist rückläufig. Daraus ergibt sich, so könnte man auf den ersten Blick meinen, ein klares Votum für die Förderung handschriftlicher Fähigkeiten auch im Englischunterricht. Jedoch ist das Thema *Digitalisierung und Handschrift* komplexer und vielfältiger, als es auf den ersten Blick scheint. Das Schreiben mit der Hand ist und bleibt eine im Alltag immer noch benötigte und in ganz unterschiedlichen Kontexten wertgeschätzte Kulturtechnik. Des Weiteren ist die Frage nach den Vorteilen des mit Handschreibens gegenüber dem Tippen keineswegs eindeutig geklärt. Dennoch ist davon auszugehen, dass das Schreiben mit der Hand auf nicht digitalen Oberflächen durchaus Vorteile haben kann: Informationen werden tiefer verarbeitet und länger behalten, da vielfältige Regionen im Gehirn angesprochen werden (vgl. u. a. Frangou et al. 2018). Macht man sich z. B. Notizen zu einem Thema, werden diese durch das Schreiben mit der Hand tiefer verarbeitet, man gerät nicht in Versuchung, so Wampfler, möglichst alles mitzuschreiben (Wampfler 2020, S. 15) und bekommt so die Gelegenheit, wichtige Informationen von unwichtigen zu trennen und Informationen miteinander zu verknüpfen. Auch die Feinmotorik wird gefördert, denn es werden andere Bewegungsmuster ausgeführt als beim digitalen Schreiben. Genau diese Bewegungsmuster (motorische Gedächtnisspuren) hinterlassen andere Spuren im Gehirn, die sich durchaus positiv auf das Behalten und Verstehen auswirken können. Ebenfalls deuten Studienergebnisse darauf hin, dass Lernende, die mit der Hand schreiben, über eine bessere Rechtschreibung verfügen. Doch auch hier scheint die Schnelligkeit des Schreibens mit der Tastatur durchaus eine Rolle zu spielen, denn wer versucht, alles mitzuschreiben, achtet weniger auf die korrekte Schreibung (Frahm/Blatt 2015). „Einige Studien belegen hingegen“, dass „der Einsatz von Computern und Programmen zur Textverarbeitung einen schwachen bis mittleren Einfluss auf die Textqualität hat“ (Mercator Institut für Sprachförderung und Deutsch als Zweitsprache 2019, S. 5). Vor allem bei Schülerinnen und Schülern, die entweder mit der Hand oder der Tastatur (oder beidem) flüssig schreiben können, zeigt sich, dass die Fähigkeit, flüssig zu schreiben, mit einer größeren Textmenge sowie Textqualität einhergeht.

Bei allen Lernenden kann das Nutzen einer Tastatur Ressourcen frei machen, die sonst durch das Handschreiben gebunden sind, denn man schreibt nicht nur schneller, sondern bekommt auch vielfältige Hilfestellungen. Diese kommen vor allem Schülerinnen und Schülern mit zugute, die Schwierigkeiten damit haben, etwas mit der Hand zu schreiben (Dysgraphie). Gerade diese Lernenden profitieren von der Möglichkeit, andere Schreib- bzw. Repräsentationsformen zu nutzen (vgl. auch Kapitel 11).

Zusammengefasst: Die Frage, welche Schreibtechnik der anderen vorzuziehen ist, greift zu kurz, denn sowohl das Schreiben mit der Hand als auch das Schreiben mit digitalen Geräten hat seine Berechtigung im Englischunterricht. Es geht vielmehr darum, wie beim digitalen Medieneinsatz selbst, einen gesunden Mittelweg zu beschreiten, der die Stärken des jeweiligen Schreibprozesses in den Vordergrund rückt und Schülerinnen und Schülern auf die komplexen Schreibsituationen einer zunehmend digitalen Welt vertraut macht.

6.5.2 Digitale Texte schreiben

Die digitale Welt bietet gerade für den Englischunterricht zahlreiche Schreibanlässe, denn die „Digital Generation seems to be no longer content to remain passive receivers of messages but instead demands to be part of their creation" (Urbanski 2010, S. 3). Nicht nur neue Formen (*modes*) und Umgebungen (*environments*) des Schreibens sind entstanden, sondern auch neue Schreibanlässe unter den Bedingungen der Digitalität nicht nur im Bereich des *participatory entertainments,* sondern in fast allen Bereichen des gesellschaftlichen und kulturellen Lebens. Für den Englischunterricht liegen die Vorteile auf der Hand: Schülerinnen und Schüler können Texte parallel verfassen und verändern, ohne dabei jedes Mal einen neuen Text schreiben zu müssen. Die Lehrkraft und *peers* können Texte in allen Phasen des Schreibprozesses und von überall kommentieren.

EINLADUNG ZUM MITMACHEN

Schreiben Sie alle Situationen auf, in denen Sie im Netz schreiben. Versuchen Sie, daraus Ideen für Schreibaufgaben für Ihren Englischunterricht abzuleiten.

Dabei sollten der Planung digitaler Schreibprojekte und der Auswahl der entsprechenden Schreibtools nach Wampfler folgende vier Kriterien bzw. Fragen zugrunde liegen, die an das in Kapitel 3.6 vorgestellte 4C-Modell anknüpfen:

- Ermöglichen Setting und Tool das Zusammenarbeiten mehrerer schreibender Personen?

- Gibt es Freiräume für die Kreativität der Lernenden?
- Werden die Schülerinnen und Schüler aufgefordert, ihre Schreiberfahrungen zu teilen?
- Werden die Lernenden zur kritischen Reflexion ihrer Schreiberfahrungen aufgefordert und dienen die Ergebnisse als Grundlage für weitere, nachfolgende Schreibaufgaben? (Wampfler 2020, S. 51–52).

Eine Beantwortung aller vier Fragen mit Ja zeigt Ihnen, dass Sie nicht nur die richtige Aufgabe, sondern auch das richtige Tool bzw. die richtige Plattform gewählt haben. Wie eingangs bereits erwähnt, bietet die zunehmend bunte digitale Medienwelt ganz unterschiedliche Schreibanlässe (z. B. das Schreiben eines Reviews für einen Blog oder eines Posts in den sozialen Netzwerken) sowie Schreibsituationen (vgl. ebd., S. 68). Die im Folgenden kurz angerissenen Beispiele sind keinesfalls als monolithisch zu verstehen, sondern beliebig miteinander kombinier- und austauschbar. Den vorgestellten Ideen ist gemein, dass sie Plattformen bieten, „where users can actively create and publish content to a wider audience, allow them to interact and collaborate with each other" (Merse/Poorman 2017, S. 129–150). So können Blogs, um nur ein Beispiel zu nennen, ganz unterschiedliche Funktionen in der realen Welt, aber auch im Unterricht einnehmen. Sie können als *class portal* für Materialien und Aufgaben dienen, als Lerntagebuch zur Dokumentation und Reflexion des Lernprozesses, als dynamische Diskussionsplattform zum Austausch (Richardson 2009) oder für kollaborative Schreibprojekte (Heim/Ritter 2012, S. 145–153). Wichtig ist, dass Tools und Plattformen nicht nur als Mittel zum Zweck gesehen werden, sondern ihre Eigenschaften sowie Vor- und Nachteile auch auf einer Metaebene mit den Lernenden thematisiert werden. Dazu gehören Fragen der Accounterstellung und des Datenschutzes, der Umgang mit Werbung sowie die relevanten Merkmale der jeweiligen Textsorte (z. B. thematisch offen oder geschlossen, Verlinkungen sind möglich, Aufhebung zwischen Rezipienten und Produzenten).

Blogs zum Thema digitale Medien im Englischunterricht (Zugriff: 22.07.2022)

- https://digitales-klassenzimmer.org/blog/
- https://tollerunterricht.com
- http://www.medienpaedagogik-praxis.de/
- https://www.lehrerfreund.de
- https://www.4teachers.de/

Blogs	Auch wenn Blogs in den letzten Jahren etwas aus der Mode gekommen zu sein scheinen, sind sie weiterhin ein integraler Bestandteil der modernen Internetkultur. Inzwischen gibt es viele verschiedene Arte von Blogs, wie z. B. theme blogs, knowledge blogs und campaign blogs.	einen Blog bzw. einen Eintrag in einem Blog analysieren, einen eigenen Blog verfassen	*Wordpress.com* *Weebly.com*
Wikis, Wikipedia	Der Ursprung des Wortes Wiki (aus dem Hawaiianischen wiki-wiki für schnell). Trotz des gemeinschaftlichen Charakters gerade von Wikipedia ist wichtig zu bedenken, dass momentan 80 % der Inhalte von 1 % der Nutzenden erstellt werden, von denen wiederum weniger als 10 % weiblich sind (Wampfler 2020, S. 79).	einen Wiki-Artikel analysieren, gemeinsam abändern bzw. erstellen, die Qualität eines Eintrages z. B. hinsichtlich der Quellen bewerten (und verbessern)	

Tab. 24: Ausgewählte digitale Schreibanlässe für den Englischunterricht

6.5.3 Kollaboratives Schreiben

Schreiben ist heute ein weit weniger individueller Prozess als noch vor einigen Jahren. Wikis, Blogs und Social Media sind nur einige von vielen Beispielen dafür, dass Schreiben ein überwiegend sozialer, interaktiver Prozess geworden ist. Kollaboratives Schreiben meint, dass mehrere Autorinnen und Autoren gleichzeitig an der Entstehung eines Textes beteiligt sind: „Ein besonderes Merkmal für das Schreiben in einer Kultur der Digitalität ist die Gemeinschaftlichkeit“ (Brauweiler 2021, S. 27). Damit ist nicht gemeint, dass einzelne Teilprodukte nachträglich zusammengeführt werden, sondern ein Text tatsächlich gemeinsam konstruiert wird. Schülerinnen und Schüler können synchron, aber auch asynchron an einem Dokument arbeiten, Änderungen live nachverfolgen und Texte kommentieren. Zusätzlich können sich Lernende in der Regel über eine Chat-Funktion zusätzlich austauschen und in eine konstruktive Metakommunikation über den Schreibprozess eintreten.

Der Vorteil des kollaborativen Schreibens liegt vor allem darin, dass die Komplexität von Schreibprozessen reduziert wird. Schreibaufgaben können entsprechend der Stärken und Interessen der Schülerinnen und Schüler verteilt werden (z. B. *keyboard operator, grammarian, speller, technician* etc.). Weitere Vorteile sind, dass Lernende orts- und zeitunabhängig an einem gemeinsamen Produkt arbeiten können, sodass sich *collaborative writing* auch für Umgebungen im Sinne des *Blended Learning* eignet (vgl. Kapitel 4.3). Des Weiteren ist kollaboratives Schreiben prozessorientiert, sodass Lernende nicht nur gemeinsam an einem Produkt arbeiten, sondern auch unterschiedliche Feedback-Mechanismen nutzen. Heute bieten auch zahlreiche *Microsoft-(GoogleDocs, Word)* und *Apple-(Keynote)*-Programme eine Kollaborationsfunktion, sodass gemeinsam an Dokumenten gearbeitet werden kann. Des Weiteren offerieren Blogs, Wikis und kollaborative Schreibprogramme zahlreiche Möglichkeiten, Inhalte nicht nur zu teilen, sondern gemeinsam zu erstellen. Während ein Blog darauf basiert, dass etwas gepostet wird und die Kommentare in umgekehrter Reihenfolge erscheinen, erlauben z. B. Wikis die gleichzeitige Bearbeitung von Inhalten (Bell 2009). Kollaboratives Schreiben im Kontext des Englischunterrichts bedeutet, dass Schülerinnen und Schüler „in komplexen Schreibaufgaben gemeinsam Texte planen, ggf. Schreiben, kommentieren überarbeiten" (Brauweiler 2021, S. 30). Der Lehrkraft kommt dabei die Rolle zu, Lernenden in ihren Schreibprozessen zu unterstützen, z. B. indem sie bei der Planung (*writing cues*) und der Kommunikation der Lernenden untereinander unterstützend wirkt und in den unterschiedlichen Phasen des Schreibens immer wieder Feedback gibt. Vor allem bei der Planung des Schreibprozesses kommt digitalen Mindmaps-Tools wie *Mindmeister, Bubble.us* oder *Popplet* eine besondere Rolle zu, denn sie sind dynamisch und können gemeinsam bearbeitet sowie geteilt werden. Generell lässt sich kollaboratives Schreiben in vier Phasen unterteilen (Tab. 25).

Phase 1	Brainstorming (z. B. Erstellen einer Mindmap)	Aktivieren von Vorwissen, Sammeln von Ideen, Argumenten, Assoziationen, aber auch Wortschatz und Sprachstrukturen; event. Präsentieren der Ergebnisse, Feedback von der Lehrkraft oder der Lerngruppe	*www.mentimeter.com* *Padlet* *https://flinga.fi*
Phase 2	Drafting	Option 1: gemeinsames Schreiben an einem Dokument Option 2: Verteilen von Rollen innerhalb der Kleingruppe (Korrektor, Schreiber, Ordner usw.)	*ZUM-Pad* *GoogleDocs*
Phase 3	Feedback & Editing	Feedback zum ersten Entwurf (durch Peers und/oder Lehrkraft) Download Checkliste)	

Phase 4	Presenting results	Vortragen der Texte, Feedback zum Produkt, Reflexion des Schreibprozesses, Veröffentlichung der Texte	*www.imdb.com* (Filmkritiken) *www.amazon.com/www.goodreads.com* (Buchkritiken) Soziale Medien (Stellungnahmen) *www.youtube.com* (Kommentare zu Inhalten)

Tab. 25: Phasen des kollaborativen Schreibens (basierend auf Brauweiler 2021, S. 34–38)

Ein besonders beliebtes kollaboratives Schreibtool ist *ZUM-Pad*, ein webbasierter Texteditor, der es ermöglicht, dass mehrere Personen gleichzeitig an einem Dokument arbeiten können. Änderungen sind sofort sichtbar und dank farblicher Markierung der Nutzenden leicht erkennbar und unterscheidbar. Des Weiteren können unterschiedliche Elemente wie Bilder, Audiodateien oder Links einfach eingefügt werden. Die Chat-Funktionen bieten die Möglichkeit des Austauschs zwischen allen am Schreibprozess Beteiligten. Der *real time editor* kann sowohl für die Arbeit an Texten, aber auch für die Protokollierung von Schreib- oder anderen Lernprozessen genutzt werden.

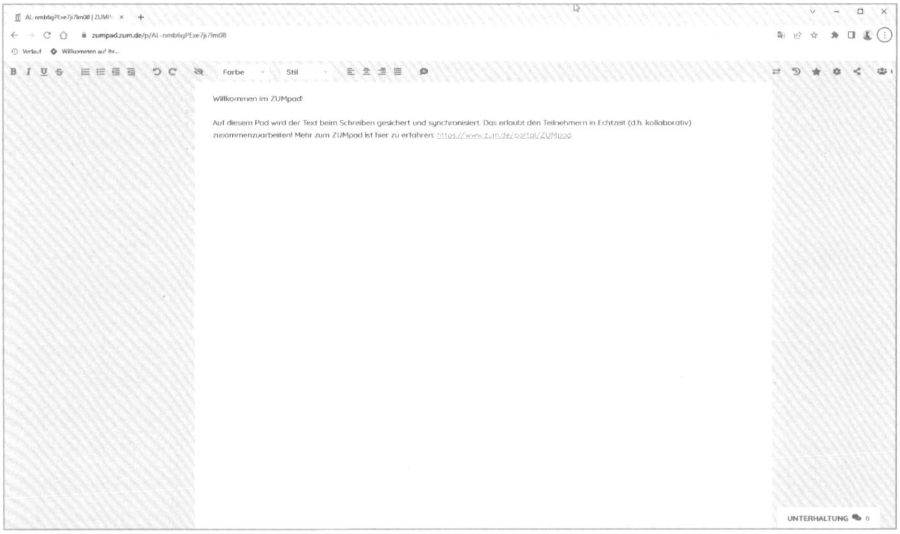

Abb. 22: Das kollaborative Schreib-Tool *ZUM-Pad*

6.5.4 *Fanfiction*

Fanfiction ist sicherlich kein rein digitales Phänomen, jedoch haben sich die Aktivität von Fangemeinden mit der zunehmenden Ubiquität digitaler Plattformen mehr und mehr in den digitalen Raum verlagert, wodurch teils globale Netzwerke entstanden sind (Cornille et al. 2021). Ein Fan ist nach Cavicchi eine soziale Kategorie, „referring to a mode of participation with a long history in a variety of cultural activities, including literature, sports, theatre, film, and television" (1998, S. 3). Dabei steht die „deep positive emotional conviction about someone or something" (Duffet 2013, S. 18) im Vordergrund.

Das regelmäßige Schauen z. B. einer Serie ist dabei nicht konstitutiv, denn jemand wird nicht durch „being a regular viewer of a particular program but by translating that viewing into some kind of cultural activity" (Jenkins 2006, S. 41) zum Fan. Ein Fan teilt also seine Gefühle, Eindrücke, Ideen mit Freunden, aber auch anderen Fans z. B. in *online fan communities*. Das passive Rezipieren führt zu einem Prozess des aktiven Rezipierens: „reading generates writing, until the terms seem logically inseparable" (ebd.).

Fanfiction umfasst unterschiedliche Prozesse der Transformation des Originaltextes (Serien, Filme, Videospiele, genuin literarische Texte), bestehende Handlungen werden umgeschrieben, weitergeführt oder durch das Ersetzen einzelner Charaktere bzw. Handlungsabläufe verändert (Barnes 2015). Gerade in Hinblick auf den Englischunterricht bietet *Fanfiction* zahlreiche Möglichkeiten, die *in-the-wild*-Leseerfahrungen der Schülerinnen und Schüler in den Unterricht zu integrieren und so reale Schreibanlässe zu schaffen. Die folgende Abbildung zeigt unterschiedliche Formen von *Fanfiction*.

Form	The fan ...
Fix-it fiction	repairs something in the source text, e. g. the death of a character
Author-insert fan fiction	writes themselves into the story in some fashion
Imaginative fan fiction	imagines that their life collides with that of a favourite fictional character or celebrity
Alternate-universe (AU) fan fiction	changes one or more components of the source material, e. g. different stories are combined (crossover fiction) or the gender or ethnicity of one or more of the characters are changed

Tab. 26: Ausgewählte Formen von *fanfiction*

Gerade das Verfassen von *Fanfiction* ist also durchaus ein komplexer Prozess, denn neben dem Kennen des Originaltexts müssen Lernende beim Verfassen eines *Fanfiction*-Textes nicht nur die Textsorte kennen, sondern sprachliche Mittel anwenden und verschiedene andere Kompetenzen wie eine Planungs- und Überarbeitungskompetenz besitzen.

6.6 Wortschatzarbeit

To know a word bedeutet mehr, als nur seine Bedeutungen (Semantik) zu kennen. Ein Wort aktiv zu beherrschen bedeutet, dass wir wissen, wie es richtig ausgesprochen (*pronounciation*) und geschrieben (*spelling*) wird. Wir wissen um seine grammatische Form (*morphology*), seine richtige Verwendung in Sätzen (*syntax*), kennen sinnverwandte sowie sinngegensätzliche Wörter (*synonyms/antonyms*) sowie andere Wörter, mit denen es zusammengeht (*collocations/idioms*). Zusammengefasst sollten wir über Wissen in den Bereichen Form, Bedeutung und Gebrauch verfügen (Nation 2001; Kötter 2017, S. 54).

Ziel des Englischunterrichts ist die gelungene Kommunikation in der Fremdsprache, „interkulturelle Handlungsfähigkeit in der englischen Sprache" (Ministerium für Schule und Weiterbildung des Landes Nordrhein-Westfalen 2019, S. 8), sprachliche Mittel, wie der Wortschatz, nehmen dabei eine dienende Funktion ein. Um dieses Ziel zu erreichen, gilt es, den aktiven (produktiven) und passiven (rezeptiven) Wortschatz der Lernenden aufzubauen und kontinuierlich zu erweitern, diesen situationsangemessen und zielgerichtet zu verwenden sowie ihnen Strategien zu vermitteln, mit unbekannten Wörtern umzugehen und diese zu erlernen. Dabei bringen Schülerinnen und Schüler gerade im Englischen oft bereits einen gewissen Grundwortschatz (individueller Wortschatz), auch in anderen Sprachen, mit. Um lexikalische Kompetenz aufzubauen, also das *mental lexicon* der Lernenden zu erweitern, sollten neue Wörter an bestehendes Wortwissen anknüpfen, abwechslungsreich präsentiert werden und wiederkehrend aktiv in kommunikativen Situationen angewendet werden (Thaler 2012, S. 226).

Heutige Lernende kommen durch digitale Medien, z. B. Videospiele und soziale Medien, noch viel früher und intensiver mit englischen Wörtern, aber auch Wörtern in anderen Sprachen, in Kontakt als frühere Lernendengenerationen. Dadurch wird Wortschatzwissen- und gebrauch eine zunehmend individuelle Angelegenheit, welche die Vermittlung von Strategien zum selbstständigen Umgang mit unbekannten Wörtern in der Fremdsprache noch wichtiger macht.

Mittlerweile gibt es zahlreiche digitale Tools und Plattformen, die zur Wortschatzarbeit verwendet werden können (Klemm 2016, S. 8–10). Diese digitalen Anwendungen ermöglichen es, Vokabelarbeit nicht nur methodisch abwechslungsreicher zu gestalten, sondern auch „individuelle sowie schulische Lernwege miteinander zu verknüpfen und zu ergänzen" (ebd., S. 8). Digitale Anwendungen können auf vielfältige Art und Weise in den Englischunterricht miteinbezogen werden. Dazu zählen z. B. die Nutzung von Mindmapping-Strategien bei der Vokabelarbeit, das Erstellen interaktiver Übungen mit *H5P* oder das Anfertigen von Lückentexten auf *LearningApps.org*.

6.6.1 Online-Wörterbücher und Übersetzungsprogramme

Zwei- und in höheren Jahrgangsstufen einsprachige Wörterbücher spielen bei der Wortschatzarbeit inner- und außerhalb des Englischunterrichts eine wichtige Rolle, vor allem weil sie das autonome Lernen der Schülerinnen und Schüler fördern und ihnen ermöglichen, auch an Lesen und Schreiben nicht-didaktisierter (digitaler) Texte unabhängiger heranzugehen (Diehr o. D.). Bekannterweise bieten Wörterbucheinträge zahlreiche Informationen zu einem Wort, wie dessen Bedeutung, grammatikalische Verwendung sowie Redewendungen. Elektronische Wörterbücher wie *Pons.de, Leo.org, Dict.cc, bab.la, Linguee* oder *online picture dictionaries* bieten oft zusätzlich zahlreiche Vorteile: Sie sind einfach über das Smartphone (Browser oder App) zugänglich, teilweise, wie z. B. *Dict.cc,* auch offline nutzbar, bieten Such- und Filterstrategien und ermöglichen, sich das gesuchte Wort (in unterschiedlichen Variationen) vorlesen zu lassen. Gerade Schülerinnen und Schüler mit geringen Deutschkenntnissen profitieren von Online-Wörterbüchern, da sich die Spracheinstellungen einfach anpassen lassen (Holberg/Kapsalis 2019, S. 34–35).

Zu beachten ist, dass sich Online-Wörterbücher durchaus in ihrer Qualität, ihren Funktionen und in ihrer Übersichtlichkeit unterscheiden. Teilweise bieten Online-Wörterbücher, z. B. nach Anmeldung, zusätzliche Lernfunktionen wie Vokabeltrainer an.

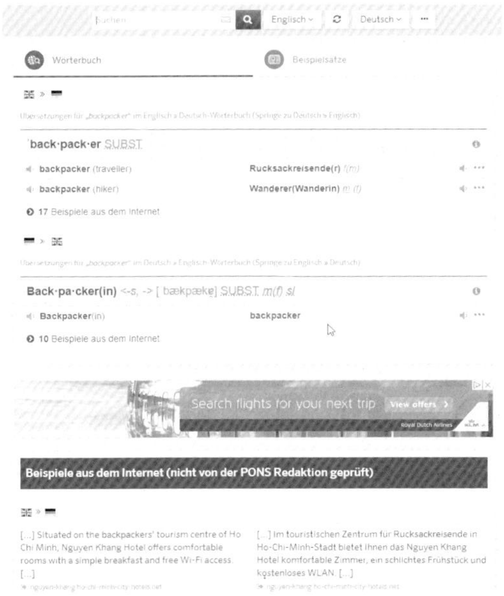

Abb. 23: Beispieleintrag aus *pons.de*

Das Beispiel in Abb. 23 zeigt die Suchergebnisse nach dem Wort *backpacker*. Die Ergebnisse, inklusive Wortinformationen und Verwendungskontexte, werden in beide Sprachrichtungen angezeigt, auch bei Schreibfehlern erscheinen mögliche Ergebnisse. Durch das Klicken auf das Lautsprechersymbol kann man sich das Wort vorsprechen lassen. Ebenfalls bietet das Wörterbuch Beispielsätze, mit dem Hinweis, dass diese nicht von der Redaktion geprüft wurden. Neben zweisprachigen digitalen Wörterbüchern bieten sich auch gerade für den fortgeschrittenen Englischunterricht einsprachige Online-Wörterbücher wie das *Oxford Learner's Dictionary* oder Synonymwörterbücher *wie thesaurus.com* oder *Collins English Thesaurus* an. Nicht zuletzt kann auch das *Urban Dictionary* zum Nachschlagen von jugend- und alltagssprachlichen Begriffen genutzt werden.

Trotz ihrer einfachen Verwendung sollten Lernende auch an die Nutzung von Online-Wörterbüchern sorgsam herangeführt werden, denn auch für diese müssen Abkürzungen und Zeichen gelernt werden. Des Weiteren sollte vor allem bei dem Verwenden von kollaborativen Wörterbüchern und *dictionaries*, die auf Internettexte aus ganz unterschiedlichen Kontexten zurückgreifen, auf die Qualität der Einträge geachtet werden.

Um Schülerinnen und Schüler an die Arbeit mit Online-Wörterbüchern heranzuführen, bieten sich ganz unterschiedliche Aktivitäten an, die neben der regelmäßigen Nutzung eingesetzt werden können.

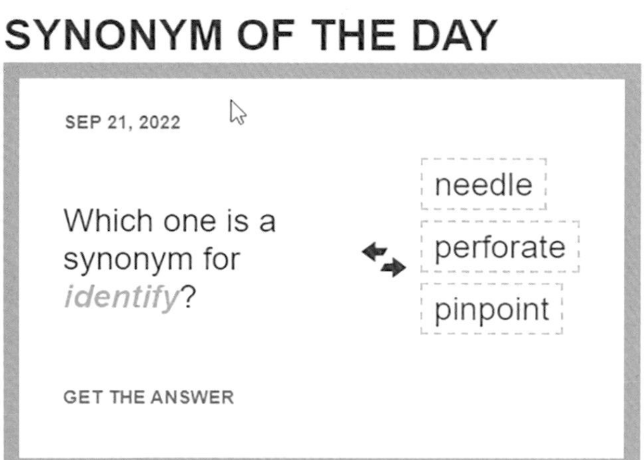

Abb. 24: Beispieleintrag aus *thesaurus.com*

Dazu zählen z. B. spielerische Aktivitäten wie *spelling bee,* bei dem Lernende ein oder mehrere Wörter im Wörterbuch nachschlagen und buchstabieren. Gerade für fortgeschrittene Lernende ist es wichtig, unterschiedliche Einträge zu vergleichen. So können sie gebeten werden, zentrale Begriffe nachzuschlagen. Des Weiteren eignen sich digitale Wörterbücher nicht nur zum Nachschlagen, sondern auch als Anregung dazu, eigene Beiträge zu verfassen. So kann z. B. die Möglichkeit bei *pons.de,* eigene Wörter, Phrasen und auch Übersetzungen hinzuzufügen, dazu dienen, mehr über den Aufbau von Wörterbuchbeiträgen zu lernen oder sich mit Wortneuschöpfungen in der englischen Sprache zu beschäftigen. Auch die von Wörterbüchern angebotenen *words* oder *synonyms of the day* können zur aktiven Auseinandersetzung mit neuen Vokabeln, aber auch zum Verfassen eigener Einträge anregen (Abb. 24). Nicht zuletzt können z. B. auch eigene *class dictionaries* in Form eines Wikis oder einfache *picture dictionaries* mit Emojis zu einem bestimmten Themenfeld erstellt werden.

Neben Online-Wörterbüchern werden im Alltag zunehmend digitale Übersetzungsdienste wie *Google*-Übersetzer und *DeepL*-Übersetzer, der aus *Linguee* entstanden ist, genutzt. Der Vorteil dieser Dienste liegt darin, dass sie nicht nur ganze Sätze, sondern auch längere Texte übersetzen. Gerade bei der nonverbalen Kommunikation (E-Mail, *WhatsApp*) ergeben sich dadurch zahlreiche Vorteile, denn das eigenständige Formulieren entfällt genauso wie das Abtippen. Des Weiteren können neben Texten auch andere Dateiformate wie .pdf, .docx und .pptx übersetzt werden. Durch das einfache Klicken auf einzelne Wörter kann der Text nach Belieben verändert werden. Des Weiteren stehen zahlreiche Zusatzfunktionen wie das Bewerten der Übersetzung, das Vorlesenlassen des Textes und das Teilen auf sozialen Medien durch einfache Klicks zur Verfügung.

EINLADUNG ZUM MITMACHEN

Nehmen Sie einen kurzen Text Ihrer Wahl und übersetzen Sie ihn mithilfe von *Google Translate* und *DeepL*. Wie zufrieden sind Sie mit der Textqualität? Welche Unterschiede fallen Ihnen auf? Verändern Sie den Text, bis Sie bei der finalen Textversion angelangt sind. Denken Sie anschließend darüber nach, welche Strategien Sie genutzt haben.

Vor allem weil sich wahrscheinlich nicht verhindern lässt, dass Lernende zunehmend die Nutzung von Übersetzungsprogrammen dem eigenständigen Übersetzen vorziehen, ist es wichtig, Schülerinnen und Schüler an die kritische Nutzung solcher Programme heranzuführen. Dazu können Aufgaben wie das Abgleichen eigener mit algorithmusbasierten Übersetzungen oder das kritische Lesen computergenerierter Übersetzungen dienen. Gerade für den Einstieg bietet es sich an, Schülerinnen und Schülern die eigene sowie eine computergenerierte Übersetzung zu zeigen und sie raten zu lassen, welche Übersetzung von wem erstellt wurde.

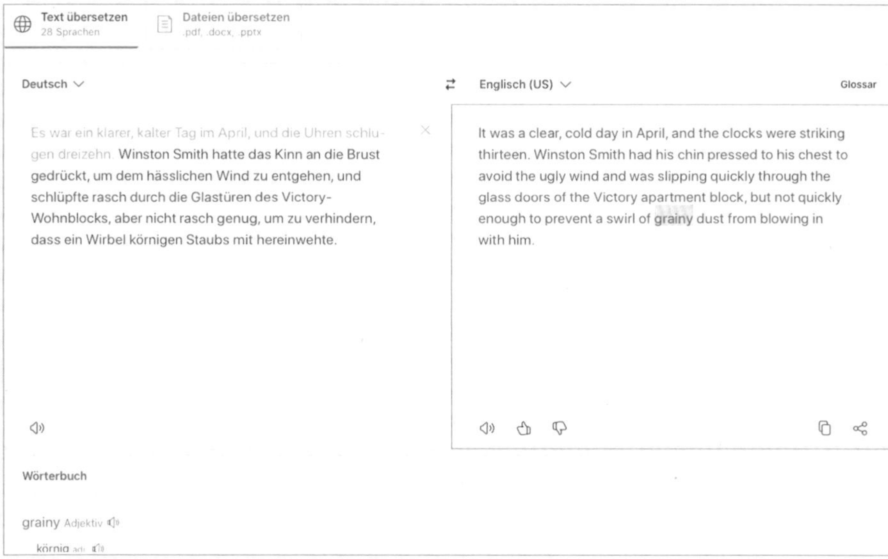

Abb. 25: Eine Beispielübersetzung der ersten Zeilen aus George Orwells *1984* mit *DeepL*

6.6.2 Digitale Wortschatzarbeit

Digitale Apps und Plattformen bieten zahlreiche Möglichkeiten zur Vokabelarbeit inner- und außerhalb des Englischunterrichts (Abb. 25). Dabei geht es nicht nur darum, neue Wörter innovativ zu präsentieren, sondern Schülerinnen und Schülern neue Wege des Lernens und Wiederholens aufzuzeigen und sie in das Erstellen von Vokabelübungen vom Lückentext bis zum Quiz aktiv miteinzubeziehen. Auch das Smartphone selbst kann für eine niederschwellige und einfache Wortschatzarbeit genutzt werden, denn eingebaute Standard-Apps wie der Kalender oder die Wetter-App ermöglichen bereits das Einführen oder Wiederholen wichtiger Wortfelder. So bietet sich die Wetter-App z. B. zum Üben von Zahlen (Temperaturen) oder Wettervokabeln an. Bitten Sie die Lernenden z. B., ihre Wetter-App auf einen englischsprachigen Ort einzustellen und sich gegenseitig Fragen zum Wetter an ihrem jeweiligen Ort zu stellen. Kombiniert mit dem Fragen nach dem Wetter am gestrigen Tag oder in der kommenden Woche lassen sich die Dialoge beliebig ausweiten.

Inzwischen sind jedoch sowohl eine Vielzahl von *Drill-&-Practice*-Programmen als auch interaktive, eher konstruktivistische *tools* verfügbar, wovon *Quizlet* und *Kahoot* die bekanntesten sind. Je nach Applikation können einzelne Wörter, *Chunks* oder Kollokationen sowie selbst gewählte Visualisierungen eingepflegt werden. Schülerinnen und Schüler können allein oder gegen andere spielen. Beim Wiederholen von Vokabeln können Lernende angeben, ob sie eine Vokabel einfach oder schwer fanden. Schwierige Wörter werden häufiger abgefragt, einfache Begriffe im Sinne des *spaced repetition*-Ansatzes nur noch in bestimmten Abständen.

Dabei zeichnet sich digitale Vokabelarbeit vor allem dadurch aus, dass sie zeitlich und örtlich flexibel, interaktiv sowie multimodal und multisensorisch ist. Dadurch ermöglicht sie, stärker auf die individuellen Bedürfnisse der Lernenden einzugehen und sie zusätzlich zu motivieren. Die folgenden Beispiele stehen dabei ausgewählt für eine Vielzahl von digitalen Möglichkeiten.

Mindmaps ermöglichen Lernenden, Gedanken und Begriffe (auch visuell) zu strukturieren und zu sortieren. Der Vorteil digitaler *mindmapping tools* wie *Mindmeister* besteht vor allem darin, dass Lernende zeit- und ortsunabhängig und vor allem gemeinsam an einer Mindmap arbeiten können. Dabei stehen je nach Tool ganz unterschiedliche Funktionen zur Verfügung. Ebenfalls bieten *crossword puzzle generators* wie *xwords-generator.de* oder Seiten wie *learning.apps.org* inzwischen vielfältige Möglichkeiten, Wortschatzübungen einfach zu erstellen, wobei auch die Lernenden selbst tätig werden können. Als niederschwellige Aktivität bietet sich z. B. eine *photo safari* an, bei der Lernende Begriffe zu einem bestimmten Thema mithilfe eines digitalen Wörterbuchs erarbeiten sowie passende Bilder z. B. mit dem Smartphone aufnehmen. Damit können sie auf der Seite *learningapps.org* ihr eigenes Zuordnungsspiel gestalten.

Wortwolken (*word clouds*) lassen sich vielfältig in der Wortschatzarbeit einsetzen, z. B. bei der Einführung neuen Wortschatzes, zum Sammeln und Visualisieren bereits bekannten Vokabulars oder zum Erkennen von Wortschatzstrukturen und Regelmäßigkeiten. Dabei bieten die zahlreichen, oft frei verfügbaren *word cloud generators* wie *Wordart, Wordsift* oder *Wort-Clouds* ganz unterschiedliche Features, die es ermöglichen, Wortwolken inhaltsorientiert zu gestalten. Verschiedene Farbkombinationen, Schriften, Laufrichtungen sowie Filter nach Worthäufigkeit ermöglichen innovative und vor allem kreative Darstellungen von Begriffen z. B. zu einem bestimmten Thema.

WhatsApp gehört neben anderen Instant-Messaging-Diensten zu den beliebtesten digitalen Anwendungen von Jugendlichen. Dabei ermöglicht *WhatsApp,* wie die meisten anderen Dienste auch, vier unterschiedliche Arten der Kommunikation: das Verschicken von *texts, images, videos* und *voice messages*. Damit können mit *WhatsApp* nicht nur quasi alle kommunikativen Fertigkeiten geschult, sondern auch individuelles Feedback gegeben werden. So können Lernende z. B. *live comments* während einer Präsentation in einer gemeinsamen *WhatsApp*-Gruppe versenden. Auch das gemeinsame *storytelling* im Rahmen einer *chain writing activity* ist möglich (vgl. Kapitel 9.5).

Das Webprogramm fakewhats.com/generator bietet die Möglichkeit, kostenlos *WhatsApp*-Chats zu verfassen und in eine *WhatsApp*-Maske einzubinden. Dabei können z. B. auch Name, Uhrzeit, Signalstärke, Anbieter und Profilbild frei gewählt werden.

Die Grundidee der in Tab. 27 aufgeführten Wortschatzübungen ist, dass Schülerinnen und Schüler sich in Partner- bzw. Kleingruppenarbeit kurze Nachrichten schicken, die eine Wortschatzübungsaufgabe beinhalten.

Aufgabe	Schülerinnen und Schüler ...
Gap filling	senden einen kurzen Lückentext an andere Lernende. Zur Differenzierung kann die Anzahl der Sätze/Lücken variiert werden.
Find the mistake(s)	schicken einen fehlerhaften Text, z. B. Rechtschreibfehler, an ihre Partner. Ziel ist es, die Fehler im Text zu finden und eine korrigierte Version zurückzuschicken.
Odd-one-out	stellen eine Liste mit Wörtern zusammen, von denen eines nicht zum gewählten Wortfeld gehört.
How do you spell?	schicken eine voice message mit einer Frage dazu, wie man ein bestimmtes Wort schreibt. Das Wort wird dann vom Partner oder via Sprachnachricht buchstabiert.
Write a text in icons and translate into a text	verfassen einen kurzen Text in Icons, der vom Partner in einen schriftlichen Text übersetzt werden muss.
Translate a voice message into written text	verschicken eine Sprachnachricht an einen Partner, der die Nachricht verschriftlichen muss.

Tab. 27: Beispielaufgaben für die Wortschatzarbeit mit *WhatsApp* (basiert teilweise auf Haines 2016)

6.7 Interkulturelles und globales Lernen

Das lange vorherrschende Interkulturalitätsverständnis im Englischunterricht wurde in den letzten Jahren zunehmend durch den Ansatz der Transkulturalität abgelöst, der davon ausgeht, dass Kulturen nicht in sich homogen sind und damit auch nicht strikt von anderen Kulturen abgegrenzt werden können (vgl. Welsch 2010, S. 39–66). Seit den 1990er-Jahren rückt auch das Konzept des globalen Lernens (*global learning*) immer mehr in den Vordergrund. Globales Lernen meint, das sich Schülerinnen und Schüler kritisch mit globalen Themen wie Migration, Menschenrechten, Endlichkeit von Ressourcen, alternativen Energien und Klimawandel auseinandersetzen, globale Zusammenhänge erkennen und sich ihrer Rolle als Weltbürger als Teil einer globalen Gesellschaft bewusst werden (Summer 2021, S. 186).

Damit einher geht auch, dass Schülerinnen und Schüler ihr eigenes, lokales Handeln in Hinblick auf die globalen Auswirkungen untersuchen (vgl. u. a. Matz/Rogge 2020; Ludwig 2021, S. 66–82) und sich damit auseinandersetzen, was Lernende als *global citizens* zu einer erfolgreichen Gestaltung des Lebens in einer sich ständig wandelnden globalen Gesellschaft beitragen können.

Abb. 26: Globale Kompetenz (OECD/PISA 2018, S. 11)

Das Modell globaler Kompetenz der OECD (Abb. 26) besteht aus vier ineinandergreifenden Dimensionen, welche durch die vier bereits aus Byrams Modell zur Interkulturellen Kommunikativen Kompetenz (Byram 2021) bekannte Faktoren *knowledge, skills, attitudes* and *values* ergänzt werden. Global kompetent zu sein bedeutet also z. B., dass man in der Lage ist, ein Thema aus lokaler, globaler und interkultureller Perspektive zu betrachten. Dazu braucht man eine solide Wissensbasis (*knowledge*), die Fähigkeit, dieses Wissen in ein tiefergehendes Verständnis umzuwandeln (*skills*), und die Haltungen (*attitudes*) und Werte (*values*), das Thema aus unterschiedlichen kulturellen Perspektiven zu betrachten.

Die Palette globaler Themen auch für den Englischunterricht erweitert sich ständig, denn „global and intercultural issues are in constant evolution" (OECD 2018, S. 29, zit. nach Summer 2021, S. 190). Neben den *Sustainable Development Goals 2030* der OECD, also globale Ziele für eine globale nachhaltige Entwicklung und Zukunft, bietet der *OECD PISA Global Competence Framework* weitere globale Inhaltsgebiete und Themen, die auch für den Englischunterricht interessant sind (Abb. 27).

Content Domain 1: Culture and intercultural relations
Subdomain 1.1: Identity formation in multicultural societies Subdomain 1.2: Cultural expressions and cultural exchanges Subdomain 1.3: Intercultural communication Subdomain 1.4: Perspective taking, stereotypes, discrimination and intolerance
Content Domain 2: Socio-economic development and interdependence
Subdomain 2.1: Economic interactions and interdependence Subdomain 2.2: Human capital, development and inequality
Content Domain 3: Environmental sustainability
Subdomain 3.1: Natural resources and environmental risks Subdomain 3.2: Policies, practices and behaviours for environmental sustainability
Content Domain 4: Institutions, conflicts and human rights
Subdomain 4.1: Prevention of conflicts and hate crimes Subdomain 4.2: Universal human rights and local traditions Subdomain 4.3: Political participation and global engagement

Abb. 27: Bereiche globalen Lernens (OECD/PISA 2018, S. 30)

EINLADUNG ZUM MITMACHEN

Denken Sie an Ihren eigenen Englischunterricht. Welche globalen Themen behandeln Sie im Unterricht? Welche Themen würden Sie gern einmal behandeln? Welche Rolle können digitale Medien beim globalen Lernen spielen?

Ob globale Netzwerke und Plattformen, globaler Wissenstransfer oder globale Kommunikation, digitale Medien – und die Auswirkungen moderner Informations- und Kommunikationstechnologien auf gesellschaftliche, soziale und politische Prozesse – lenken den Blick auf globale kulturelle Diskurse und Themen, sie sind selbst ein globales Thema. Ein Blick in die Domäneninhalte zeigt, dass sich alle Unterdomänen auch auf den digitalen Raum übertragen lassen. Konflikte und Hassverbrechen (*4.1 Prevention of conflicts and hate crimes*) finden zunehmend auch im Internet statt. Das Internet, so Kaplan und Moss, „is an especially inviting host for the virus of hate“ (2003, S. 5). Doch das *World Wide Web* bietet auch Hilfe gegen Hass im Internet, globale Bewegungen kämpfen für mehr Respekt im digitalen Raum und Lehrkräfte finden im Internet zahlreiche Materialien zur Behandlung von *Hate Speech* im Unterricht. Gerade für Heranwachsende bietet die digitale Welt viele spannende globale Themen wie Künstliche Intelligenz, Big Data oder Digitalisierung und Umwelt. Bei Fragen wie *How green is the internet?* bieten digitale Medien nicht nur altersgerechte Materialien und Texte, sondern eben auch einen leichten Zugang zu globalen Klima(schutz)diskursen. Daraus ergeben sich unterschiedliche übergeordnete Lernziele, wie der konstruktive Umgang mit Unbestimmtheits- und

Unsicherheitssituationen in globalen Kommunikationssituationen sowie das Reflektieren der eigenen und anderer Positionen und Meinungen im globalen digitalen Raum (Bolten 2017). Wir lernen, kulturelle und globale Begegnungssituationen zu bewältigen, unsere eigene Kultur vor dem Spiegel fremder Kulturen neu zu überdenken und eigene kulturelle Deutungsmuster zu reflektieren (Elsner 2010, S. 103).

In ihrem Beitrag *Digital Competence in a Global World* führt Theresa Summer die beiden ineinandergreifenden Felder der globalen Kompetenz und des digitalen Lernens in dem Modell *DigCompGlobal* zusammen (2021, S. 193–196, Tab. 28). Die fünf aufgeführten Kompetenzfelder illustrieren, auf wie vielfältige Art und Weise digitale Medien globales Lernen im Englischunterricht unterstützen können, aber erfolgreiche digitale Teilhabe andererseits eben auch globale Kompetenz voraussetzt.

Digitale Inhalte wie Websites, Posts in sozialen Medien und Videos ermöglichen Schülerinnen und Schülern einen Zugang zu digitalen Themen (Kompetenzbereich 1). Durch den kreativen Umgang und die kritische Auseinandersetzung mit diesen Materialien kommen sie mit Meinungen und Erfahrungen aus ganz unterschiedlichen Kontexten in Kontakt (Kompetenzbereich 2). Digitale Tools erlauben Lernenden nicht nur, ihre kulturellen Erfahrungen durch die Erstellung eigener Medienprodukte medial zu verarbeiten (Niesyto 2012, S. 246–254), sondern auch neue Bedeutungen zu schaffen (Kompetenzbereich 3). Der vierte Kompetenzbereich konzentriert sich auf die Fähigkeit der Schülerinnen und Schüler, ihre Daten und Privatsphäre zu schützen, Manipulationen zu erkennen, gesundheitliche Risiken zu vermeiden und digitale Medien umwelt- und ressourcenbewusst einzusetzen. Dazu zählt z. B. das Erkennen von und der differenzsensible Umgang mit Stereotypen, Zugehörigkeitsgefühlen und den sozialen und kulturellen Normen, Werten und Praktiken kultureller Gruppen. So sind nicht nur Gesundheit und (psychische) Erkrankungen „perceived differently across cultures“ (Gopalkrishnan 2018), sondern z. B. auch Schönheitsideale und Selbstdarstellungen in sozialen Medien. *Digital problem-solving*, der fünfte Kompetenzbereich, meint nicht nur das Lösen technischer Probleme im Sinne der *DigComp Framework*, sondern auch ein „problem-solving in terms of content, while, for instance, dealing with global issues from various perspectives“ (Summer 2021, S. 195). Abschließend fokussiert der sechste und letzte Kompetenzbereich die Entwicklung des kritischen Reflexionsvermögens der Schülerinnen und Schüler. Nicht zuletzt ist es wichtig, dass sich Lernende kritisch mit Aspekten wie Quellen, Urheberschaft, also der *credibility* und *reliability*, auseinandersetzen und diese auch bei der Erstellung eigener digitaler Inhalte berücksichtigen (Kompetenzbereich 6). Gerade bei globalen Themen kann z. B. ein und dasselbe Bild, dekontextualisiert, unterschiedlich bearbeitet oder mit verschiedenen Kommentaren versehen ganz verschiedene Geschichten erzählen bzw. Meinungen unterstützen.

Competence area	The ability to ...
1. Digital content literacy	• search, access, navigate, decode, compare digital content, • conduct background research: personal, cultural, social, historical, political, • analyse and interpret content
2. Engagement	• communicate, interact, and collaborate across cultures, • engage in citizenship and participate in society, • become an active change-agent, promote change
3. (Re-)design	• express oneself through digigtal means, • modify and create digital content in different formats, • create new meanings by samling or combining texts, • circulate and respond to remixes, • understand and consider copyright and licences
4. Responsible use	• protect personal data and privacy, • avoid health-risks (cyber bullying), • being aware of the environmental impact of digital technology and their use, • use technology sustainably by avoiding unnecessary use of resources
5. Problem solving	• identify and solve technical problems, • transfer technological knowledge creatively to new situations
6. Reflexive and critical	• critically reflect upon digital content and re-design • critically consider plans for action

Tab. 28: *Digital Competence in the Context of Global Education* (Summer 2021, S. 195–196)

Digitale Medien beschleunigen die Interaktion zwischen Personen und Gruppen und bieten vielfältige Möglichkeiten der kulturellen Teilhabe und Partizipation. Jedoch gehören auch kulturelle Konflikte zum digitalen Alltag. Mit Blick auf den Englischunterricht ermöglichen digitale Medien den Zugriff auf „tasks and materials that lend themselves to discovery and discussion of crucial cultural features and [...] authentic interaction“ (Heim/Ritter 2012, S. 178). Digitale Zeitungen, Online-Enzyklopädien und Blogs ermöglichen den einfachen Zugriff auf authentische digitale Informationen, Wissensbestände und Materialien, auch auf ganz unterschiedlich kulturelle Themen wie z. B. *traditions* oder *food* (vgl. u. a. König 2021, S. 141–151). Gerade jüngere Schülerinnen und Schüler können *Google Maps, Google Earth* und *Street View* zum entdeckenden Lernen nutzen. Virtuelle Klassenräume und Planspiele, E-Mails, Instant-Messaging-Dienste und soziale Netzwerke bieten die Möglichkeit, kollaborativ und grenzenübergreifend an gemeinsamen Projekten zu arbeiten und sich in mehrsprachigen Kommunikationssituationen auszuprobieren. Dabei stehen globale und zugleich alltägliche Themen wie *food waste, pollution, poverty* oder *racism* im Mittelpunkt.

7 Digitale Texte im Englischunterricht

7.1 Einführung in das Kapitel

EINLADUNG ZUM VORDENKEN

- Was, denken Sie, sind Merkmale digitaler Texte?
- Welche digitalen (nicht digitalisierte!) Texte nutzen Sie bereits in Ihrem Unterricht?
- Welche Herausforderungen ergeben sich durch die Arbeit mit digitalen Texten im Englischunterricht?

Emoticons, Memes und *GIFs* und zahlreiche andere Internetphänomene sind mittlerweile im Alltag von Jugendlichen fest verankert. Doch sie dienen nicht nur der Unterhaltung, sondern auch der Kommunikation. Damit erweitern sie auch unser tradiertes Verständnis von Text. Mit Text meinen wir nicht länger nur das auf Papier gedruckte und durch Bilder erweiterbare Wort, sondern eine Vielzahl unterschiedlicher Textarten auch in digitalen Umgebungen (erweiterter Textbegriff), in denen „written and alphabetical channels for conveying meaning are coupled with, or replaced by, visual, oral, audio, spatial or interactive patterns of meaning-making" (Lütge/Merse/Stannard 2021, S. 232). Text meint also nicht länger nur die Aneinanderreihung von schriftlichen Zeichen (enger Textbegriff), sondern alle „entities where a range of signs are purposefully arranged and woven together to convey meaning" (ebd., S. 233). Doch wodurch zeichnen sich digitale Texte (*born-digital texts*) genau aus?

EINLADUNG ZUM MITMACHEN

Denken Sie an einen digitalen Text Ihrer Wahl. Schreiben Sie anhand dieses Beispiels alle Merkmale digitaler Texte auf, die Ihnen einfallen.

Zunächst einmal bestehen digitale Texte aus einer Doppelkodierung, einem binären Quelltext und einer semiotisch-semantisch kodierten Textebene, die im Gegensatz zur ersten Ebene für Nutzende sichtbar ist (vgl. Frederking/Krommer 2019, S. 1). Für die Textrezeption und Textproduktion im Fremdsprachenunterricht relevant ist dabei vor allem die zweite Ebene. Klar ist, dass die Arbeit mit digitalen Texten einen teilweise sehr hohen Grad an digitaler Textkompetenz erfordert, also die Fähigkeit, „digitale Texte in ihrer multimodalen, symmedialen, hypermedialen, interaktiven und diskursiven Strukturiertheit rezipieren und in ihrer spezifischen Intentionaliät, Funktionalität und Rekursivität erfassen zu können“ (ebd., S. 2). Dabei geht es nicht nur darum, in der Lage zu sein, digitale Texte zu erfassen und zu verstehen, sondern auch erstellen zu können. Nur so lässt sich eine Partizipation an der vorherrschenden Kultur der Digitalität sicherstellen.

Digitale Texte können mündlich, schriftlich oder audiovisuell sein und werden in der Regel digital vermittelt. Dabei zeichnen sich digitale Texte, im Gegensatz zu analogen, geschriebenen Texten, durch eine Vielzahl von genuinen Merkmalen aus. Sie sind: multipel hypertextuell (*hypertextual*), multimodal (*multimodal*), nicht linear (*non-linear*), dynamisch (*dynamic*) und interaktiv (*interactive*).

Digitale Texte sind multipel mit einer Vielzahl von anderen Texten vernetzt und oft durch Links untrennbar miteinander verwoben (Hyertextualität). Des Weiteren zeichnen sich digitale Texte durch einen hohen Grad an Multimodalität aus, denn sie bestehen nicht nur aus geschriebenem Text, sondern aus einer Kombination von Bildern, Grafiken, Videos und anderen Repräsentationsformen, die mit dem geschriebenen Text interagieren. Ein lineares Lesen gestaltet sich bei digitalen Texten also mehr als schwierig, denn „there is no pre-determined starting point or order for reading, but the reader can choose where to begin and where to navigate the text“ (Lütge/Merse/Stannard 2021, S. 236). Einzelne Teile eines Textes werden also je nach Lesendem unterschiedlich zusammengefügt und dadurch Bedeutung ausgehandelt, aber auch nur dann, wenn der Lesende entscheidet, bei einem Text zu verweilen und nicht zu einem anderen Text zu springen. Nicht zuletzt sind digitale Texte nicht statisch, denn sie wandeln sich kontinuierlich in dem Sinne, dass Informationen verschwinden oder neue hinzukommen bzw. sich die Repräsentationsform von Informationen ändert. Stellen Sie sich vor, Sie geben Schülerinnen und Schülern die Hausaufgabe, zur nächsten Woche einen Eintrag bei *Wikipedia* zu lesen. Die Wahrscheinlichkeit ist hoch, dass Lernende unterschiedliche Einträge lesen, denn eventuell wurde der Eintrag inzwischen bearbeitet oder sogar ganz gelöscht, sodass ihre Schülerinnen und Schüler den Eintrag nicht mehr vorfinden. Nicht zuletzt erfordern digitale Texte ein neues Verständnis vom Leser, denn Form und Inhalt werden nicht mehr allein durch die Verfasser des Textes, sondern auch durch die Lesenden bestimmt, z. B. indem sie Inhalte ändern oder kommentieren. Lesen wird also von einem rezeptiv-passiven zu einem aktiv-produktiven Prozess.

Haß hebt hervor, dass „[w]enn Lehrende das Interesse ihrer Schüler wecken und Motivation im Fremdsprachenunterricht aufbauen wollen, so geht dies nur über für Lernende bedeutsame Inhalte" (2017, S. 28). Die Behandlung digitaler Texte, die ihrem Lese- und Kommunikationsverhalten entsprechen, bietet Schülerinnen und Schülern nicht nur lebensweltnahe und authentische Lernerfahrungen, sondern vor allem die Möglichkeit, diejenigen Strategien zu erwerben, die es ihnen erlauben „to navigate the modern multimodal and hypertextual media landscape where information is no longer just passively consumed but actively produced, altered, remixed, and disseminated instantly" (Ludwig/Sambanis/Hartisch 2023).

Vor diesem Hintergrund stellt dieses Kapitel ausgewählte digitale Textsorten vor und zeigt Wege auf, diese lernendenzentriert in den Englischunterricht zu integrieren.

7.2 *Digital Game-based Learning*

Digitale Spiele sind integrativer Bestandteil der gegenwärtigen Kinder- und Jugendkultur. So gaben im Rahmen der JIM-Studie 2021 72 % der befragten Jugendlichen an, regelmäßig Videospiele, also Computer-, Konsolen-, Tablet- und Smartphonespiele, zu spielen, wobei das Smartphone am häufigsten zum Spielen genutzt wird (mpfs 2021, S. 71). Eines der derzeit am beliebtesten digitalen Spiele unter deutschen Jugendlichen ist das Open-World-Spiel *Minecraft*.

Auch im Fremdsprachenunterricht hat die Idee des Spiels als Methode eine lange Tradition. Spielerische Ansätze gibt es schon lange und auch die Idee des Einsatzes von Lernspielen gibt es bereits seit einiger Zeit (Klippel 1980). In neuerer Zeit sind mit der zunehmenden Verfügbarkeit von digitalen Tools ganz unterschiedliche Möglichkeiten hinzugekommen, bekannte Spiele wie Scrabble, Memory oder Bingo digital zu erstellen und zu spielen und auch neue Formen des Spiels auszuprobieren (vgl. u. a. Bündgens-Kosten 2021, S. 166–175, zum Potenzial von *digital breakout games*, die darauf basieren, dass Lernende innerhalb einer vorgegebenen Zeit z. B. ein Rätsel lösen und einen Ausweg finden). Nicht zuletzt bietet eine täglich wachsende Zahl von Lern-Apps und Lernprogrammen edukative, aber vor allem interaktive und unterhaltende Formen des Lernens und Wiederholens. Spätestens seit den 2000er-Jahren ist auch das spielebasierte Lernen (*Game-based Learning*) recht weit verbreitet, wobei nicht selten das Wort *digital* hinzugefügt wird, um zu unterstreichen, dass vornehmlich digitale Spiele im Vordergrund stehen (*Digital Game-based Learning, DGBL*) (vgl. u. a. Prensky 2007). Obwohl recht gut erforscht, ist *Game-based Learning* immer noch ein recht schwammiger

Begriff, der mitunter die Einbindung digitaler Spiele in den Unterricht, die Reflexion digitaler Spielerfahrungen im Klassenzimmer, aber auch die Übertragung der Eigenschaften digitaler Spiele auf Bildungskontexte (*Gamification*) meint. Adventurespiele, Simulationen, Rollenspiele, augmentierte und virtuelle Welten und viele mehr, so die Grundidee, bringen nicht nur Spaß, sondern fördern auch für den Englischunterricht wünschenswerte Handlungen wie aktives, konstruktives, selbstgesteuertes, emotionales und situiertes Lernen (Le/Weber/Ebner 2013, S. 270). Die Frage, ob und wie sich digitale Spiele und die mit ihnen verbundenen impliziten Lernprozesse für die Vermittlung von Wissen und Fertigkeiten nutzen lassen, ist dabei jedoch nicht abschließend geklärt (ebd.).

MOGs (*Multiplayer Online Games*), auch *MMOs* oder *MMOGs* (*Massive Multiplayer Online Games*), also Spiele mit vielen Teilnehmenden, bieten Spielenden eine 2D- bzw. 3D-Spieleumgebung, in der sie mit der virtuellen Umgebung, also *PCs* (*Playable Characters*) und *NPCs* (*Non-Playable Characters*), interagieren. Teil der Spielerfahrung ist auch die Interaktion mit anderen Spielenden über synchrone und asynchrone Chats sowie externe Plattformen. Ziel ist es, einen Auftrag (quest) abzuschließen, der so konstruiert ist, dass Spielende mit anderen kommunizieren, z. B. um Rohstoffe oder zusätzliche Leben zu bekommen, einen Schatz zu finden oder zum nächsten Level zu gelangen.

Jones und Schmidt (2020, S. 2–6) fassen die Vorteile digitaler Spiele für den Fremdsprachenunterricht unter den fünf Schlagworten *systems learning*, *genre learning*, *multimodal learning*, *language learning* und *cultural learning* zusammen. Digitale Spiele bieten also die Möglichkeit, medien- und genrebezogene Fertigkeiten zu erwerben und authentische sowie multimodale Formen des Erzählens und Kommunizierens zu erleben. So erfolgt die *in-game*-Kommunikation zumindest in Independent-Spielen und *MMOGs* trotz der zunehmenden Etablierung sprachen spezifischer Domains (Peterson 2012) oft immer noch in Englisch und auch in der *out-of-game*-Kommunikation z. B. in Fan-Foren und (*YouTube*-)Gaming-Kanälen ist und bleibt Englisch die Lingua franca. Doch auch was das Kennenlernen anderer Kulturen, Wertesysteme und Weltanschauungen angeht, haben digitale Spiele einiges zu bieten, denn zumindest *serious games* sind nicht nur selbst kulturelle Artefakte, sondern auch kulturelle Handlungsfelder, innerhalb derer *gamer* existierende Welten erforschen und neue Welten bauen, interkulturelle Konflikte erleben und sich mit globalen Themen auseinandersetzen (vgl. Abb. 28). So schlägt Blume den Einsatz des Spiels *City of Immigrants* vor (in neuer Version mit *text-to-speech support* und zahlreichen anderen neuen Features 2021 erschienen), bei dem Spielende als Lena, eine jüdische Einwanderin in der New York Lower East Side des 20. Jahrhunderts versuchen, genügend Geld zusammenzubekommen, um auch ihre Eltern in die USA holen zu können (vgl. z. B. Blume 2020, S. 40–48). Blume und Hübner (2022, S. 154–165) empfehlen das *serious game For Crown or Colony,* in dem Schülerinnen und Schüler – eigentlich Lernende der Mittelstufe in den USA – unterschiedliche Episoden der US-amerikanischen Geschichte erkunden.

- *Serious games:* Spiele, die nicht primär der Unterhaltung dienen, sondern dem Spiel inhärente (Lern-)Ziele haben bzw. speziell für Lernzwecke entwickelt wurden
- *Casual games:* einfache Spiele, die leicht zugänglich sind und primär der Unterhaltung dienen (z. B. Smartphone-Spiele)

Key area	Learners can ...	Digital games allow learners to ...
Language	encounter, explore, and practice, real and authentic language	... read, listen to, or see English in-context, e.g. through words or commands used in the game.
Communication	engage in new ways of communicating and meaning-making	... communicate with other gamers through multiple channels, e.g. through spoken and written and often multimodal language.
Culture	access and experience Anglophone cultures	... play with different identities, enter different worlds, encounter global challenges, and interact with people from other cultures.
Texts	work with new text formats	... experience a new form of text, both actively and passivly engage with multimodal text components.

Tab. 29: Das Lernpotenzial digitaler Spiele für den Englischunterricht

Doch wie lassen sich digitale Spiele und digitale Spielerfahrungen konkret in den Englischunterricht einbinden? Klar ist: Es geht um mehr als reine Edutainment-Erfahrungen (vgl. Tab. 30).

	Schülerinnen und Schüler ...
Computerspiele spielen	spielen gemeinsam und durch passende Lernaufgaben begleitet ein gemeinsames oder mehrere Computerspiele. Der Inhalt des Spiels bzw. der Spiele wird analysiert, die *story architecture* erforscht (Becker/Matz 2022) und die Spielerfahrung reflektiert. Auch der Spracherwerb, z. B. des Wortschatzes, wird dabei berücksichtigt (Kreutzner 2020).
Literatur und *digital games*	arbeiten mit literarischen/filmischen Adaptionen von (narrativen) Computerspielen oder beschäftigen sich mit der Verarbeitung von Literatur in digitalen Spielen (vgl. zum Einsatz dystopischer Games im Englischunterricht z. B. Wehrmann/Knak 2022).
Berichte über und Reflexion von Spielerfahrungen (*game literacy*)	berichten von ihren Spielerfahrungen bzw. reflektieren diese kritisch, z. B. indem sie ein Spiel im Rahmen einer Präsentation vorstellen oder ein *game diary* führen (vgl. Jones/Schmidt 2020, S. 2–6 zur Entwicklung von *game literacy*).
Gefahren ansprechen	diskutieren die Merkmale von Computerspielsucht und lernen die unterschiedlichen Gefahren digitaler Spiele wie *gaming* und *hate speech* kennen.
Thematisierung von global issues in digitalen Spielen und der game world	besprechen globale Themen, die in digitalen Spielen vorkommen (z. B. Rassismus in Spielen und der gamer community, stereotype Rollenbilder oder die stereotype Darstellung von psychischen Krankheiten).
Arbeit mit verwandten Textsorten	arbeiten mit Texten, die in der Spielewelt Relevanz haben. So können sie z. B. ein (*online*) *game review* lesen und eigene Kommentare zusammenstellen (Jones 2020, S. 17–22), einen Beitrag für ein Computerspielmagazin verfassen oder eine Beschreibung eines Spiels für eine Werbekampagne schreiben. Besonders hierfür eigenen sich sog. *Let's plays*, also Videos, die Menschen dabei zeigen, wie sie ein Computerspiel spielen. *Let's plays* gerade auf Videoplattformen bieten unterschiedliche Arten der Interaktion wie *votes, comments, questions to the player* und viele mehr (vgl. Reinhardt 2023).

Tab. 30: Ideen zum Einsatz digitaler Spiele im Englischunterricht

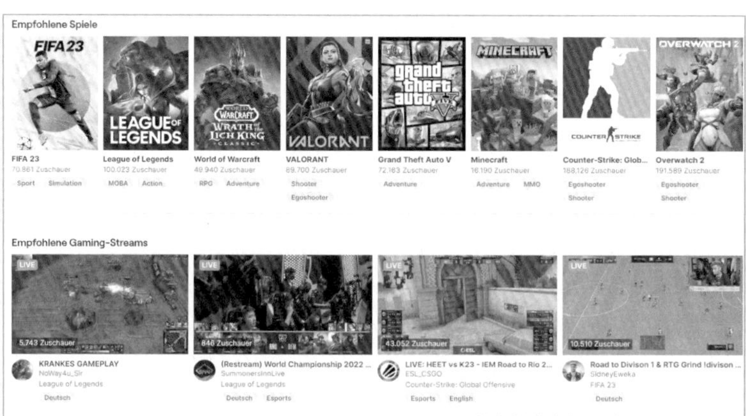

Abb. 28: Screenshot der Plattform *Twitch*, die Zuschauenden ermöglicht, Spielende live beim Spielen zu verfolgen

Trotz des enormen Potenzials von Videospielen sollten auch die Gefahren digitaler Spiele erstens immer mitgedacht und zweitens auch im Unterricht offen angesprochen werden. Denn nicht das Internet als solches führt zu einer Abhängigkeit, sondern Aktivitäten, denen man online nachgeht, und dazu gehören u. a. auch digitale Spiele. Gerade Online-Rollenspiele und *MMOs* weisen ein hohes Suchtpotenzial auf, denn hier werden Freundschaft und Selbstsicherheit erlebt – die oft im realen Leben fehlen. Des Weiteren werden im Spiel in der wirklichen Welt unerfüllte Bedürfnisse nach Belohnung und Erfolg sofort befriedigt, beispielsweise über das Erreichen einer höheren Punktzahl. Gerade Game-Apps auf dem Tablet oder dem Smartphone können schnell süchtig machen, denn das Spielende ist offen, die Dynamik der Gruppe stark und ein ständiger Zugriff leicht möglich.

Nicht zuletzt muss auch die Stereotypisierung psychischer Erkrankungen – trotz eines langsamen Umdenkens und einer zunehmend realistischen Darstellung (Fordham/Ball 2019) – gerade in Videospielen immer noch kritisch gesehen werden (Shapiro/Rotter 2016; Zehne 2023). Um Lernende für dieses Thema zu sensibilisieren, schlägt Zehne (2021) z. B. die Behandlung des Spiels *Hellblade: Senua's Sacrifice* (2017) vor, das die Psychosen einer keltischen Kriegerin offen thematisiert und damit Anknüpfungspunkte auch für den Englischunterricht bietet.

Computerspiele mögen nicht unbedingt unserer eigenen Lebenswelt entsprechen, doch im Alltag von Kindern und Jugendlichen spielen sie eine große Rolle, sodass sie durchaus das Potenzial besitzen, authentische Gesprächsanlässe im Englischunterricht zu schaffen. Dabei sollten aber auch technische Aspekte wie die Medienausstattung von Kindern und Jugendlichen sowie die Tatsache, dass nicht jede Familie finanziell in der Lage ist, ein Videospiel anzuschaffen, berücksichtigt werden.

Nicht unerwähnt bleiben sollte der Ansatz der *Gamification*, ein Begriff, der zwar bereits 2002 von Nick Pelling geprägt wurde, aber erst ab den 2010er-Jahren eine größere Aufmerksamkeit erlangte. *Gamification* meint die Anwendung spieltypischer Elemente in Kontexten jenseits des Spiels. Zu den bekanntesten *game mechanics* gehören z. B. *goal transparency, player control, individual goal setting* und *decision-making, collaborative problem solving, immediate* und *ongoing feedback, visualised progress sowie rewards.* Elemente, die wir teilweise auch aus dem Alltag kennen (Sie alle kennen: *Buy nine coffees, get your tenth free!*). Auf den Unterricht bezogen bedeutet das, dass Lernaufgaben, Materialien und ganze Lernumgebungen so designt werden, dass sie die außerschulischen Spielerfahrungen der Schülerinnen und Schüler aufgreifen und diese – wie sie es in Spielen oft ganz automatisch tun – motivierter und selbstgesteuerter lernen. Anders gesagt, Lernen und Kompetenzerwerb werden so personalisiert (in der *gaming world* als *Multiple Routes*

Principle bekannt), dass Schülerinnen und Schüler auf unterschiedlichen Wegen zum Ziel kommen und, um das Ziel zu erreichen, Verantwortung für ihr eigenes Lernen übernehmen (*agency*), Herausforderungen annehmen und Risiken eingehen (vgl. Gee/Price 2021, S. 36). Die Lehrkraft wird zum Designer, ihr obliegt es, Lernende, wie in digitalen Spielen auch, durch *on demand scaffolding* zu begleiten:

> „The future of language teaching might well be in designing materials and learning environments, creating opportunities for language learners to learn [...]. The teacher as an expert is definitely stepping back from the limelight in this scenario. This teacher includes fun and games as elements of language teaching and does not mind taking a back seat once the design stage has been completed." (Stickler 2022, S. 58)

Kurz: Informelle, meist positive Lernerfahrungen werden auf den Englischunterricht übertragen. Eine erste Richtschnur zur Implementierung von *gamification strategies* im Unterricht können James Gees „Principles of Good Video Games" sein, die gleichzeitig auch als Prinzipien guten und erfolgreichen Lernens zu verstehen sind, denn bei beiden steht die Frage im Vordergrund: „How do good game designers manage to get new players to learn long, complex, and difficult games?" (2005, S. 5). Ein Vergleich von Gees Prinzipien mit den in Kapitel 2 aufgeführten Leitlinien eines modernen Englischunterrichts unterstreicht die Gemeinsamkeiten.

> Eine vollständige Liste von Gees 36 Prinzipien kann auf dem Portal Edurate.wikidot.com eingesehen werden. Seit der Veröffentlichung von *What Video Games Have to Teach Us About Learning and Literacy* (2007) wurden die Prinzipien teilweise immer wieder neu organisiert, sodass unterschiedliche Übersichten zu finden sind. Eine kürzere, aber sehr gut verständliche und handhabbare Zusammenfassung findet sich z. B. auf der Seite *Legends of Learning*.

EINLADUNG ZUM MITMACHEN

Denken Sie an eine Unterrichtssequenz, eine Übung oder auch ein Arbeitsblatt. Suchen Sie sich drei *gamification strategies* aus und bauen Sie diese in Ihre Materialien ein.

7.3 *#Hashtags* in EFL

EINLADUNG ZUM MITDENKEN

- Nutzen Sie *Hashtags* in Ihrem Alltag?
- In welchen Kommunikationssituationen und zu welchem Zwecke nutzen Sie diese?

Vor einigen Jahren hätte wohl kaum jemand gedacht, dass das Doppelkreuz # einmal maßgeblich unsere Kommunikation beeinflussen würde. Dennoch hat es der *Hashtag*, eine Zusammensetzung aus den beiden englischen Wörtern *tag* und *hash* (dt.: Raute), innerhalb weniger Jahre in unseren Alltag geschafft und ist mittlerweile nicht nur auf *social media*, sondern auch in der gesprochenen und geschriebenen Sprache jenseits sozialer Netzwerke anzutreffen. *Hashtags* sind so weit verbreitet, dass Pegrum (o. D.) sogar von *Hashtag Literacy* spricht, also der Fähigkeit Informationen und Messages zu labeln und zu taggen (vgl. Kapitel 3.2).

Doch was genau ist ein *Hashtag*? Ein *Hashtag* entsteht, indem man das Raute-Symbol vor ein Wort, eine Aussage oder einen kurzen Satz setzt und dabei auf Leerzeichen verzichtet, z. B. *#BlackLivesMatter*. *Hashtags* können groß, aber auch klein geschrieben werden, ohne dass dabei die Recherchierbarkeit (*searchability*) des *Hashtags* beeinflusst wird, wobei Groß- und Kleinschreibung durchaus Einfluss auf die Lesbarkeit (*readability*) eines *Hashtags* haben (*#GoRed* und *#gored*). Sie können auch Zahlen und Emojis enthalten (*#Things2DoFridayNight*). *Hashtags* können also z. B. als

- Ein-Wort-Konstruktionen (*#peace, #fashion, #love*);
- Abkürzungen (*#TBT, Throwback Thursday, #OOTD, outfit of the day, #YOLO, you only live once*);
- kurze imperativische Sätze (*#savetheenvironment*);
- elliptische Aussagen (*#notmypresident*) oder
- Standort-*Hashtags* (*#athome*) erscheinen (vgl. Becker/Gießler 2023).

Ausgehend von Hausendorf (2009, S. 7) verstehen Becker und Gießler Hashtags als kleine Texte, die in unserem Alltag allgegenwärtig sind, aber oft als Texte im eigentlichen Sinne übersehen werden (ebd.). *Hashtags* übernehmen in der (digitalen) Kommunikation unterschiedliche Funktionen. Sie labeln, strukturieren und verknüpfen Aussagen miteinander, kommentieren und kategorisieren, machen aufmerksam. Dabei können *Hashtags* auch *„minimal storylines"* wie *#freebritney* konstruieren, der einen Prozess „from a current state of oppression to a future state of liberation" markiert (ebd.).

#s können in drei unterschiedlichen Positionen in einem Post angetroffen werden: am Anfang, in der Mitte oder am Ende, wobei der # je nach Position unterschiedliche Funktionen übernimmt.

- Affix: Markierung eines neuen Themas;
- Infix: Betonung bestimmter Wörter oder Aussagen, Versehen von Textteilen mit bestimmten Stichworten;
- Suffix: Markierung des Themas, das in dem Post angesprochen wird.

EINLADUNG ZUM MITDENKEN

Wie könnten Sie Hashtags im Englischunterricht einsetzen?

Hashtags mögen auf den ersten Blick nicht sonderlich interessant für den Fremdsprachenunterricht sein. Dennoch sind sie weit mehr als eine reine Verschlagwortung der Sprache. Sie sind vor allem das Vehikel einer neuen Form der Kommunikation, die den kommunikativen Alltag heutiger Jugendlicher widerspiegelt. Sie nutzen *#s* nicht einfach nur, um weniger zu schreiben, sondern auch und vor allem als Vehikel zum Selbstausdruck (*#followme, #selfie*), um Forderungen und Wünsche ausdrücken (*#wantsleep, #wantcoffee*), um soziale Bewegungen zu allen möglichen Themen ins Leben zu rufen und zu unterstützen, wie weltweit bekannte *Hashtags* wie *#MeToo* oder *#IceBucketChallenge* zeigen. Dabei unterliegen *#s* genau wie andere Texte in sozialen Medien auch einem oft schnellen Bedeutungswandel (La Rocca 2020, S. 5).

Abb. 29: *Hashtags* im Alltag

#s können als *class messaging system*, zur Formulierung individueller Lernziele seitens der Lernenden oder zur Anregung von thematisch-spezifischen Diskussionen genutzt werden. Schülerinnen und Schüler können auch Fragen, Gedanken und Probleme in Form von *Hashtags* formulieren.

Doch was genau ist das sprachliche Lernpotenzial von *Hashtags* im Englischunterricht? *Hashtags* bieten authentisches Textmaterial sowie realweltliche Sprachverwendungssituationen und Anlässe zur authentischen Kommunikation in der Fremdsprache. Zunächst einmal offerieren *Hashtags* zahlreiche Möglichkeiten zur Spracharbeit im Englischunterricht, denn sie ermutigen Lernende, sprachliche Muster zu erkennen und aktiv zu verwenden (Abb. 29). So können z. B. im Bereich der Grammatik Imperative oder Ellipsen in *Hashtags* genauso thematisiert werden wie Kollokationen (*#stayhealthy, #stayawake*). Ebenso bieten *#s* Möglichkeiten, sprachlichen Ausdruck, Sarkasmus und Ironie zu besprechen (*#Stayhome, #Stayathome, #staythefuckhome*. Mehrsprachige *Hashtags* können zur Thematisierung realweltlicher Mehrsprachigkeit genutzt werden.

Des Weiteren regen *Hashtags* jugendliche Schülerinnen und Schüler dazu an, sich intensiver mit aktuellen Themen und globalen Diskursen zu Themen wie Rassismus (*#BlackLivesMatter, #OscarsSoWhite, #TakeAKnee*), globalen Migrationsbewegungen (*#refugeeswelcome*) und Genderdiskriminierung (*#HeforShe*) auseinanderzusetzen, indem sie diese verfolgen, auf sie reagieren, an ihnen teilnehmen und aktiv gestalten. Dabei haben Lernende auch die Möglichkeit, unterschiedliche Kulturen kennenzulernen und sich mit kultur- bzw. länderspezifischen Themen und Problemen (*#trendingtopics*) zu beschäftigen. Ein Beispiel hierfür ist z. B. der *Hashtag #BringBackOurGirls*, unter dem viele Menschen, darunter auch zahlreiche Prominente, Unterstützung mit den 2014 in Nigeria von Boko Haram entführten Mädchen gezeigt haben.

Nicht zuletzt sind auch übergeordnete (digitale) Kompetenzen wichtig, also z. B. das Wissen darum, wie man *Hashtags* bildet, findet und nutzt. Hierbei stehen u. a. folgende Fragen im Mittelpunkt:

- How do I find trendy hashtags?
- How many hashtags should I use?
- How can I hide hashtags?

Vor allem die sinnvolle Bildung von *Hashtags* kann für Schülerinnen und Schüler relevant sein:

- How many words should I string together?
- How can I make my hashtag specific?
- How can I make my hashtag relevant?

Nicht zuletzt bieten *Hashtags* auch für Lehrende unterschiedliche Optionen, denn sie bieten Zugang zu Diskussionen auf sozialen Netzwerken im Sinne eines virtuellen Lehrerzimmers (*#EFL, #TESOL* oder *#ELT*), also Zugang zu aktuellen Diskussionen und Materialien rund um die Englischdidaktik, aber auch Hinweise auf Veranstaltungen und Fortbildungen.

Pre-task:	Ziel der Unterrichtseinheit ist, dass Lernende Hashtags zu einem aktuellen, globalen Thema analysieren, in Partnerarbeit auch eigene *Hashtags* erstellen und dadurch auch ihr eigenes *Hashtag*-Verhalten kritisch reflektieren. Die Lehrkraft zeigt Lernenden ein bekanntes *Hashtag*, wie z. B. *#stayhealthy*. Davon ausgehend bespricht sie mit Lernenden, was *#s* sind, welche Funktionen sie haben und in welchen digitalen Umgebungen und Situationen sie genutzt werden. So kann z. B. darauf hingewiesen werden, dass *Hashtags* unter *social media posts* dazu dienen, auf den Post aufmerksam zu machen. Nun fragt die Lehrkraft die Schülerinnen und Schüler, ob und, wenn ja, welche *#s* zu Gender sie kennen.
While-task:	Die Lernenden bekommen nun die Aufgabe, in Partnerarbeit *#s* zum Thema Gender zu finden (bekannte *Hashtags* sind z. B. *#EqualPay*, *#TimesUp*, *#HeForShe*, *#NoCeiling* oder *#transvisibility*). Die Lernenden entscheiden sich für einen *Hashtag* und recherchieren dann z. B. den Ursprung oder die Ziele des *Hashtags*. Die Ergebnisse werden z. B. auf einem *Padlet* geteilt oder in der Lerngruppe vorgestellt. Dabei wird auch darauf eingegangen, welche Kriterien ein guter *Hashtag* erfüllen muss.
Post-task:	Die Lernenden entscheiden sich für ein *gender-related topic* und entwerfen ihren eigenen *Hashtag* bzw. ihre eigene *Hashtag*-Kampagne. Dabei sollten sie die Kriterien eines guten *Hashtags* beachten.

Tab. 31: Unterrichtseinheit zum Thema *Hashtags*

#payattentionto

What makes a good #?

- Make your hashtag easy to find and compelling and eye-catching.
- Make sure your hashtag is not already in use (hashtagify.me).
- Make sure it can not be embarrassing.
- Make sure your spelling is correct.

7.4 Memes and GIFs

EINLADUNG ZUM VORDENKEN

- Nutzen Sie *Memes* in Ihrem Alltag? Falls ja, zu welchen Zwecken nutzen Sie diese?
- Wie könnten Sie Memes auch in Ihrem Englischunterricht einsetzen?

Memes sind seit den 2000er-Jahren integraler Bestandteil der modernen Internetkultur (für eine kritische Betrachtung vgl. u.a. Danesi 2019, S. 1–81). Auch wenn der Begriff *Meme* erst in den letzten Jahren stark an Bekanntheit gewonnen hat, sind *Memes* keineswegs eine Erscheinung der modernen *social media culture*. Bereits 1976 nutzte der Evolutionsbiologe Richard Dawkins den Begriff *Meme*, um auf bestimmte Verhaltensmuster, Ideen oder Überzeugungen hinzuweisen. Heute werden *Memes* jedoch weitestgehend als Bilder verstanden, die mit einem kurzen Text bzw. Untertitel versehen werden. So definiert Shifman Memes als „group of digital items sharing common characteristics of content, form and/or stance, which were created with awareness of each other, and were circulated, imitated, and/or transformed via the internet by many users" (2013, S. 41).

Auch heute erinnern die kreativen Inhalte immer noch sehr stark an die frühen *Memes* mit *dancing babies* und *LOLcats*, die auch heute noch als Retro-*Memes* gerne geteilt werden. Dabei folgen *Memes* in ihrer Gestaltung einem relativ festen Muster (Prescher/Thees 2015):

- Verwendung von einfachen, meist serifenlosen Schriftarten;
- Nutzung einfacher und nicht zu komplexer Bilder;
- Hervorhebung der Textelemente, z.B. durch Farben oder Fettdruck, um die Lesbarkeit zu fördern;
- Zweiteilung des Textes in einen oberen und unteren Abschnitt (Überschrift und Untertitel), wobei der erste Teil des Textes eine Erwartungshaltung beim Konsumenten hervorruft, die im zweiten Teil nicht erfüllt wird (Inkongruenz);
- das Bild nimmt, auch wenn es unterschiedliche Funktionen hat, meist eine unterstützende Funktion ein (Visualisierung des Textinhaltes).

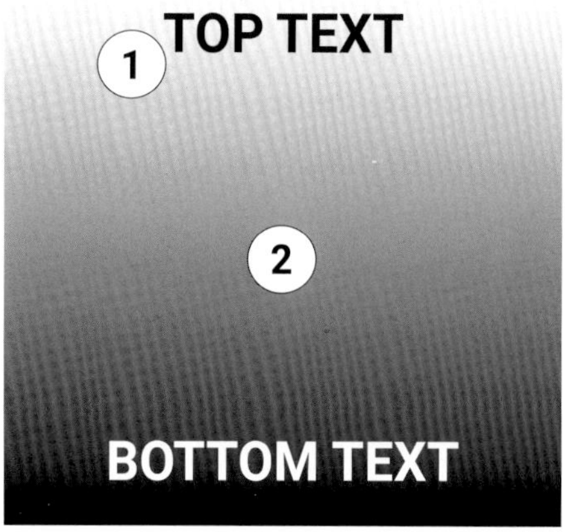

Abb. 30: Prototypischer Aufbau eines *Memes* (Bini/Robutti 2019, S. 2790)

Ein wichtiges Charakteristikum von *Memes* ist, dass sie ein *participatory artefact* sind, also ein Teil der modernen Populärkultur. Sie sind offen, kollaborativ und frei adaptierbar (Aitwani 2017). Die *Meme*-Forschung konzentriert sich auf unterschiedliche Aspekte der Entstehung, Nutzung und Verbreitung von *Memes*, wie z. B. ihre soziale und kulturelle Bedeutung (vgl. u. a. Denisova 2020), ihr Potenzial zur politischen Beteiligung (Ross/Rivers 2017, S. 1–11), ihren identitätsstiftenden (Gal/Shifman/Kampf 2015, S. 1698–1714) sowie intertextuellen Charakter (Laineste/Voolaid 2017, S. 26–49).

Eng verwandt mit *Memes* sind sogenannte *GIFs* (*Graphics Interchange Formats*), die im Gegensatz zu *Memes* nicht statisch, sondern animiert sind, und zum Erzählen von Witzen, aber vor allem zum Ausdruck von Emotionen verwendet werden. Zwar können sowohl *Memes* als auch *GIFs* schnell viral gehen, also manchmal Millionen von Menschen auf einmal erreichen, jedoch sind sie meistens auch recht kurzlebig, d. h., sie verschwinden entweder sehr schnell wieder oder aber erfahren einen Bedeutungswandel, z. B. indem sie rekontextualisiert oder leicht verändert werden.

Mit Seiten wie *Imgflip.com*, *makeameme.org* und *giphy.com* kann nicht nur auf einen großen Fundus an bestehenden *Memes* und *GIFs* zugegriffen werden, auch eigene Kreationen können dort ganz einfach direkt online erstellt werden. Für Smartphones eignen sich dafür kostenlose Apps wie z. B. *Meme Generator Free*. Eine Website für die individuelle Erstellung von Memes ist *https://imgflip.com/memegenerator*. Die Internetseiten *https://knowyourme me.com* und *Memebase.com* bieten Listen verbreiteter *Memes* und Informationen zu deren Ursprung und Bedeutung.

Auch für den Fremdsprachenunterricht Englisch sind *Memes* und *GIFs* durchaus spannend, denn sie sind Ausdruck der modernen Internet- und Social-Media-Kultur, in der Jugendliche sich produktiv und kreativ an lokalen und globalen Prozessen der multimodalen Bedeutungsaushandlung beteiligen. So bieten sie als authentisches Material nicht nur (de)kontextualisierte Wörter, sondern können vor allem zu einer zeitgemäßen und kritischen *multimodal literacy education* (Eisenmann/Summer 2020, S. 53–73) beitragen, die unterschiedliche Arten der Bedeutungsaushandlung (*meaning-making*) jugendlicher Lernender aufgreift. Harvey und Palese (2018) sprechen in ihrem Beitrag *#NeverthelessMemesPersisted: Building Critical Memetic Literacy in the Classroom* sogar von dem Aufbau einer kritischen *Meme*-Literarität, verstanden als die Fähigkeit, *Memes* als Orte kultureller, politischer und sozialer Bedeutungsaushandlung zu verstehen, sie kritisch zu rezipieren und produzieren.

Memes lassen sich auf vielfältige Weise in den Englischunterricht einbinden, wobei sowohl auf bestehende *Memes* zurückgegriffen werden kann, Schülerinnen und Schüler aber auch angeregt werden sollten, eigene *Memes* zu erstellen. Dabei erfordert sowohl das Lesen, aber auch Erstellen eigener *Memes* und *GIFs* das tiefere Verständnis eines Themas, denn es gilt, sowohl die semantische als auch die symbolische Ebene zu dekodieren und diese miteinander in Bezug zu setzen.

Die folgende Übersicht bietet einen Überblick über die Nutzungsmöglichkeiten von *Memes* anhand der 4 Phasen des Unterrichts (Tab. 32).

Phase	Unterrichtsanregungen
Einführung/ Eröffnung	• Wiederholung der Inhalte der letzten Stunde • Präsentation eines neuen Themas
Arbeitsphase/ Anwendung	• Zurückverfolgen von *Memes* zu ihrem Ursprung • Verfassen einer kurzen *Meme*-Geschichte • Illustrieren von Wortbedeutungen, Darstellung von Wörtern im Kontext • Darstellung grammatikalischer Regeln • Zusammenfassung fiktionaler und Sachtexte • Spiele wie „What do you meme?" • Regeln für Gruppenarbeiten als *Memes* darstellen
Präsentation	• Präsentation der Ergebnisse einer Partner- oder Gruppenarbeit • Zusammenfassen des Stundeninhaltes durch die Lehrkraft
Reflexion/ Feedback	• kurzes Feedback zu Unterrichtsaktivitäten in Form eines *Memes* • Reflexion rechtlicher, ethischer und moralischer Aspekte, z. B. das Recht am eigenen Bild (Darf ich *Memes* mit Bildern von echten Personen einfach erstellen, online stellen oder weiterleiten?)

Tab. 32: Vorschläge für die Nutzung von *Memes* im Englischunterricht

Neben der sprachpraktischen Arbeit bieten *Memes* und *GIFs* auch unterschiedliche Möglichkeiten zum globalen Lernen sowie zur Auseinandersetzung mit sozialen und politischen Themen. Hinsichtlich inter- und transkultureller Lernprozesse liegt der Vorteil von *Memes* vor allem darin, dass sie innerhalb ihres lokalen kulturellen und zeitlichen Kontextes gelesen werden müssen, sodass *Memes* nicht immer *prima facie* verstanden werden können. So können

> „Memes in verschiedenen Kulturen unterschiedlich funktionieren. Alleine durch sprachliche Barrieren kann die thematisierte Zweideutigkeit und der Witz der einen Kultur nicht ohne Weiteres in einer anderen Kultur verstanden werden. Nicht nur dadurch entsteht das Verständnisproblem, sondern auch die kulturellen Stereotype, die in zahlreichen Memes verwendet werden, führen zur Kritik an dem Phänomen."
>
> (https://blogs.urz.uni-halle.de/memekultur/interkulturelle-kompetenz/, Zugriff: 18.07.2022)

Memes und *GIFs* eignen sich also dafür, Schülerinnen und Schüler dazu anzuregen, mehr über aktuelle kulturelle Themen zu lernen, sich eigener kultureller Gewohnheiten und Muster bewusst zu werden und sich über unterschiedliche kulturelle Deutungen von *Memes* auszutauschen (vor allem *Memes* in einer fremden Sprache können hier sinnvoll eingesetzt werden).

Fraglich ist, ob *Memes* zu einer Entwicklung der politischen Diskursfähigkeit der Lernenden beitragen können, sie also durch *Memes,* wenn auch auf eine humorvolle Art und Weise, zur politischen Auseinandersetzung angeregt werden oder dadurch eine Teilhabe im realen politischen Leben eher untergraben wird. Trotz dieser Unsicherheiten ermöglichen *Memes* einen niederschwelligen Einstieg in gesellschaftspolitische Diskurse, auch wenn diese oft zynisch sind. Dabei gilt es auch, Vorsicht hinsichtlich möglicher Fake News in *political memes* walten zu lassen, wobei die Absurdität von Fake News oft auch in neuen *Memes* persifliert werden.

Uneinigkeit besteht ebenfalls darüber, ob *Memes* nicht nur als Text, sondern sogar als literarischer Text gesehen werden können. Dennoch gibt es durchaus Stimmen, die *Memes,* nicht zuletzt wegen ihrer Beschäftigung mit universellen Themen, als *unintentional literature* sehen, also „works where the author's primary intent is the creation of an internet meme, rather than the creation of a poem or other literary text; the literariness of the text does not factor in its conception" (Drayton 2018, o. S.). Klar ist jedoch, dass *Memes* durchaus zum Erzählen kurzer Geschichten genutzt werden können.

8 *Algorithms: friend or foe?*

8.1 Einführung in das Kapitel

In ihrer ergänzenden Empfehlung zur Bildung in der digitalen Welt von 2021 geht die KMK explizit auf die zunehmende Wichtigkeit von Algorithmen auch in der Lehrkräftebildung ein. So sollen Lehrerinnen und Lehrer in der Lage sein, die potenzielle Rolle von Algorithmen in pädagogischen und didaktischen Entscheidungen abzuwägen und Fähigkeiten zu erwerben, die es ihnen ermöglichen, „algorithmische Strukturen in genutzten digitalen Medien und Werkzeugen zu erkennen“ (2021, S. 5, 24) – Wissen, das sie auch an ihre Schülerinnen und Schüler weitergeben sollen.

Algorithmen, der Namensgeber ist der Mathematiker Al-Chwarismi, sind mittlerweile überall. Die ursprüngliche Motivation für die Entwicklung und verstärkte Nutzung von Algorithmen war, dass Usern nur eine kleine Anzahl von Posts angezeigt werden sollte. Ob Navigationssysteme oder Suchmaschinen – programmierte Algorithmen sind mittlerweile überall in unserem Alltag. Allgemein gesprochen ist ein Algorithmus nichts anderes als eine Reihe von Handlungsanweisungen, die ausgeführt werden, um z. B. eine Aufgabe oder ein Problem zu lösen. Neben der Hilfe im Alltag sind Algorithmen aber auch ein wichtiger Bestandteil von *Big Data* und *Data Mining*, riesige Datenmengen werden ausgewertet und nach Zusammenhängen durchsucht. Algorithmen beeinflussen unser Nutzungsverhalten. So werden soziale Gesten (*social gestures*) wie *liking sth, commenting on sth, following a profile oder reposting a post* auf sozialen Plattformen in zukünftige Post- und User-Vorschläge miteinbezogen (Bozdag 2013, S. 218).

Die Gefahren, die von Algorithmen ausgehen, zeigen, dass es vor allem in unterrichtlichen Kontexten nicht damit getan ist, sich auf oberflächliche Textmerkmale wie deren Multimodalität oder Hypertextualität zu beschränken, sondern auch weniger sichtbare Aspekte digitaler Kommunikation in den Blick genommen werden sollten. Das Bewusstsein heutiger Schülerinnen und Schüler für die zunehmende Macht und den wachsenden Einfluss von Algorithmen muss gestärkt werden, denn eine immer größere Zahl von Entscheidungen wird nicht mehr von Menschen, sondern von Algorithmen getroffen. Dabei entscheiden Algorithmen auch zunehmend darüber, welche Informationen bzw. Meinungen zu einem Thema wir bekommen. Dabei geht unser Verständnis davon, was Algorithmen sind, wie sie funktionieren und welche Rollen sie im Alltag einnehmen, stark auseinander. So gaben z. B. im Rahmen einer von der Bertelsmann Stiftung 2018 beauftragten Studie nur 8 % der Befragten an, dass sie viel über Algorithmen wissen, dagegen aber 33 %, dass sie zwar von Algorithmen gehört haben, aber nicht wissen, was sie sind, und erschreckende 44 % gaben an, nur ein bisschen über sie zu wissen. 15 % hatten sogar nie von *algorithms* gehört. In eine ähnliche Richtung zeigen auch die Ergebnisse der Arbeit von Jones, die zeigt, dass zahlreiche *folktales* (Jones nutzt den Begriff der *metaphor*) über Algorithmen existieren: Algorithmen als *agent, authority, adversary, communicative resource, audience* und *oracle* (Jones 2021). Höchste Zeit, die Funktionsweisen von Algorithmen auch im Englischunterricht kritisch zu thematisieren.

Im Folgenden werden ausgewählte Bereiche vorgestellt, in denen man sich kritisch mit Algorithmen auseinandersetzen sollte, denn Algorithmen beeinflussen uns nicht nur, sondern sind oft wenig transparent und können sogar diskriminieren.

8.2 Fake News

Propaganda und auch Falschnachrichten hat es schon immer gegeben. Der Begriff der Zeitungsente für irrtümliche oder falsche Nachrichten in Zeitungen wird auch heute noch gelegentlich gebraucht. Doch die US-amerikanischen Präsidentschaftswahlen 2020, die Coronapandemie und zuletzt der russische Angriffskrieg gegen die Ukraine haben gezeigt, dass wir eine neue und gefährliche Dimension der Desinformation erreicht haben. So fördern soziale Medien zwar einerseits den freien Zugang zu Informationen und gesellschaftlicher sowie politischer Teilhabe, tragen andererseits aber auch zu der Verbreitung von Falschinformationen, Verschwörungsmythen und der Diffamierung von Fakten bei. Fehlinformationen, Desinformationen und Malinformationen verschmutzen inzwischen zunehmend und nicht nur in sozialen Netzwerken den Informationsraum weltweit (vgl. Turčilo/Obrenović 2020, S. 4). Für unwahre Nachrichten wird meist der Terminus Fake News verwendet, ein Sammelbegriff, ja ein Modewort, das jedoch in seinem inflationären Gebrauch nicht unproblematisch ist, da es „von verschiedenen politischen Akteuren als Kampfbegriff zur Delegitimierung etablierter Nachrichtenmedien eingesetzt wird“ (Möller/Hameleers/Ferreau 2020, S. 11). Die Diffamierung westlicher Berichterstattung über den Krieg in der Ukraine seitens russischer Politiker und Staatsmedien ist nur eines von vielen Beispielen dafür.

- Fehlinformationen/Misinformation: Falsche Informationen, die nicht absichtlich irreführend sind bzw. nicht mit der Absicht verbreitet werden, Schaden anzurichten.
- Desinformationen: Absichtliche Verbreitung falscher Informationen, mit der Absicht, wirtschaftlichen, gesellschaftlichen oder politischen Schaden anzurichten.
- Malinformationen: Verbreitung wahrer, aber geheimer Informationen, die nicht für die Öffentlichkeit bestimmt sind. (Wardle/Derakhshan 2017; Turčilo/Obrenović 2020, S. 5)

Inzwischen existieren zahlreiche Definitionen von Fake News. Nach Allcott und Gentzkow sind Fake News „news articles that are intentionally and verifiably false, and could mislead readers" (2017, S. 213). Bovet und Maske definieren Fake News als „fabricated information that disseminate deceptive content, or grossly distort actual news reports, shared on social media platforms" (2019, S. 1). Neben dem Begriff der Fake News haben auch eng verwandte Begriffe wie *alternative facts* (alternative Fakten) oder *post-truth* (post-faktisch) Einzug in die globale Medien- und Informationsgesellschaft gehalten. So bezieht sich das Adjektiv *post-truth*, das Wort des Jahres 2016 der Oxford Dictionaries, auf „circumstances in which people respond more to feelings and beliefs than to facts" (Oxford Learner's Dictionaries o. D.). Die postfaktische Gesellschaft zeichnet sich dadurch aus, so Turčilo und Obrenović, dass sie „auf der Informationsunordnung beruht – entweder auf Fake News (Fehl-, Des- und Malinformationen) oder alternativen Fakten (wahre oder teilweise wahre Informationen, die in einen bestimmten Kontext gestellt werden) –, auf die die Öffentlichkeit eher emotional als rational reagiert" (2020, S. 22).

- Fake news: falsche Nachrichten, meist im Internet
- Strategic narratives: falsche Geschichten
- Factitious informational blends: Halbwahrheiten
- False flag: falsche Herkunftsangabe
- Cloaked websites/users: falsche Identität eines Anbieters
- Tainted leaks: verschmutzte Leaks

Eine zentrale Rolle bei der Verbreitung von Fake News spielen sogenannte *social bots*, computergesteuerte Social Media Accounts, die Meldungen durch das Liken, Posten und Teilen von Posts verbreiten. Dadurch erreichen falsche Nachrichten eine größere Aufmerksamkeit und Themen erscheinen wichtiger, als sie in Wirklichkeit sind. Seit dem Sturm der Anhänger Donald Trumps auf das Kapitol und im Zuge der zahlreichen Falschnachrichten in der Coronapandemie ist das Bewusstsein für das gesellschaftszersetzende Potenzial von Fake News und die Bedrohung der Demokratie durch Falschnachrichten stärker in den Fokus der Öffentlichkeit gerückt. So glauben nach dem Roland Rechtsreport 2022, der auf bevölkerungsrepräsentative Befragungen des renommierten Instituts für Demoskopie Allensbach beruht, immerhin 53 % der Befragten, dass Fake News eine Bedrohung für unsere Demokratie darstellen (Roland Rechtsschutz/Institut für Demoskopie Allensbach 2022, S. 29). Zwar werden Anbieter unterschiedlicher Plattformen zunehmend stärker in die Pflicht genommen, gegen Fake News vorzugehen, doch dass die gegenwärtigen Maßnahmen ausreichen, darf zumindest bezweifelt werden. So erregte z. B. die Nachricht Aufsehen, dass der Musiker Neil Young seine Musik aus Protest gegen die Verbreitung von Falschnachrichten in auf *Spotify* erhältlichen Podcasts von der bekannten Musik-Streamingplattform entfernen ließ. Ebenso versuchen *Instagram* und zahlreiche andere Plattformen neuerdings, *misinforming posts* bzw. *messages* zu begrenzen bzw. zu labeln.

Informations- und Medienkompetenz sind die beiden Hauptstrategien, um postfaktischem Denken Einhalt zu bieten. Und so muss auch der Englischunterricht dazu beitragen, Kinder und Jugendliche zu befähigen, den Wahrheitsgehalt nicht nur von Text, sondern auch Bild- und Videoinhalten zu beurteilen und unterschiedliche Formen der Falschinformation als solche zu erkennen. Denn Jugendliche, die Social Media zunehmend als Hauptinformationsquelle nutzen, sind sich nicht nur durchaus darüber bewusst, dass dort Unwahrheiten verbreitet werden, sondern kommen regelmäßig mit ihnen in Kontakt. So gaben 58 % der 12- bis 19-jährigen befragten Jugendlichen an, bereits mit Hasskommentaren in Kontakt gekommen zu sein, 56 % mit extremen politischen Ansichten und immerhin 42 % mit Fake News (mpfs 2021, S. 61). Verschwörungstheorien und Fake News sind allein im Vergleich zur Befragung 2020 jeweils um 8 % gestiegen. Doch ebenfalls 42 % geben laut einer Forsa-Umfrage im Auftrag der Landesanstalt für Medien NRW an, dass sie hinsichtlich der Identifizierung von Fake News überfordert sind (2017, S. 6), und jeweils gut ein Drittel der Befragten interessiert sich nicht für das Thema bzw. versteht die Aufregung um das Thema nicht.

EINLADUNG ZUM MITMACHEN

Sind Sie schon einmal über Fake News gestolpert? Wie konnten Sie diese als Fake News identifizieren?

Doch nicht nur aus medienpädagogischer Sicht ist das Thema *Real or Fake?* ein relevantes Thema, sondern auch für den Englischunterricht, denn zur Faktenüberprüfung gehört auch, sich mit dem oft globalen Thema tiefergehend zu beschäftigen und dabei Inhalte, aber vor allem auch die eigenen Normen, Werte und ethischen Grundsätze kritisch zu reflektieren. Zusammengefasst sollen Schülerinnen und Schüler durch die Auseinandersetzung mit dem Thema Falschinformation lernen,

- was Fake News sind,
- wer von der Verbreitung von Fake News profitiert,
- wie diese identifiziert werden können und
- wie man ihnen entgegenwirken kann.

Praktische Aufgaben zur Thematisierung von und Sensibilisierung für Falschnachrichten sollten Lernenden die Möglichkeit geben, sich im Rahmen der 7 W-Fragen mit wahren, aber auch falschen Nachrichten auseinanderzusetzen und zu lernen, nicht wahre Nachrichten zu erkennen (Klammerkasten). Dazu bieten sich z. B. *simulation games* wie die Folgenden an:

- put learners in charge of a fake news publication;
- present learners with a mix of real and fake news and let them decide which are which;
- ask learners to create their own fake news (die Seite https://www.getbadnews.com/#intro bietet ein digitales Spiel zu Fake News sowie Material für den Bildungsbereich an, mit dem Fake-Chat-Generator lassen sich einfach reale bzw. falsche Dialoge/Nachrichten erstellen);
- combine fake news with the discussion of a global issue such as saving the environment.

Mittlerweile bieten die Landesbildungsserver und -medienanstalten sowie der deutsche Bildungsserver zahlreiche Hintergrundinformationen, Unterrichtsmaterialien und Projektideen an, die sich auch im Englischunterricht einsetzen lassen. Materialien finden sich z. B. ebenfalls auf der Seite der Bundeszentrale für politische Bildung und der Heinrich Böll Stiftung.

B

Strategien zur Beurteilung von Informationen und Erkennen von Fake News

Die 7 W-Fragen: Wer? Was? Wo? Wann? Warum? Woher? Wie geht es weiter? (vgl. Turčilo/Obrenović 2020, S. 43)

- Internetquellen kritisch prüfen. Ist der Text sachlich formuliert? Werden Informationen durch Quellen belegt? Gibt es ein Impressum/Kontaktdaten?
- Fakten, Daten, Statistiken, Zitate und Quellen nachprüfen.
- Rückwärtsbildersuche: Sind die Bilder aktuell, nicht aus ihrem Kontext gerissen bzw. wurden sie im Nachhinein verändert? Tools: https://tineye.com, umgekehrte Bildersuche bei *Google*
- Messenger-Nachrichten mithilfe des *AFP-Chatbots* prüfen.

Pre-task	Zeigen Sie Lernenden einen Auszug aus einem Gespräch mit einem chatbot vor (z. B. die Antwort auf eine Kundenanfrage). Fragen Sie die Schülerinnen und Schüler, ob sie wissen, welche Technologie dahintersteckt. Leiten Sie nun zu bad social über, z. B. indem sie die Lernenden fragen, ob sie schon einmal einem fake account auf social media begegnet sind. Geben Sie den Lernenden die Aufgabe, in Kleingruppen zu erarbeiten, mithilfe welcher Merkmale man fake/bad bots erkennen kann.
While-task	Lernende erstellen eine Liste von Merkmalen, mithilfe derer man falsche Accounts erkennen kann. In einem zweiten Schritt besprechen die Lernenden, wie dieses Phänomen die Wahrnehmung bzw. Meinung von echten Usern beeinflussen kann.
Post-task	Vorstellung und Vergleich der Ergebnisse

Tab. 33: Vorschläge für die Nutzung von Memes im Englischunterricht

Chatbots und *social bots* (abgeleitet vom engl. Wort *robot*) sind automatisierte Konversationssysteme. Ein *chatbot* verwendet Künstliche Intelligenz, um sich mit Menschen in möglichst natürlicher Sprache zu unterhalten. Sie machen den Computer menschlicher. *Chatbots* kommen zunehmend in unterschiedlichen Lebensbereichen, wie z. B. zur Automatisierung von Anfragen im Kundenservice, Online-Shops oder Support-Seiten, zum Einsatz. Ein für *chatbot* verwendetes Synonym ist **Konversationsagent**, wobei Konversationsagenten auch komplexere Aufgaben erfüllen können. *Chatbots* können ihnen also z. B. sagen, wie das Wetter am nächsten Tag wird, während ein **Konversationsagent** auch **feststellen** könnte, **dass Sie in Wirklichkeit wissen möchten, was Sie** am nächsten Tag **anziehen** sollen. So basieren z. B. bekannte Spracherkennungssoftwares wie *Siri* oder *Alexa* ebenfalls auf *chatbots*. *Bad (social) bots* agieren auf sozialen Netzwerken und werden auch *fake profiles* genannt. *Fake accounts* kann man z. B. an dem Fehlen eines Profilbildes oder der Verwendung eines Logos (Comicfigur), nicht menschlich klingenden Posts und Kommentaren, vielen Posts in einer kurzen Zeit bzw. Posts mitten in der Nacht oder der Tatsache, dass sie nur zu einem Thema posten, erkennen. Sie sind oft in sog. *bot networks* aktiv. *Bad Bots* können von Einzelpersonen und Troll-Fabriken aus verbreitet werden.

8.3 *Filter Bubbles* und *Echo Chambers*

Mis- und Desinformation weisen noch auf ein weiteres wichtiges Thema hin, das in diesem Buch nicht unerwähnt bleiben sollte: die Filterblasen und Echokammern, in denen wir uns zunehmend bewegen. Klar ist, digitale Anwendungen und besonders soziale Medien können einen integrativen Charakter haben, sie können Menschen zusammenbringen und Informationen in großem Umfang verbreiten. Doch können soziale Plattformen auch zu einer Fragmentierung der Gesellschaft beitragen, vor allem wenn widersprüchliche, konträre Meinungen in unseren *social media feeds* immer seltener auftauchen und nur noch dazu beitragen, dass wir in unseren bestehenden Meinungen und Ansichten zunehmend bestärkt und immer weniger kompromissfähig werden (Mahrt 2019). Um diesen Effekt zu beschreiben, gibt es mittlerweile zahlreiche Begriffe, wie „gated communities, sphericules, silos, echo chambers, cyber-Balkans, red media – blue media, or filter bubbles“ (Webster 2014, S. 19), wobei *filter bubble* und *echo chamber* die bei Weitem geläufigsten sind. Beschreiben tun alle diese Begriffe mehr oder weniger dasselbe, nämlich eine Situation, in der wir Informationen und Meinungen ausgesetzt sind, die weitestgehend unserem eigenen Wissens- und Informationsstand und unserer eigenen Meinung entsprechen. Dabei sollte, so betonen z. B. Schildhauer und Kemper, zwischen *filter bubble* und *echo chamber* unterschieden werden, denn während das Konzept der Filterblase von individuellen Usern ausgeht, nimmt die Idee der *echo chamber* eine „networked community perspective“ ein (2023). Trotz dieser einfach anmutenden Definition finden sich sowohl im Netz als auch in der Forschungsgemeinschaft ganz unterschiedliche Ansätze und Definitionen. So unterscheidet Bruns die beiden Konzepte folgendermaßen:

> „An echo chamber comes into being when a group of participants choose to preferentially connect with each other, to the exclusion of outsiders [...]. A filter bubble emerges when a group of participants, independent of the underlying connections with others, choose to preferentially communicate with each other, to the exclusion of outsiders.“
>
> (Bruns 2019, S. 29, zit. nach Schildhauer/Kemper 2023)

Klar ist, dass sowohl die Natur sozialer Medien als auch die individuellen Entscheidungen von Nutzerinnen und Nutzern dazu beitragen können, dass unser Zugriff auf Informationen sowie gegenteilige Meinungen begrenzt wird. Algorithmen bestimmen bis zu einem gewissen Grad, auf welche Informationen wir, zumindest ohne intensive Suche, Zugriff haben und beeinflussen auch, mit welchen Menschen und Gruppen wir auf sozialen Plattformen interagieren, z. B. durch Vorschläge für Freundschaften und Seiten. Dadurch laufen wir Gefahr, nur noch Meinungen hören, die unsere eigene Sichtweise bestätigen. Wir geraten zunehmend in eine Informationsblase, ein „unique universe of information for each of us [...] which fundamentally alters the way we encounter ideas and information“ (Pariser 2011, S. 11). Werden die Informationen, die wir enthalten, auch nur zu einem kleinen Teil von *bad bots* beeinflusst, geraten wir, oft unwiederbringlich, in ein Informationsuniversum (Fake News), das kaum noch der Realität entspricht.

Im Englischunterricht sollten die Konzepte Filterblase und Echokammer nicht nur auf theoretischer Ebene thematisiert, sondern auch auf praktischer Ebene erfahrbar gemacht werden und ultimativ zur Beantwortung der Frage führen, ob sie sich selbst z. B. in einer Filterblase befinden. Dazu kann z. B. eine Selbstbeobachtung mit *guiding questions* hilfreich sein:

- Pay special attention to your feed on one of your social media accounts. Do the news articles, videos, etc. reflect your interests/political views., etc.? Do you get contradictory opinions on certain topics? Based on your results, would you say that you are in a filter bubble or echo chamber?
- What can I do to gain access to more differentiated opinions on topics? Wich pages should I delete, which profiles should I unfollow, and which ones should I add to get more balanced views?

Auch aufgaben- und projektbasierte Ansätze können hilfreich sein, um Lernende dazu anzuregen, sich intensiver mit den genannten Phänomenen auseinanderzusetzen. So schlagen Schildhauer/Kemper (2023) z. B. vor, dass Lernende jeweils zwei neue, konträre Accounts starten (z. B. einen Account eines *Democrats* und einen Account eines *Republican*) und ihre Profile in die jeweilige politische Richtung pushen. Danach beobachten sie, welche Vorschläge z. B. für Freundschaftsanfragen und Nachrichten sie vorgeschlagen bekommen und wie sich ihr Profil entwickelt. Alternativ können Lernende z. B. ein Infoblatt zum Thema *Filterbubbles* erstellen.

8.4 *Clickbaits*

Clickbaits (dt.: Klickköder) dienen der Erhöhung des Traffic auf einer Seite. Durch die Verwendung bestimmter Schlagwörter wird eine *curiosity gap* beim User geschaffen, die dazu animiert, den Artikel anzuklicken.

Bestimmte Informationen, bei denen man davon ausgeht, dass sie für User interessant sind, werden hervorgehoben. Das Ziel ist, eine hohe Anzahl von Klicks zu erhalten, um so den Gewinn zu steigern. Vor allem reißerische und aus dem Kontext gerissene Überschriften, sog. *Clickbaits,* dienen dazu, den Verkehr (*traffic*) auf einer Seite zu erhöhen, um die Werbeeinnahmen zu steigern. Für den Englischunterricht bietet sich das Thematisieren von *clickbaity starting words* (*shocking, unbelievable*) und *phrases* (*You Can Now ..., You Won't Believe ..., See ...*) an, um Lernende für *Clickbaits* zu sensibilisieren.

EINLADUNG ZUM MITMACHEN

Beobachten Sie eine Woche ihr Klick-Verhalten bei Überschriften. Wie oft klicken Sie einen Artikel oder Post an und werden enttäuscht, weil der Inhalt nicht Ihren Erwartungen entspricht, nicht direkt mit der Überschrift zusammenhängt oder viel uninteressanter ist, als von der Überschrift versprochen?

9 Literatur im digitalen Zeitalter und digitale Literatur

9.1 Einführung in das Kapitel

EINLADUNG ZUM VORDENKEN

- Denken Sie an Ihr eigenes Leseverhalten. Lesen Sie Literatur eher auf Papier oder auf dem Screen?
- Welche Beispiele fallen Ihnen dafür ein, wie digitale Medien unser Verständnis von Literatur verändern?
- Welche Möglichkeiten bieten digitale Medien zum Umgang mit literarischen Texten im Englischunterricht?

Literarische Texte sind, trotz Kompetenz- und Output-Orientierung, weiterhin ein fester Bestandteil des Fremdsprachenunterrichts (vgl. u.a. Surkamp 2017). Doch auch vor der Literatur macht die voranschreitende Digitalisierung unserer Lebenswelt nicht halt: Wir alle kennen inzwischen Twitter-Lyrik, E-Mail-Romane und *cell phone novels*. Auf inhaltlicher Ebene können literarische Texte uns dazu anregen, über gesellschaftliche Veränderungen im Zuge des digitalen Wandels nachzudenken, *transitional media* wie eBook-Reader, aber zunehmend auch Tablets und Smartphones bieten neue Zugänge zu Printliteratur und digitale Werkzeuge ermöglichen neue Formen des Lernens mit literarischen Texten. Nicht zuletzt sorgt die digitale Welt auch für eine Erweiterung des literarischen Textrepertoires. Diese Art von Texten nennt man digitale Literatur, „purposefully and aesthetically designed with a reliance on the interactive and multimedia affordances of digital tools and spaces" (Lütge/Merse/Stannard 2021, S. 244). Dabei erweitert Literatur im digitalen Raum unser Verständnis von Literatur, denn sie ist multimodal, interaktiv und vernetzt und kann Schülerinnen und Schüler nicht nur dazu motivieren, sich an klassische Texte heranzutasten, sondern auch als neue Form literarischen Schaffens selbst im Unterricht behandelt werden. Lernende können sich über soziale Plattformen, Blogs und andere Kanäle mit Autorinnen und Autoren austauschen, mit anderen Lesenden kritisch über Literatur diskutieren und selbst als Autorinnen und Autoren tätig werden. Dabei findet digitales Geschichtenerzählen nicht mehr nur im Internet statt, denn mittlerweile „gehören zum Digital Storytelling auch digitale Schauräume, dreidimensionale Plakate, interaktive Angebote im Stadtraum sowie digitale Litfaßsäulen" (Adlmaier-Herbst

2018, o. S.). Das Erzählen von Geschichten im digitalen Raum hat viel Potenzial für den Englischunterricht, denn egal ob Kurzfilm, digitaler Comic, Fotoroman oder *media-conscious locative narratives* – mithilfe von Smartphones und Apps können individuelle Geschichten nicht nur multimedial und multimodal erzählt, sondern teils auch erlebbar gemacht werden.

Vor diesem Hintergrund zeigt Ihnen dieses Kapitel zunächst, wie literarische Texte zum Nachdenken über Digitalisierung anregen können. Daran anschließend geht es darum, wie digitale Medien dazu beitragen können, Literaturunterricht interaktiv und produktorientiert zu gestalten. Danach wird an ausgewählten Beispielen aufgezeigt, wie die Auseinandersetzung mit digitaler Literatur die literarischen (und digitalen!) Kompetenzen von Lernenden stärken und erweitern kann. Das Kapitel schließt mit einem Blick in das digitale Geschichtenerzählen.

9.2 Jugendliteratur über digitale Medien

Wie Koskimaa bereits 2007 hervorhob, kommt der Literaturwissenschaft in der Bildung eine wichtige Aufgabe zu, denn sie hilft Lesenden dabei

> „To recognize how notions of everyday life, changing in terms of the growing role of information and communications technologies, are reflected in literature, and what consequences this has for narratological, semiotic, cognitive, etc., structures in literature. This kind of inquiry might also produce important insights into the workings of current societies and cultures, relevant beyond the scope of literary discourse." (Koskimaa 2007, S. 4)

Kinder- und Jugendliteratur kann gerade digital sozialisierten Leserinnen und Lesern dabei helfen, sich der Chancen, Grenzen und Herausforderungen (Jacobi 2020) des Lebens in der digitalen Welt bewusst zu werden und diese kritisch zu hinterfragen. Denn oft zeichnen gerade diese Texte ambivalente Bilder der (post-)digitalen Gesellschaft, in der Realität und Virtualität immer mehr verschmelzen und Mensch und Maschine neue Wege des Zusammenlebens finden.

Ein Genre, das sich dafür besonders eignet, ist der dystopische Jugendroman (Ludwig 2021, S. 105–124). Jugenddystopien (*young adult dystopias*) sind eine Fortführung der dystopischen Erwachsenenliteratur des letzten Jahrhunderts, unterscheiden sich von ihr aber in zwei zentralen Merkmalen: Sie zeigen das Aufwachsen adoleszenter Protagonistinnen und Protagonisten in einer postapokalyptischen Gesellschaft und blicken aus deren Perspektive auf bedenkliche gesellschaftliche Entwicklungen der Gegenwart (*extrapolation*). Technologie und technologischer Fortschritt sind dabei zentrale Themen dystopischer

Jugendromane (Flanagan 2014). Technologie schafft den totalen Überwachungsstaat, Sicherheit ist der Deckmantel für den gläsernen Menschen. Moderne Technologien dienen der Unterdrückung von Individualität und Unabhängigkeit. So zeigt der bekannte Roman *The Hunger Games* (2008) eine Welt, in der Technologie nur der Elite zur Verfügung steht und Jugendliche in jährlichen Reality Spektakeln im TV ums Überleben kämpfen. In Ally Condie's *Matched* (2010) wird das Lesen illegaler Lyrik und das reine Erlernen des Schreibens mit der Hand als Akt der Rebellion betrachtet, während Handschrift und fortschrittliche Technologie in Scott Westerfeld's *Uglies* (2005) dazu dienen, den omnipotenten Staat zu bekämpfen. In M. T. Andersons *Feed* (2002) ist ein Großteil der Menschen über sogenannte *feeds*, die von der *FeedTech* bereitgestellt werden, miteinander verbunden. Implantiert in das menschliche Gehirn bieten die *feeds* ihren Nutzenden zahlreiche Funktionen wie das Finden von Informationen (die ursprüngliche Funktion des *Feed*), eine rein über Gedanken stattfindende Kommunikation mit anderen *feeders*, der Zugang zu Entertainment (und Propaganda) und vieles mehr. Realität und Virtualität verschwimmen, der Mensch wird zum Cyborg, zum Spielball einer posthumanen Realität. Diese Texte, so McDuffie, „demonstrat[ing] young adults excelling in multiple kinds of literacies, such as digital literacies, offer even more productive and nuanced representations of young adults exerting agency and autonomy amidst totalitarian societies" (2013, S. 145). Durch die Behandlung dieser und ähnlicher Texte können Jugendliche vor dem Hintergrund der modernen Hyperkonsumgesellschaft und einem zunehmenden Verschmelzen physischer, erweiterter und virtueller Welt (man denke nur an Metas Metaverse!) eine kritische, aber keineswegs ablehnende Haltung gegenüber Technologie entwickeln.

9.3 Digitale Medien zur Förderung literarischer Kompetenzen

„Every technological breakthrough", so Lockhurst, „tends to be accompanied by anxious announcements of its catastrophic effect on literature" (2016). Das ohnehin *contested medium* der Literatur, so könnte man meinen, ist im digitalen Zeitalter dem Tode geweiht (Hammond 2016). Zwar zeigen u. a. die Ergebnisse der JIM-Studie, dass sich der Anteil der Nichtleser gedruckter Publikationen im Vergleich zum Vorjahr leicht verringert hat, aber die Anzahl der Jugendlichen, die zum Buch greift, stetig zurückgeht (mpfs 2020, S. 24). Jedoch bleibt das Lesen von Printbüchern, so die Forschenden, ein „fester Bestandteil des Medienalltags von Jugendlichen" (ebd., S. 24). Jugendliche lesen also nicht unbedingt weniger, sondern greifen auf ein zunehmend breit gefächertes Medienrepertoire zurück; sie lesen, geprägt durch den Kontakt zu digitalen Medien, anders (Hauck-Thum 2018).

Daraus ergeben sich gerade für die Behandlung von Literatur im Englischunterricht zahlreiche Herausforderungen. Während manche Jugendliche noch nur ein gedrucktes Buch gelesen haben, lesen andere nicht nur Romane, sondern auch *comics* und *graphic novels*. Doch nicht nur das richtige Medium, sondern auch den richtigen Text zu finden ist durchaus eine Herausforderung, denn sprachlich angemessene Texte sprechen die Zielgruppe oft thematisch nicht an und umgekehrt.

> „Digital media are imperative to EFL teaching, insofar as they enable our learners to engage with literary texts in a unique and rewarding way." (Georg Hartisch, Berliner Referendar)

Ein Zurückgreifen auf digitale Medien – so viel ist klar – kann sicherlich nicht alle Herausforderungen lösen. Doch können digitale Tools und Plattformen authentische und lernendenorientierte Zugänge zu literarischen Texten und auch methodische Innovationen bieten. Richtig angewendet können sie so zu einem zeitgemäßen Literaturunterricht unter den Bedingungen von Digitalisierung und Digitalität beitragen, der die Ausbildung literarischer (und digitaler!) Kompetenzen fördert (Surkamp 2020; Ludwig 2021, S. 230), die teilweise gar nicht so weit auseinanderliegen, wie man meint, und sich auch gut wechselseitig fördern lassen (Tab. 34 gibt ausgehend von dem Literaturkompetenzmodell von Surkamp 2012, S. 77–90, eine Übersicht über die Förderung literarischer Kompetenzen mit digitalen Medien).

Der manchmal recht eindrucksvolle Papierberg kann so kleiner werden. Im Vordergrund stehen dabei neben analytischen vor allem prozess- und produktionsorientierte Ansätze, im Rahmen derer sich Schülerinnen und Schüler kreativ und interessengeleitet mit literarischen Texten auseinandersetzen. Die *subjective responses* der Lernenden stehen im Vordergrund. Dabei können sie nicht nur z. B. auf textrelevante Wissensressourcen wie *Wikipedia*, *Goodreads* oder *author websites* zurückgreifen, sondern auch auf die vielfältigen Möglichkeiten der Textarbeit, die digitale Medien bieten (Tab. 35).

Competence	Competence description and potential of digital tools
Linguistic-discursive competences	Comment: learners draw on their linguistic and discursive competence to gain access to the text and, at the same time, use the text to develop their language competences. They engage in communication about the text.
	Why digital media: digital media can support learners in improving their language skills autonomously and interacting with others
	Suggestions for classroom practice: learners use online dictionaries or thesauri for checking unknown words, collect words, concepts etc. on Padlet, Kahoot, or Pinterest or in a wiki, exchange interpretations and ideas in private social networking groups, e. g. Edmodo

Affective competence	Comment: learners develop subjective responses to the text, establish a personal relationship with the text and develop empathy through getting increasingly emotionally engaged with the text as they remain open for the perspectives of others
	Why digital media: digital media tools enable learners to produce personal responses which are close to their own lives and promote empathy
	Suggestions for classroom practice: learners follow the journey of a character through creating interactive maps.e.g. with GoogleMyMaps, put together their own video- and photo-show, e. g., Animoto, a cloud-based video maker tool
Motivational competence	Explanation: learners develop pleasure in reading, formulate individual expectations towards the text, are willing and motivated to engage with the text and gradually discover its real life-relatedness
	Why digital media: using digital media can boost learners' motivation as they are most likely technologically apt and can contribute their own know-how, digital tools also allow them to explore the real-life relatedness of the text more easily
	Suggestions for classroom practice: learners engage in a literary webquest which uses the literary text as a starting point, depending on the focus of the webquest, learners focus on different aspects of the literary work, e. g. by exploring and learning about the history, geography, art, and culture of the text's setting
Reflexive competences	Comment: learners reflect the text's major themes, issues, and the characters' actions and values, relate them to their own lives (Lebenswelt), and reflect their own reading process (in collaboration with others)
	Why digital media: digital media not only enable learners to collect and archive materials but also serve as a reflection tool as they allow for asynchronous communication and the integration of multimodal materials
	Suggestions for classroom practice: learners create a character profile on social media, keep a written or spoken reading log/diary, or e-portfolio e. g. using Twitario or blogs, or write a book review and publish it, e. g., on Amazon or Goodreads
Productive competence	Explanation: learners move away from the original text by transferring it to another medium or creating their own narratives
	Why digital media: learners can create their own narratives in a collaborative, participatory, and interactive way by combining different modes. Traditional forms of storytelling are merged with elements of digital storytelling
	Suggestions for classroom practice: learners transfer the text to another medium, e. g. with the cartoon creator PuppetPals, or engage in digital storytelling by creating their own personal (non sequential, non-hierarchical, multilinear) narratives, e. g. using VoiceThread, WriteComics

Cognitive I: reading comprehension	Explanation: learners decode (words, sentences, and structures) and comprehend (characters, plot, place, and time) the text, close gaps by drawing on their individual world knowledge and form hypotheses based on what they have read
	Why digital media: learners can work with the text in a more autonomous and learner-centred way without reverting to the teacher
	Suggestions for classroom practice: learners use online dictionaries and thesauri for vocabulary work, use online resources about the text, e. g. fan pages, blogs, or wikis, as resources for finding additional information, share their hypotheses about the text with the teacher and other learners and comment on others' hypotheses by posting them online
Cognitive II: aesthetic understanding	Explanation: learners engage in a close and wide reading of the text and put it into a broader historical and cultural context
	Why digital media: learners can work with the text in a more autonomous and learner-centred way, do a close reading in various, more informal settings and make the close reading process more transparent
	Suggestions for classroom practice: learners voice record their ideas, e. g. by taking a picture of particularly interesting or difficult passages and shares their comments with others via social media, discussing the passages with their peers

Tab. 34: Literarische Kompetenzen digital fördern (aus Ludwig 2021, S. 226–228)

	Learners ...
Pre-tasks	• talk about their in-the-wild literary experiences, e. g. film adaptations, video games etc. • collect information about the author, work, or context of the literary piece, e.g. through the author's social media channel, which they can also continue to follow during the whole unit, • make predictions about a text based on the title/cover using real-time polling tools, • search for online reviews or comments, • brainstorm central themes/topics, e. g. through digital mindmapping tools.
While-tasks	• keep a digital reading diary or portfolio, • write summaries in form of a social media post, • create a social media page for a character, • find their favourite quote, take a still picture depicting their quote, and discuss them afterwards, • summarise central themes/topics in a word cloud or digital drawing

Post-tasks	• write a review for a literature review blog, • write/film a short summary for social media, • continue the story or write a prequel/epilogue/prologue using collaborative writing tools, • film a short review for a YouTube literature channel, • perform a key scene and record it for TikTok, • film a book trailer, • create a (poetry) slam video

Tab. 35: Ausgewählte Aufgaben zur Nutzung digitaler Medien im Literaturunterricht

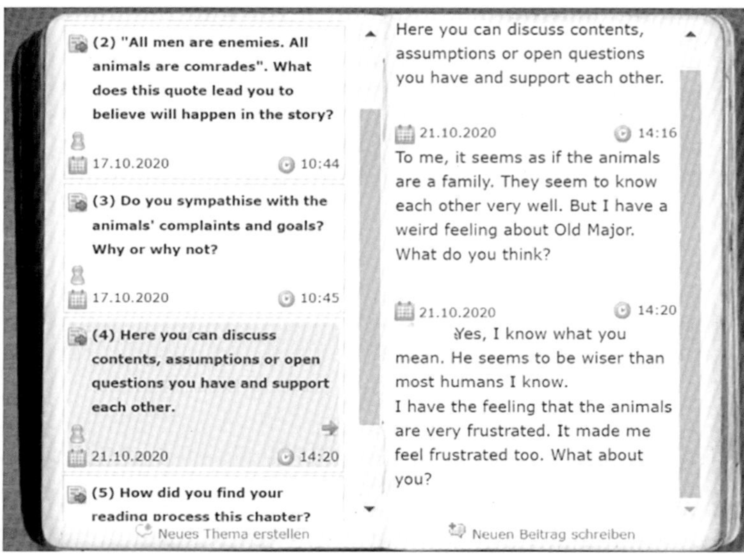

Abb. 31: Beispiel eines mit *Learningapps.org* erstellten interaktiven Lesetagebuchs (Hartisch 2021, S. 77)

Das Beispiel in Abb. 33 zeigt, wie die klassischen Leseerfahrungen von Schülerinnen und Schülern durch digitale Lesetagebücher oder auch Diskussionsplattformen bereichert werden können. Die Lernenden „engage with print-based literary texts, express their reactions to the text, and participate in (classroom) discussions with their peers“ (Ludwig/Sambanis/Hartisch 2023). Dabei können Online-Lesetagebücher ganz unterschiedliche Elemente wie z. B. die Zusammenfassung eines Kapitels, die Analyse ausgesuchter Szenen oder Charaktere oder das gemeinsame Lesen aus unterschiedlichen Perspektiven beinhalten. Neben der inhaltlichen Diskussion und der Dokumentation des Leseprozesses werden durch die regelmäßigen Beiträge der Schülerinnen und Schüler auch die sprachlichen Fertigkeiten gefördert. Dabei sollte beachtet werden, dass auch multimodales Sprachhandeln zum Fremdsprachenlernen beitragen kann, denn ein Rückgriff auf ganz unterschiedliche „Repräsentations- oder Darstellungsformen als Kommunikationsressourcen" unterstreicht das Kommunizieren als Hauptfunktion von Sprachhandeln (Wiesner 2017, S. 3). Um die Nutzung durch die Schülerinnen und Schüler möglichst zielführend zu gestalten, sollten *guiding questions* und *tasks* so gestaltet sein, dass sie Lernende z. B. dazu animieren, sich mit dem Text auseinanderzusetzen, zentrale Themen und Fragen über die Kommentarfunktion oder das Antworten auf Beiträge ihrer *peers* kritisch zu diskutieren und ihren eigenen Leseprozess zu reflektieren.

9.4 *Born-digital literature*

Literatur, so Bajohr und Gilbert, ist heute genauso digital wie die Gesellschaft, in der sie stattfindet (2021). Das Verfassen und Lesen von sowie Sprechen über Literatur wird zunehmend von digitalen Techniken bestimmt. Nach Heckmann und O'Sullivan beschreibt digitale Literatur „work that could only exist in the space for which it was developed/written/coded – the digital space" (2018, o. S.). Digitale Literatur meint also nicht gedruckte literarische Texte, die digital zugänglich gemacht (digitalisiert) werden, sondern Texte, die im Digitalen entstehen. Im Gegensatz zum gedruckten Text ist digitale Literatur (engl. *born-digital literature*) kein „stable, fixed object with clear beginnings, middles and ends, or recognizable characters, plots and settings" (Thomas 2020, S. 25), sondern ein vielfältiges und dynamisches Zusammenspiel von Bild, Ton und Video sowie unterschiedlichen Akteuren.

Mit Blick auf den Fremdsprachenunterricht darf angezweifelt werden, dass der klassische Lektürekanon den Lesegewohnheiten der modernen Medien- und Netzwerkgesellschaft entspricht. Damit sollte das gedruckte Buch keinesfalls aus dem Englischunterricht verbannt werden, denn analoges Lesen ist nicht nur weiterhin Teil kultureller Praktiken, sondern auch für den Aufbau gewisser Denkstrukturen unerlässlich, unser Gehirn verarbeitet gedruckte Texte anders als digitale. Gedruckte literarische Texte können nicht gesnackt werden, sondern erfordern ein langsames Lesen, ein Eintauchen in die Geschichte, wobei auch der Effekt des Umblätterns physischer Seiten nicht zu unterschätzen ist. Daher plädiert dieses Kapitel nicht für das Abschaffen des Lesens gedruckter Bücher, sondern explizit für ein zweigleisiges Lesen, das dem Gehirn ermöglicht, sowohl Strukturen für das schnelle digitale, aber auch langsame gedruckte Lesen aufzubauen (vgl. u. a. Wolf 2018). So kann ein späterer *too long, don't read*-Effekt vermieden werden.

Dennoch sollte ein zeitgemäßer und an den alltäglichen (Lese-)Erfahrungen heutiger Schülerinnen und Schüler ausgerichteter Literaturunterricht die Augen vor einer „zunehmenden Verschränkung literarischer und medialer" Praktiken nicht verschließen (Lütge/Merse 2019, S. 279). Er sollte vielmehr von der Prämisse ausgehen, dass, wie Kress bereits 2005 formulierte, „as a medium, the book will continue, though in always changing form, as it always did" (2005, S. 105).

Doch was genau ist digitale Literatur? In der Fachliteratur (und im Netz!) sind zahlreiche unterschiedliche Definitionsansätze und Kategorisierungen zu finden, die verdeutlichen, wie schwierig es ist, diese neue (oder eben nicht mehr ganz so neue) Form literarischen und zugleich medialen Schaffens zu definieren. Weitestgehend einig ist man sich, dass „literarische Bedeutung konstitutiv auf multimodale, interaktive und funktional innovative Weise erzeugt wird" (Lütge/Merse 2019, S. 281). Jedoch nicht mehr das gedruckte Wort steht im Vordergrund, sondern ein Zusammenspiel unterschiedlicher modaler Repräsentationsformen. Damit ist digitale Literatur, wie Thomas anmerkt, „not solely determined by technological change, but is equally the result of the profound cultural shifts [...] as literature adapts to rather than competes against other media and cultural forms" (2020, S. 31). Digitale geborene Texte unterscheiden sich in mindestens vier Merkmalen von gedruckter Literatur, wobei nicht alle Aspekte zwingend auf alle Formen digitaler Literatur zutreffen müssen (Tab. 36).

Merkmal	Digitale Literatur
Doppelter Text *(double coding)*	... besteht aus einem sichtbaren und einem unsichtbaren Text, der Oberfläche und dem digitalen Code hinter der Oberfläche. Diese unsichtbaren Textebenen können dem Text z. B. einen aufführerischen Charakter verleihen.
Multimodalität *(multimodality)*	... kombiniert unterschiedliche auditive, textliche, visuelle Ressourcen, indem sie z. B. Bilder, Karten, Videos oder Audiodateien nutzen, um eine Geschichte zu erzählen. Die Grenzen zwischen literarischen und anderen Formen künstlerischen Schaffens verschwimmen.
Interaktivität *(interactivity)*	... stellt den Lesenden in den Vordergrund, denn sie erfordern das aktive, dialogische Lesen einer Geschichte, aber auch die Interaktion mit unterschiedlichen beteiligten Akteuren.
Nichtlinearität *(non-linearity)* bzw. Multilinearität *(multi-linearity)*	... besteht aus unterschiedlichen Bausteinen, wie z. B. Links, welche die klassische Struktur literarischer Texte aufheben.

Tab. 36: Merkmale digitaler Literatur (basierend auf Winko 2015, S. 2–13; Lütge/Merse 2019, S. 279–291)

Zentrales Merkmal digitaler Literatur ist die (dialogische) Interaktivität, welche einen hohen Grad an „activity and agency of the reader" (Thomas 2020, S. 30) erfordert. Dabei ist gemeint

- die Interaktion von Leserinnen und Lesern mit dem literarischen Text selbst;
- die Interaktion mit dem Autor und anderen Rezipienten (z. B. durch Kommentare auf sozialen Medien), digitale Plattformen bieten einen Raum, wo „readers and authors congregate" (Ludwig/Sambanis/Hartisch 2023) und
- die Interaktion zwischen zwei *„intelligent agents* (z. B. ein Mensch und eine programmierbare Maschine)" (Lütge/Merse 2019, S. 285).

So konstatiert Hammond:

> „Interactivity is the most recognizably innovative, potentially revolutionary, and intellectually intriguing of the born-digital affordances. Indeed, it is arguably the only born-digital affordance to offer something genuinely unprecedented to the literary experience. […] There is no pre-digital version of a written text that asks you to act out the role of its protagonist, to determine the unfolding of the narrative, and to directly affect its outcome." (2016, S. 154)

Damit kommt digitale Literatur dem curricular verankerten Anspruch des Englischunterrichts, Lernenden das Experimentieren mit der Fremdsprache zu ermöglichen und sie dazu zu animieren, mit und über die englische Sprache zu sprechen, mehr als entgegen.

Ein sehr weit gefasstes Text-, aber auch Literaturverständnis sowie die kontinuierliche Weiterentwicklung digitaler Technik macht eine Kategorisierung bzw. Typologisierung von *digital literature* nahezu unmöglich. So plädiert der Deutschdidaktiker Philippe Wampfler für einen literarischen Gegenkanon, der, auf einem sehr weiten Literaturbegriff basierend, popkulturelle Textsorten wie Filme, Memes, Videospiele und viele mehr explizit mit einschließt. Denn alles ist Text (Simanowski 1999), alles kann Ausdruck literarischen Schaffens sein. Dadurch ergibt sich nicht nur ein hoher Grad an Diversität, sondern auch die Frage, welche digital-literarischen Texte man denn im Englischunterricht behandeln sollte, um Schülerinnen und Schülern einen Einblick in die Welt der digitalen Literatur zu gewähren und gleichzeitig diejenigen Lese- und Schreibstrategien anzubahnen, die Lernende benötigen, um aktiv an der durchaus existenten (fremdsprachigen) digitalen Literaturszene teilzuhaben. Des Weiteren scheint solch eine Kategorisierung auch wenig wünschenswert, da „die Spielarten und Genres digitaler Literatur nicht nur sehr gut nebeneinander existieren oder gar ineinander übergehen, sondern auch Konjunkturzyklen durchlaufen, die schwer als Fortschrittserzählung zu fassen sind" (Bajohr/Gilbert 2021, S. 11). Unternehmen wir zumindest den Versuch einer Kategorisierung und behalten dabei im Blick, dass digitale Literatur als Sammelbegriff für alle möglichen Formen von digitalen (literarischen) Texten dient.

Historisch betrachtet sind die Anfänge digitaler Literatur schwer zu bestimmen. Elektronische Literatur (*electronic literature*), *hyper-fiction* und Netzliteratur sind frühe Versuche einer Beschreibung der Bewegung literarischen Ausdrucks hinein ins Digitale. Hypertext-Literatur, auch Hyperfiction oder Webfiction, beschreibt literarische Texte, welche auf unterschiedliche Hypertexte zurückgreifen (vgl. Rettberg 2018). Man kann also durch Links von einem Textabschnitt zu anderen Textabschnitten oder gar anderen Texten springen. Leserinnen und Leser organisieren ihren jeweils eigenen Lesepfad (Wanning 2015, S. 912). Es entsteht ein nicht linearer Zugang zu den im Text enthaltenen Informationen. Hyperfiction ist also, wie viele andere Formen digitaler Literatur auch, nie final, sondern wird ständig weitergeflochten. Dabei kann ein Hypertext nicht nur Links, sondern auch andere Elemente wie Bilder, Videos, Links zu sozialen Netzwerken usw. enthalten. Die Qualität der Texte, so Wanning,

> „die fiktional und poetisch sind, hängt nun nicht mehr nur von der künstlerischen Sprachverwendung oder dem intelligenten Aufbau der Handlung ab, sondern auch von der Art des Linkeinsatzes. Dadurch wird eine weitere Interpretationsebene in den Text eingezogen, was dem Leser vielfältigere Möglichkeiten bietet, den Inhalt zu verstehen." (2015, S. 913)

Abb. 32 zeigt einen Screenshot von Michael Joyce, *afternoon* (1987–1990), eine archetypische Hypertext-Geschichte. Beginnt man mit dem Anfang der Geschichte, entdeckt der Protagonist Peter, ein *technical writer*, eines Nachmittags ein Autowrack, das, wie er vermutet, seiner früheren Ehefrau gehört.

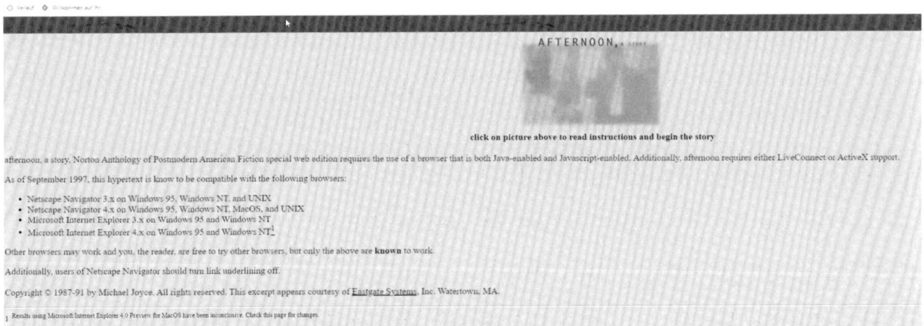

Abb. 32: Screenshot von Michael Joyce, *afternoon* (1987–1990)

Nachdem man auf das Bild geklickt hat, bieten sich unterschiedliche Möglichkeiten, in die Geschichte einzusteigen („for directions click Yes – to start click Go") oder mehr über den Autor sowie frühere Versionen der Geschichte zu erfahren („for author info or information about previous editions click below") (ebd.).

Nur wenige Jahre nach dem Entstehen elektronischer Literatur gibt es heute zahlreiche Beispiele literarischer Texte, die aus einer Kultur des Digitalen heraus entstehen und von einem mobilen Publikum verfasst und rezipiert werden. Digitale Literatur ist adaptiv (*adaptive*), kollaborativ (*collaborative*) und zugleich personalisiert (*personalised*).

EINLADUNG ZUM MITMACHEN

Gehen Sie auf die Website der 1999 gegründeten *Electronic Literature Organization* (https://eliterature.org). Verschaffen Sie sich einen Überblick über die aufgeführten Beispiele elektronischer Literatur (Projects --> Electronic Literature Collection).

Digital literature wird längst nicht mehr nur auf Blogs, sondern überall im Internet verfasst. Dabei werden Leserinnen und Leser zum Mitmachen eingeladen, denn digitale Texte zeichnen sich vor allem durch ihre Interaktivität aus. Lütge und Merse (2021, S. 285–286, basierend auf Ryan 2011) unterscheiden fünf Grade der Interaktivität, die verdeutlichen, wie die Grenzen zwischen Lesen und Erzählen bei digitaler Literatur zunehmend verschwimmen (Tab. 37).

Grad der Interaktivität	Lesende
Peripheral interactivity	... handeln an ausgewählten Schnittstellen, ohne dabei weder die Reihenfolge der Repräsentation der Geschichte noch den Ausgang zu verändern.
Interactivity Affecting Narrative Discourse and the Presentation of the Story	... rezipieren die Geschichte vollständig, aber in variabler Reihenfolge.
Interactivity Creating Variations in a Predefined Story	... gerieren die Geschichte dynamisch, wobei unterschiedlichen Story-Pfaden gefolgt werden kann.
Real-time Story Generation	... finden keine vorbestimmte Geschichte mehr vor, sondern diese wird aus Daten generiert.
Meta-interactivity	... interagieren nicht mehr mit einer bestehenden Geschichte, sondern schaffen eigene Geschichten.

Tab. 37: Dimensionen von Interaktivität (Lütge/Merse 2019, S. 285–286)

B

Kate Pullinger: ***Breathe***

Pullingers interaktiver Roman *Breathe* (https://www.breathe-story.com) ist ein prominentes Beispiel digitalen und interaktiven Erzählens. *Breathe* erzählt die Geschichte von Flo, die mit Geistern sprechen kann. Als Flo beginnt, mit ihrer verstorbenen Mutter zu kommunizieren, kommen andere Geister dazwischen. Die Geschichte wird auf dem Smartphone gelesen. Der Lesende wird nicht nur direkt angesprochen, sondern ist selbst ein Teil der Geschichte. Dabei werden die Umgebung des Lesenden, die Zeit, zu der er die Geschichte liest sowie der Ort mithilfe der *Application Programming Interfaces* (APIs) *weather*, *time*, *place*, aktiv in die Geschichte miteinbezogen. Jeder Lesende liest eine leicht veränderte Geschichte. Die Geister wissen, wo sich der Lesende befindet, welches Wetter und welche Uhrzeit gerade ist. Des Weiteren werden die Interventionen der Geister auch visuell und haptisch dargestellt. So wird die Geschichte durch Swipen von rechts nach links gelesen, an einer Stelle jedoch, verursacht das Swipen ein Verschwinden des Textes (von Geisterhand). Um die Geschichte zu lesen (Lesezeit je nach Lerngruppe zwischen 15 und 25 Minuten), benötigen Lernende lediglich ein Smartphone sowie eine Internetverbindung.

Abb. 33: Beispiel aus Pullingers *Breathe*

Die Behandlung von digitaler Literatur regt Lernende nicht nur zur Beschäftigung mit der Frage *What is literature?* an, sondern bietet auch in Hinblick auf die Entwicklung der literarischen (und digitalen!) Kompetenzen der Lernenden zahlreiche Vorteile. Sie

- greift die medialen Gewohnheiten der Lernenden im Umgang mit mobilen Endgeräten und digitalen Textformen auf;
- kommt der multimodalen Rezeptionskultur der Lernenden entgegen und fördert ihre *multimodal literacy*, in dem sie grafisches Design, Sound, Animation und andere Formen der Darstellung miteinander kombiniert;
- fördert die Kreativität der Lernenden und
- bietet unterschiedliche Zugriffe (Sprache, Touch, Gesten).

> Multimodale Literarität (*multimodal literacy*) beschreibt die Fähigkeit, Texte, die aus mehr als zwei Modi bestehen, zu lesen und zu erstellen.

Vor allem augmentierte und virtuelle Realitäten haben großes Potenzial, Literatur in den nächsten Jahren zunehmend erfahrbarer zu machen, wobei schon heute z. B. 360°-Videos literarischer Texte und VR-Shows wie die der *Royal Shakespeare Company* zur Verfügung stehen.

9.4.1 *Digital poetry*

Gedichte sind, trotz der Unbeliebtheit bei vielen Lernenden, immer noch ein wichtiger Bestandteil des englischen Literaturunterrichts. Dabei steht neben der Auseinandersetzung mit formalen Aspekten von Gedichten auch der spielerische und kreative Umgang mit Sprache im Vordergrund. Gedichte enthalten Leerstellen, die von Schülerinnen und Schülern assoziativ gefüllt werden können. Des Weiteren erlaubt das Erstellen eigener Gedichte Lernenden „das Ausbrechen aus gesellschaftlichen Vorgaben hin zur Individualisierung“ und eröffnet Chancen, „mit sich selbst ins Gespräch zu kommen, indem eigene Gedanken, Wünsche und Emotionen in beliebig verschlüsselter Form in Sprache transformiert werden“ (Elsner 2012, S. 410). Der digitale Raum bietet zahlreiche Möglichkeiten, mit (digitaler) Poesie in Kontakt zu kommen und selbst poetisch tätig zu werden. Dabei haben Gedichte u. a. den Vorteil, dass sie auch auf den kleinen Bildschirmen von Smartphone, die sich nicht unbedingt für die Rezeption längerer, narrativer Texte eignen, gelesen werden können.

Digital poems zeichnen sich durch einen freien Umgang mit formalen Aspekten wie Strophe, Vers und Reimschema, aber auch grammatikalischen Aspekten wie *spelling* und *punctuation* aus. Dabei greifen sie auf unterschiedliche, meist multimodale Darstellungsformen zurück und kombinieren diese geschickt auf unterschiedliche Art und Weise.

Das folgende Beispiel zeigt ein Emoji-Gedicht der Künstlerin Carina Finn. Ihre Gedichte bestehen alleinig aus piktografischen Emoji-Symbolen, wobei sie nicht selten auf traditionelle Gedichtkonventionen wie dem Zeilenumbruch oder Stilmittel wie dem Enjambement zurückgreift. Dabei visualisieren die verwendeten Emojis nicht nur Emotionen (*happy faces*), sondern auch Gedanken und Handlungen. Finns Gedichte sind von Stephanie Berger in englischer Sprache interpretiert worden und wurden in verschiedenen Gedichtbänden auch in gedruckter Form veröffentlicht (z. B. *The Grey Bird: Thirteen Emoji Poems in Translation*, 2014).

Abb. 34: Beispiel eines *Emoji Poems* von Carina Finn

EINLADUNG ZUM MITMACHEN

Schauen Sie sich das Gedicht in Abb. 34 an und versuchen Sie, es in geschriebenes Englisch zu übersetzen. An welchen Stellen hatten Sie Schwierigkeiten mit der Übersetzung? Vergleichen Sie Ihre Interpretation des Gedichts mit der von Stephanie Berger.

Hier ist die Übersetzung des Gedichts:

Gentlemen Prefer Bows Over Dinner
Old-time TV over Reebok, heaven over love.
After two beers their lips part; they get very lucky.
Four Martinis later, you're homeless in America, carrying an old-fashioned medical bag around like your mother's purse. (Berger 2014)

Emoji-Gedichte bieten einen weiten Interpretationsspielraum, denn sie können je nach Nutzendem und Kontext viele unterschiedliche Bedeutungen haben, wobei bei Gedichten noch die metaphorische Bedeutungsebene hinzukommt. Gerade diese interpretative Flexibilität kann zu spannenden Diskussionen im Englischunterricht führen.

Formen des Arbeitens mit Emoji-Gedichten

Für den Unterricht bieten sich verschiedene Formen des Arbeitens mit Emoji-Gedichten an:

- Die Interpretation bestehender Gedichte, indem Lernende ein Gedicht lesen und ihre Interpretation des Gedichts in die Schriftsprache übersetzen.
- Das Verfassen eines eigenen Emoji-Gedichts. Hier können Lernende online Emoji-Übersetzer (z. B. https://emojitranslate.com) zur Hilfe nehmen.
- Übersetzen/Interpretation eines längeren Texts in Emojis.
- Zusammenfassen eines Textes in Emojis.

Einstieg: Zum Einstieg bekommen Lernende die Aufgabe, darüber nachzudenken, welche Rolle Emojis in ihrem Alltag spielen und wann sie diese benutzen. Lernende bekommen nun ein kurzes Emoji-Gedicht gezeigt.

Arbeitsphase: Lernende verfassen eigene Emoji-Gedichte, wobei die Länge und formale Aspekte vorgegeben werden.

Abschluss: Die Lernenden tauschen ihre Gedichte mit einem Partner aus und bekommen die Aufgabe, das Gedicht ihres jeweiligen Partners schriftlich zu interpretieren.

Die digitale Welt hält zahlreiche Möglichkeiten bereit, Gedichte zu lesen, kollaborativ zu schreiben und neue Gedichte zu verfassen. Die folgende Übersicht zeigt ausgewählte Formen der digitalen Poesie, von denen einige nun etwas genauer vorgestellt werden sollen.

Form of poetry	Gedichte, die ...
Code poetry	in Programmiersprache geschrieben sind.
Hyperlink poems	auf Links als *Hypertext-Mark-ups* zurückgreifen, welche zur Bedeutungsschaffung beitragen.
Spam poems	aus Inhalten von Spam-E-Mails bestehen (Betreffzeile und Nachricht).
Google search poems	aus Begriffen bestehen, welche in die Suchleiste von *Google* oder anderer Browser eingegeben werden (Abb. 35).
Digital visual poems	z. B. mithilfe von *word cloud generators* erstellt werden.
Remix/remake poems	aus unterschiedlichen digitalen Textteilen, z. B. *Chatbot*-Nachrichten, zusammengestellt werden.

Tab. 38: Beispiele von *digital poetry*

Eine einfache Form des Gedichteschreibens bieten Suchmaschinen. Dazu geben die Lernenden je nach Thema einen Suchbegriff wie *hate, love, loneliness, bullying,* oder *racism* z. B. in die *Google*-Suchmaschine ein. Die angezeigten Vorschläge können dann zum Verfassen eines Gedichts genutzt werden, z. B. indem die Lernenden die ersten fünf Vorschläge nutzen, um ein Gedicht zu verfassen (vgl. Abb. 35). Durch die Arbeit mit Maschinengedichten werden Schülerinnen und Schüler nicht nur dazu angeregt, selbst Gedichte zu verfassen, sondern auch kritisch über den Begriff Kunst nachzudenken (Können Maschinen Kunst produzieren?) und ein tieferes Verständnis der Arbeitsweisen von Funktionen wie Autocomplete zu erlangen, denn die Ergebnisse können von Nutzendem zu Nutzendem variieren.

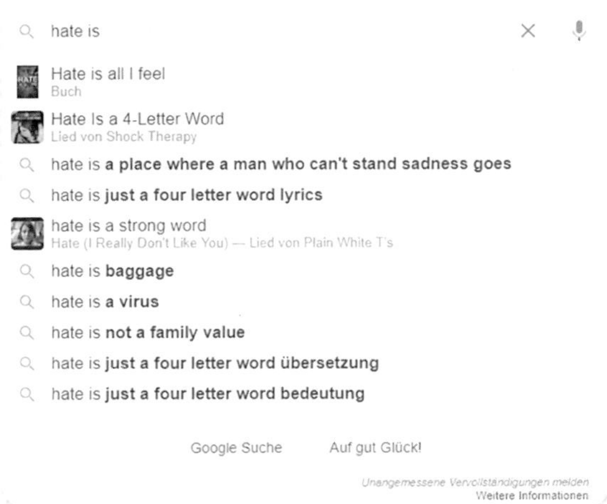

Abb. 35: Vorschläge der *Google*-Suchmaschine zum Stichwort *hate*

Des Weiteren bietet *Google Verse by Verse* seit Kurzem auch die Möglichkeit, *Artificial Intelligence-driven poetry* zu verfassen. Die Lernenden können bis zu drei klassische Dichter auswählen. Beim Klicken auf den Namen erhalten sie zunächst kurze Informationen zum Dichter sowie Beispielgedichte, die auf den Quellen *Wikipedia* und *Poetry Foundation* beruhen. Danach können sie verschiedene formale Aspekte wie poetische Form, Reimschema und Silbenzahl näher bestimmen, wobei sie auch hier nähere Informationen zu den jeweiligen Aspekten sowie ein kurzes Beispielgedicht zur Verdeutlichung erhalten. Mithilfe ihrer Musen erhalten Schülerinnen und Schüler nun die Möglichkeit, ihre Texte entsprechend der von ihnen bestimmten Aspekte zu verfassen, wobei die vorher ausgewählten Musen, also die Künstliche Intelligenz, ihnen nach Ausfüllen der ersten Zeile zwar Vorschläge macht (Abb. 36), Lernende aber auch eigene Vorschläge eingeben können.

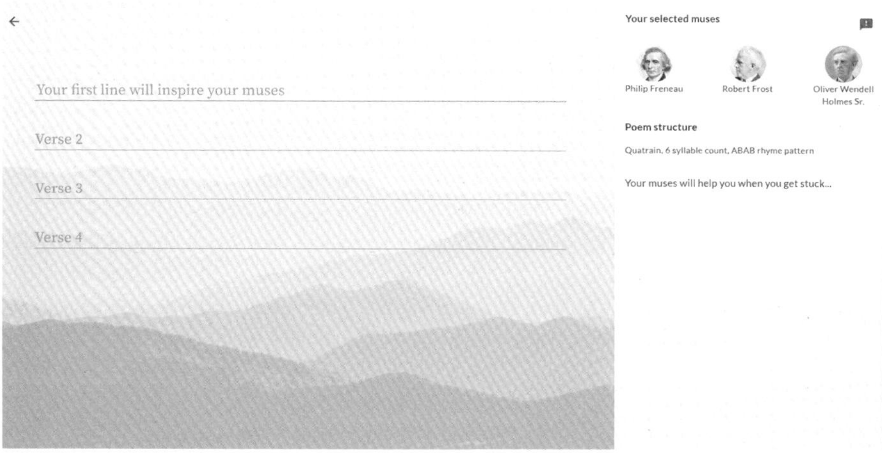

Abb. 36: *Google Verse by Verse*

Nach Verfassen der ersten Strophe könne Lernende selbst entscheiden, ob sie eine weitere Strophe hinzufügen oder mit dem Hinzufügen eines Titels fortfahren. Am Ende kann das fertige Gedicht mit einem Bild versehen und heruntergeladen werden. Die verwendeten Musen werden als Quellen automatisch hinzugefügt. Damit bietet *Verse by Verse* Möglichkeiten zu einer differenzierten Arbeit mit Gedichten, denn Lernende bestimmen den Grad der Hilfe sowie die Komplexität und die Länge des Gedichts selbst. Zusätzlich ist eine kritische Reflexion von Aspekten wie Urheberrecht möglich. Diese Beispiele zeigen, dass digitale Medien zahlreiche neue Wege der Rezeption, aber auch Produktion von Gedichten schaffen, denn Gedichte sind nicht länger an den gedruckten Text und die Grenzen des Buches gebunden.

Vor allem auf sozialen Plattformen ist heute eine zunehmende Verbreitung und Sichtbarwerdung literarischer Produktionen zu beobachten (Bajohr/Gilbert 2021, S. 11), denn *Twitter*, *Facebook*, *Instagram* und *TikTok* bieten gerade jüngeren Literaturschaffenden zahlreiche Möglichkeiten,

- Publicity zu erlangen und ihre Arbeit einem größeren Publikum bekannt zu machen (dissimination);
- Marketing zu betreiben;
- mit ihren Fans (Followern) in Kontakt zu kommen und zu interagieren sowie
- neue Formen des literarischen Ausdrucks zu finden und mit diesen zu spielen (production).

Vorgetragen werden nicht nur klassische Texte, in Form von Lesungen vorgetragen, sondern auch Eigenproduktionen. Dabei wird u. a. auch auf Tanz,

Gesang und Lippensynchronisation (*lip-synching*) zurückgegriffen. Gedichte können mithilfe von *Hashtags* wie *#poetry* oder *#poetrylover* relativ leicht gefunden werden.

Gerade Gedichte (*social media poetry*), aber auch z. B. Kurzgeschichten, können gut auf sozialen Plattformen veröffentlicht werden, „abandoning anything that resembles traditional poetry“ (Gittins 2017) und Ausdruck einer sich globalisierenden Remixkultur als Teil der modernden Bedeutungsaushandlung (Kovalik/Curwood 2019, S. 186) sein. Dabei nehmen sie sich oft aktueller universeller Themen wie *love* oder *friendship*, aber auch kritischer Themen wie *racism, violence, cyberbullying* oder *public shaming* an. Damit können sie zu einer Ausbildung einer kritischen Literarität der Lernenden (Gerlach 2020) beitragen.

Dabei verändern soziale Medien nicht nur die Darstellung literarischer Texte, sondern auch unsere Interaktion mit ihnen. Sie werden nicht mehr nur passiv rezipiert, denn Followers können Gedichte liken, teilen, posten oder den Text durch Nutzen der Kommentarfunktion erweitern. Schülerinnen und Schüler sind also nicht länger passive *consumers*, sondern aktive *prosumers* von Literatur, sie sind *wreaders*.

> i
>
> *Wreader* (Leserschreiber bzw. Schreiberleser): Eine besondere Form der Co-Autorschaft entsteht auf diese Weise, der Leser wird zum *wreader* (Zusammenziehung aus *writer* und *reader*) oder *produser* (statt *producer* in Anlehnung an das für den Computernutzer etablierten Begriff *user*) der Lektüre. Diese Kunstwörter bzw. Wortspiele verdeutlichen den Wandel der Lesegewohnheiten durch digitale Literatur.

Ein Beispiel für *social media poetry* ist *Instapoetry*, „modern-day poetry which is short, free-in-verse, straightforward, easily accessible, and written with the intent of being shared, often accompanied by a photograph or drawing“ (Ludwig/Sambanis/Hartisch 2023). Bekannte *Instapoets* wie Amanda Lovelace oder Rui Kaur haben Millionen von Followern, wobei die Gedichte z. B. von Rui Kaur inzwischen auch in gedruckter Form verfügbar sind.

Abb. 37: Ein Beispiel von *Instagram poetry*

Auf unterrichtspraktischer Ebene sollte sich die Behandlung von *social media poetry* nicht auf das Lesen ausgewählter Gedichte beschränken, sondern Schülerinnen und Schülern auch Gelegenheit geben, eigene Gedichte zu verfassen und zumindest untereinander zu teilen. ⬇ Bei der Arbeit stehen also drei Kernfragen im Mittelpunkt:

- How do I read it?
- How do I engage with it?
- How do I write one?

Bei der letzten Frage sollten neben Thema und Form auch Aspekte wie Design und multimodale Bedeutungsvermittlung im Mittelpunkt stehen.

9.5 *Digital storytelling*

Geschichten und Erzählungen nehmen seit jeher einen wichtigen Platz im Fremdsprachenunterricht ein. Digitale Medien bieten nicht nur neue Zugänge zu Geschichten, sondern haben auch das didaktische Potenzial, Schülerinnen und Schülern einen kreativen Umgang mit Geschichten zu ermöglichen. Dabei kommt das *digital storytelling* Kindern und Jugendlichen entgegen, denn sie „verändern in Folge kultureller Praktiken ihre Art zu kommunizieren und ihre kulturellen Ausdrucksformen“ (Hauck-Thum/Kirch/Nitsche, 2018, S. 393–394). *Digital storytelling* (digitales Geschichtenerzählen) kann dabei ganz unterschiedliche Dinge meinen: das Nacherzählen von Geschichten, die Umwandlung bestehender Geschichten oder das Erzählen eigener Geschichten. Gerade in Hinblick auf soziale Medien kann das *digital storytelling* Lernende dabei unterstützen, von passiven Konsumentinnen und Konsumenten zu aktiven Produzenten von Inhalten zu werden, wobei auch sprachliche Fertigkeiten und Fähigkeiten wie das Hören und Zuhören sowie Schreiben und Sprechen geschult werden.

Abb. 38: Beispiel eines *digital comic strips* (v. Paul Scheffler, Archiv Ludwig)

Doch was genau meint *digital storytelling*? Nach Kuhn meint *digital storytelling* eine Form des Erzählens, „bei der zusätzlich zum mündlich vorgetragenen Text verschiedene multimediale Elemente wie Bild, Ton, Animation oder Video eingesetzt werden“ (2011, o. S.). Elemente des Erzählens werden mit digitalen Elementen kombiniert, um eine Geschichte zu erzählen. Dadurch werden inhaltliches Verstehen und Kreativität gefördert, sprachliche Kompetenzen geschult und die Medienkompetenzen der Schülerinnen und Schüler trainiert. Nach Adlmaier-Herbst zeichnet sich *digital storytelling* durch vier Merkmale aus: Integration, Verfügbarkeit, Vernetzung und Interaktivität (Tab. 39).

Integration	Geräte, Plattformen, Technologien, Anwendungen und Medienobjekte bilden ein komplexes System, mit dem Geschichten erzählt werden können.
Verfügbarkeit	Geschichten sind dank mobiler Technologien überall verfügbar und können von überall erzählt werden.
Vernetzung	Geschichten sind ein Geflecht unterschiedlicher Bausteine, auf die Lesende ihren Interessen und Neigungen entsprechend zurückgreifen können.
Interaktivität	Lesende interagieren mit der Geschichte, die Geschichte passt sich den Interessen der Lesenden an (technische Interaktivität), neue Erzählformen sind möglich, wir können als User z. B. den Verlauf oder Ausgang der Geschichte beeinflussen (persönliche Interaktivität)

Tab. 39: Merkmale des *digital storytelling* (basiert auf Adlmaier-Herbst 2018, o. S.)

Prinzipiell lassen sich grob zwei Formen des Umgangs mit *digital stories* im Englischunterricht unterscheiden: Schülerinnen und Schüler erleben eine digitale Geschichte oder erstellen selbst eine *digital story,* wobei sich die Produktion einer eigenen Geschichte an die Arbeit mit einer bereits bestehenden Geschichte anschließen kann. Dabei haben *story apps, storybook apps, picturebook apps* gegenüber dem analogen Geschichtenerzählen den Vorteil, dass wir Geschichten nicht nur hören bzw. lesen, sondern diese durch unterschiedliche Features wie Bilder, Sprache, Animationen und Musik erfahren (Brunsmeier/Kolb 2017, S. 4). Durch Sprechen, Wischen und Klicken werden wir zum aktiven Teil der Geschichte, wir können entscheiden, wie eine Geschichte beginnt, weitergeht und endet. Dadurch wird nicht nur der Erwerb neuer Wörter unterstützt, sondern Schülerinnen und Schüler auch dazu animiert, eine Geschichte im Ganzen zu verstehen (vgl. u. a. Steinbock 2023). Nicht zuletzt tragen *storybook apps* dazu bei, den Lernprozess interaktiver, autonomer und differenzierter zu gestalten, denn App-immanente „Formen der Unterstützung, wie Animationen, Bilder, Vorlesefunktion als Aussprachevorbild, Geräusche oder Musik sowie farbliche Hervorhebungen der Wörter beim (Vor-)Lesen“ (Scheeren 2019) unterstützen Lernende je nach ihren Bedürfnissen. So unterstreichen auch Brunsmeier und Kolb das Potenzial von *story apps* zur Förderung des eigenständigen Lesens, for „they enhance the written text with spoken language. They use multimedia features such as illustrations, animations and sounds, and allow the reader to interact“ (2017, S. 2). Dabei sollte vor allem bei einem ersten Kontakt mit *story apps* darauf geachtet werden, dass Schülerinnen und Schüler sich nicht ausschließlich auf die *fancy features* einer App, sondern auch auf deren Inhalt konzentrieren. Inzwischen sind nicht nur viele Bilderbücher und klassische englischsprachige Geschichten, sondern auch Texte für den fortgeschrittenen Englischunterricht z. B. als *interactive novels* und *stories* verfügbar (vgl. z. B. Steinbock 2023 zu *Alice for the iPad*).

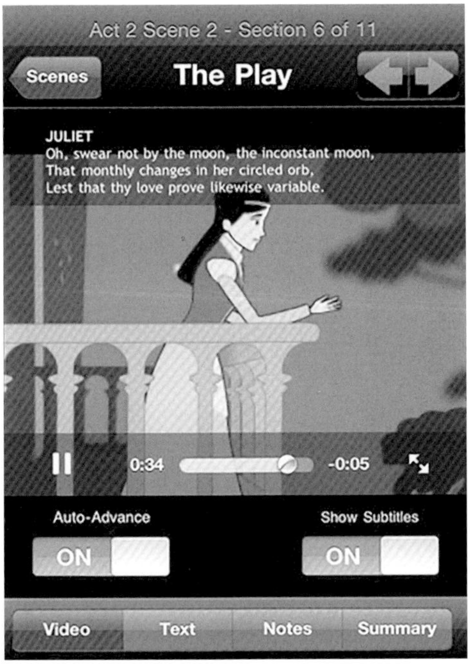

Abb. 39: *Shakespeare in Bits* (o. D.)

Die Möglichkeiten des *digital storytelling* sind grenzenlos. Je nach Kontext, Lern- und Zielgruppe, Lernzielen und Kontext können Schülerinnen und Schüler bestehende Geschichten nacherzählen, bebildern, vertonen oder eine eigene Geschichte entwickeln (Abb. 39), auch Formate wie Erklärvideos, interaktive Dokumentationen oder *infographic films* können zum Erzählen von Geschichten genutzt werden. Gerade soziale Medien bieten lebensweltnahe und authentische Möglichkeiten des Geschichtenerzählens. Ob *TikTok*-Video oder *Instastory, social media stories* kommen der kürzeren Aufmerksamkeitsspanne, aber auch den multimodalen Erfahrungen heutiger Kinder und Jugendlicher entgegen. Es kommt als darauf an, Geschichten in möglichst kurzer Zeit mithilfe von geschickten Schnitten und Zeitsprüngen besonders spannend und anregend zu erzählen. Hinzu kommt eine Vielzahl von Elementen wie Fragensticker, Captions, Soundelemente oder Filter, die dazu genutzt werden können, z. B. kurze *TikTok*-Videos zu gestalten.

Auch das Geschichtenerzählen mit digitalen Karten wird immer beliebter. Denn mit der zunehmenden Verfügbarkeit und Nutzung mobiler Technologien ändert sich auch die Art, wie wir Geschichten nicht nur erzählen, sondern auch erleben. Mehr und mehr Geschichten werden ortsgebunden erzählt, wir erleben die Geschichte an einem realen Ort. Dabei spielen vor allem

Location-aware Technologies (*LATs*) eine wichtige Rolle, also Geräte, die mithilfe z. B. von GPS ihren eigenen Standort melden können (Miller 2008, S. 623).

Die Idee, Karten im Englischunterricht zu verwenden, ist nicht neu. Doch digitale, interaktive Karten sind nicht nur spannender als gedruckte Karten, sondern bieten zahlreiche andere Vorteile. Schülerinnen und Schüler können individuell auf sie zugreifen und sich zusätzliche Informationsebenen nicht nur anzeigen lassen, sondern auch selbst hinzufügen. *Google Maps*, *Google Street View* und *Google Earth* sowie zahlreiche andere Karten-Apps wie die iOS-Karten-App (mit spannender *Flyover*-Funktion) bieten inzwischen zahlreiche Funktionen an, die es ermöglichen, Wegbeschreibungen mit dem Routenplaner einzuüben, Transportwege (z. B. von *electronic waste* oder *fast fashion*) nachzuzeichnen oder virtuelle Spaziergänge durch London oder New York zu machen und dabei einen visuellen Eindruck z. B. von wichtigen *landmarks* zu gewinnen. Durch Verknüpfungen vieler Kartensysteme z. B. mit *Wikipedia* können Lernende sich zusätzliche Informationen anzeigen lassen (*Is the Bakerloo line running?*). Eigene *overlays* mit zusätzlichen Informationen sowie Mediendateien können oft einfach hinzugefügt werden. Bei von der Lehrkraft oder Schülerinnen und Schülern selbst erstellten Schnitzeljagden und Stadtrallyes in *Google Street View* lösen Lernende Aufgaben, die hinter bestimmten *tags* zu finden sind. Nicht zuletzt können digitale Karten auch im Literaturunterricht sinnvoll eingesetzt werden, denn die Lebenswege der Protagonisten können nachgezeichnet und Handlungsorte in literarischen Texten bestimmt und begangen werden.

Doch auch für das (*locative*) *storytelling* sind digitale Karten durchaus hilfreich, z. B. indem Lernende eigene (narrative) Audio-Tours z. B. in Form eines *guided city walk* durch ihren Stadtteil erstellen (Zehne 2023). Die Plattform *mapstories.de* ermöglicht das Erzählen globaler Geschichten, indem Lernende an von ihnen bestimmten Orten auf einer Weltkarte eine kurze Erzählung hinzufügen, die sie mit unterschiedlichen Mediendateien verknüpfen können. Dadurch können globale Themen wie die Klimakrise oder Migration und Flucht interaktiv und anschaulich behandelt werden, auch in Verbindung mit literarischen Texten, die an unterschiedlichen Orten auf der Welt spielen, wie z. B. die *graphic novel Illegal* von Colfer, Donkin und Rigano (2017). Egal für welche Umsetzung man sich entscheidet, *digital storytelling* ist der „new twist to storytelling" (Frazel 2010, S. 9).

Dabei folgt eine Unterrichtseinheit, innerhalb derer Lernende ihre eigenen *stories* designen, grob nach den sechs Schritten (1) Ideen finden, (2) Skript erstellen, (3) Storyboard anfertigen und Material sammeln, (4) Zusammenführen von Skript und digitalen Medien (das Erzählen der Geschichte), (5) Veröffentlichung sowie (6) Feedback und Reflexion. Je nach Lerngruppe können die digitalen Stories z. B. zur weiteren Spracharbeit genutzt werden. Vor allem in Phase drei können Lernende auch für Aspekte wie Copyright und Persönlichkeitsrechte sensibilisiert werden.

	Lernende ...
Interactive timelines	erstellen z. B. auf *Padlet* eine Zeitleiste zu einem Event oder Thema. Die Punkte auf der timeline werden mit Bildern, Texten, Audio oder Video verknüpft.
Digitaler Comic	werden selbst zu *comic creators*. Beim Erstellen kurzer Comic-Sequenzen lernen Schülerinnen und Schüler nicht nur die narrativen Besonderheiten des Comics kennen, sondern werden auch selbst kreativ tätig. *MakeBeliefsComix.com, Pixton, Toontastic* Die Website *MakeBeliefsComix.com* selbst bietet eine Vielzahl von Unterrichtsideen an (https://makebeliefscomix.com/ways-to-use-mbc-in-the-classroom/).
Fotoroman (photo story)	kombinieren Einzelbilder, z. B. selbst mit dem Smartphone aufgenommen, und erzählen so eine Geschichte. Sprech- und Denkblasen können ergänzt werden. Einstellungsperspektiven, Körpersprache usw. tragen zur Bedeutung bei. Zum Nachbearbeiten von Bildern bietet sich u. a. *Enlight, MSQRD* oder *Picasa* an. Zur Freistellung von Bildern können Lernende z. B. *Remove.bg* nutzen.
Social Media	erzählen eine kurze Geschichte in Form eines oder mehrerer social media posts und greifen dabei auf unterschiedliche Formen multimodalen Ausdrucks zurück. Auch eine Fortsetzungsgeschichte ist möglich.
Hypertext Geschichte	erzählen eine nichtlineare Hypertext-Geschichte. Dabei dienen einzelne Kapitel als Knotenpunkte. Eingesetzte Hyperlinks dienen als Weichen, wodurch die Geschichte unterschiedliche Pfade erhält. *www.twinery.org*
Audio-Slideshows	erstellen eine Präsentation, wobei die Bilder mit Musik oder anderen Tonaufnahmen kombiniert werden.
Screencasts	erstellen eine Bildschirmzeichnung.
Kartenspiel	entwickeln ein eigenes Kartenspiel. Auf der Seite *www.spieleinderschule.org* können Karten selbst designt und mit eigenen Bildern und Text versehen werden.
Storybook	erstellen ein eigenes *Storybook*. Je nach Tool können eigene Charaktere, Bilder und Text hinzugefügt werden. *www.mystorybook.com*
E-Books	erstellen digitale Bücher, die auch offline genutzt werden können. Dabei greifen sie auf unterschiedliche Präsentationsformen zurück. Mit *Book Creator* lassen sich die Buchseiten ganz individuell gestalten und befüllen.

Stop-Motion Filme/ Trickfilme	produzieren selbst kurze Filme. *Adobe Spark Video, iMovie* Die Seite *Eduapps* bietet eine übersichtliche Einführung in das Erstellen von Trickfilmen (http://www.eduapps.at/wir-erstellen-einen-trickfilm/).
Add a soundtrack to a painting/photo	vertonen ein Gemälde oder ein Bild.
Animated Stories	erstellen kurze animierte Filme. Bei *Puppet Pals* können eigens erstellte Figuren oder bereits existierende Bilder eingefügt werden.
Mobile digital storytelling/Location-based storytelling	produzieren mit digitalen Karten eigene *Audio Guides*, z. B. in Form einer Städtetour oder mit GPS-Daten verknüpfte Geschichten.
Die Seite *edshelf* bietet eine große Auswahl an *storytelling tools*: https://edshelf.com/shelf/joycevalenza-digital-storytelling-tools/ Auf https://www.digitalemedienunterricht.de/2021/03/11/bild-audio-videobearbeitung/ finden Sie eine Übersicht über unterschiedliche Tools zum Erstellen verschiedener Videoformate.	

Tab. 40: Ausgewählte *Digital Storytelling*-Ideen

10 Digitale Medien und Inklusion

10.1 Einführung in das Kapitel

EINLADUNG ZUM VORDENKEN

- Wie können digitale Medien Sie dabei unterstützen, die Lernbedarfe aller Schülerinnen und Schüler besser zu berücksichtigen?
- Welche Vorteile digitaler Medien in Hinblick auf Inklusion fallen Ihnen ein?

Die Idee eines Englischunterrichts für alle (Hermes 2016, S. 48) ist genauso wenig neu wie die Feststellung, dass es die homogene Klasse eigentlich nie gegeben hat und jede Lerngruppe heterogen ist (Springob 2015, S. 44; Schäfer 2015, S. 56). Schulische und damit auch gesellschaftliche Heterogenität bezieht sich jedoch schon längst nicht mehr nur auf die Leistungen der Schülerinnen und Schüler, sondern auf eine wachsende Zahl von Merkmalen wie ethnische Herkunft, Geschlechterrollen, Religion und Weltanschauung, Herkunftssprachen und körperliche Bedingungen (Hinz 2012, S. 33). Mit der Salamanca-Erklärung (UNESCO 1994), ein wichtiger Meilenstein in der Förderung von Menschen mit besonderen Lernbedarfen, und dem Inkrafttreten der UN-Behindertenrechtskonvention drei Jahre später hat sich auch Deutschland dem Ziel verpflichtet, Kindern und Jugendlichen mit besonderen Bedürfnissen und diagnostiziertem Förderbedarf eine aktive Teilnahme an Bildung und Gesellschaft zu ermöglichen. Dieses Ziel findet sich auch in Ziel 4 (*Quality Education*) der insgesamt 17 *Sustainable Development Goals* der *2030 Agenda for Sustainable Development* der Vereinten Nationen, wo es heißt: „Ensure inclusive and equitable quality education and promote lifelong learning opportunities for all" (United Nations General Assembly 2015, S. 14). Erfolgreiche Praxisbeispiele auch in Deutschland reichen von integrativen Unterrichtsmodellen bis hin zu inklusiven Settings. Dabei wird der Begriff der Inklusion je nach Disziplin und Quelle oft unterschiedlich verstanden (vgl. Eisenmann 2019, S. 206). Inklusion als enger Begriff meint z. B. den barrierefreien Zugang zu Klassenzimmern, während ein weiteres Verständnis des Inklusionsbegriffs die Entwicklung und den Einsatz von Strategien meint, die uns dabei unterstützen, die Bedürfnisse aller Lernenden in den Blick zu nehmen und eine gleichberechtigte und aktive Teilhabe der Schülerinnen und Schüler am Unterrichtsgeschehen zu ermöglichen.

Annette Textor weist in ihrem Buch *Einführung in die Inklusionspädagogik* darauf hin, dass es „durchaus sinnvoll sein kann, allgemeindidaktische Modelle daraufhin zu untersuchen, inwiefern sie auch für die Planung und Analyse von Unterricht in inklusiven Lerngruppen geeignet sind" (2015, S. 33). Auch wenn es noch an „empirischen Arbeiten, theoretischen Erklärungsansätzen und praxisorientierten Konzepten mangelt" (Johannsen 2019, o. S.), so kann man doch konstatieren, „dass unter der Prämisse, zentrale Prinzipien eines modernen, kommunikativ-orientierten Fremdsprachenunterrichts mit etablierten didaktischen Grundkonzepten weiterzuführen und zu intensivieren" (ebd.), die Englischdidaktik bereits gute Voraussetzungen für die inklusive Gestaltung von Unterricht mitbringt (vgl. Bongartz/Rohde 2015; Schäfer 2015, S. 62–63; Bartosch/Köpfer 2018; Doms 2018, S. 123). Digitale Medien können entscheidend zur Ausgestaltung eines differenzsensiblen Englischunterrichts und dem Aufbau inklusiver Strukturen und Praktiken beitragen. Richtig eingesetzt können sie helfen, bekannte Prinzipien guten Unterrichts wie methodische Vielfalt, Lernendenorientierung und Transparenz hinsichtlich Lernstand, Leistungsmittel und Leistungsbeurteilung – die auch für inklusive Lernsettings gelten – noch besser als bisher umzusetzen. Assistive Technologien, die alternative Bedienungsmöglichkeiten bieten (z. B. mit dem Kopf oder durch Sprache), visuelle, gesprochene oder geschriebene Informationen anders darstellen (z. B. durch Audiodeskription) und so eine barrierefreie Teilhabe ermöglichen, sind nur eines von vielen Beispielen.

Vor diesem Hintergrund gibt dieses Kapitel zunächst einen Einblick in den Bereich digitale Medien und inklusive Praxis und konzentriert sich dann auf ein Heterogenitätsfeld, welches vor allem im Englischunterricht in Erscheinung tritt, die Mehrsprachigkeit.

10.2 Digitale Medien und Inklusion

Die Frage nach dem Potenzial digitaler Medien zur Förderung inklusiven Lernens im Englischunterricht kann ohne eine zumindest kurze Begriffsklärung nur schwer beantwortet werden, denn wir meinen, wenn wir Inklusion sagen, oft unterschiedliche Dinge. Im Gegensatz zur Integration, also die Einbeziehung von Schülerinnen und Schülern mit ganz unterschiedlichen Lern- und Förderbedarfen in die Regelschulbildung, meint Inklusion – stark verkürzt – einen Prozess der „systemic reform embodying changes and modifications in content, teaching methods, approaches, structures and strategies in education to overcome barriers" (Eisenmann 2019, S. 208). Dabei kann Förderbedarf eine ganze Bandbreite von Förderschwerpunkten, z. B. im geistigen, emotionalen oder körperlich-motorischen Bereich, meinen. Die Organisation für wirtschaftliche Zusammenarbeit und Entwicklung (OECD) unterscheidet z. B. drei unterschiedliche Arten besonderen Förderbedarfs (*special educational needs*): (1) *sensory, physical, and intellectual impairments/ disabilities,* (2) Lernschwierigkeiten (*learning difficulties*), die zu besonderen Lernunterschieden führen wie u. a. Dyslexie, aber eben auch sozioökonomische, kulturelle und sprachliche Benachteiligungen (*disadvantages*) (2008). Der Englischunterricht kann dabei auf ganz unterschiedliche Art und Weise zu einem inklusiveren Lernen beitragen, wobei das sinnstiftende Kommunizieren in der Fremdsprache (Schäfer 2015, S. 65) und das Lernen am gemeinsamen Gegenstand die Hauptziele bleiben. Das heißt jedoch nicht, dass alle Schülerinnen und Schüler zwangsweise auf dieselben Unterrichtsmedien und -materialien und Aufgabenformate zurückgreifen müssen.

Dabei gelten die Vorteile eines digitalen Medieneinsatzes, die bereits an verschiedenen Stellen in diesem Buch hervorgehoben wurden, auch und in besonderem Maße im inklusionsorientierten Englischunterricht. Sie unterstützen methodische Vielfalt und offene, prozessorientierte Formen des Lernens, ermöglichen multisensorisches, multimediales und multimodales Lernen und Transparenz hinsichtlich der Leistungsmittel und Leistungsbeurteilung, prozessbegleitende Diagnostik sowie formative und nicht summative Formen der Bewertung stehen im Vordergrund (vgl. u. a. Eisenmann 2019, S. 211). Digitale Medien wirken also auf unterschiedlichen Ebenen des Englischunterrichts, auf der Ebene

- des Individuums (digitale Medien als Hilfsmittel, um Schülerinnen und Schüler im Lernprozess zu unterstützen und ihnen Lernen zu ermöglichen, z. B. durch Screenreader);
- des Lernens (Lernprozesse werden mit digitalen Medien so individualisiert, dass einzelnen Schülerinnen und Schülern z. B. durch unterschiedliche Lernwege ein auf ihre Kenntnisse, Fähigkeiten und Bedürfnisse abgestimmtes Lernangebot erhalten);
- der Lerngruppe (kooperative und kollaborative Methoden und Aufgaben werden gefördert);
- der Unterrichtsorganisation (Lernmaterialien können differenziert und barrierefrei gestaltet werden) ⬇ und
- der Gesellschaft (Schülerinnen und Schüler lernen, wie sie digitale Medien in ihrem Alltag zur gesellschaftlichen Teilhabe nutzen können).

Doch schauen wir uns die einzelnen Ebenen etwas genauer an. Digitale Medien können Schülerinnen und Schülern mit besonderen Lernbedarfen ermöglichen, überhaupt am Unterricht teilzunehmen. Barrierefreie Lernsoftwares und Apps wie physische und neuerdings auch virtuelle Braille-Tastaturen (TalkBack-Braille-Tastatur) ermöglichen z. B. blinden Schülerinnen und Schülern das Schreiben, FM-Anlagen erlauben Hörbeeinträchtigten in lauten Situationen, Sprache besser zu verstehen, und Apps wie *GoTalkNOW* lassen nichtsprechende Menschen mit Symbolen und Bildern z. B. über das iPad kommunizieren.

Aus methodischer Perspektive stehen vor allem kooperative und kollaborative Lernformen sowie das eigenständige Lernen im Sinne der Lernendenautonomie im Vordergrund (vgl. u. a. Kapitel 2.3). Ansätze also, die vom individuellen Wissen der Schülerinnen und Schüler ausgehen. So argumentieren z. B. Dam und Legenhausen in ihrem Aufsatz „Learner Autonomy A Possible Answer to Inclusion“: „that the autonomy classroom and the principles behind autonomous learning are a possible answer to inclusion“ (2013, S. 120). Zusätzlich bietet das adaptierte und personalisierte Lernen vielfältige Möglichkeiten zur inklusiven Praxis. Adaptivität meint dabei nicht einfach nur ein differenziertes Lernen auf verschiedenen Anforderungsniveaus, sondern ein Lernen, das sich ständig an die individuellen Voraussetzungen und Fortschritte der Lernenden anpasst (Wagner 2016, S. 2). Intelligente Lernsysteme werden hierbei zu Lernassistenten, die Ergebnisse auswerten und Schülerinnen und Schülern auf dieser Grundlage Vorschläge für den weiteren Lernprozess anbieten. Lernende, aber auch die Lehrkraft können sich kontinuierlich über den Lernstand informieren. Vokabellern-Apps wie *Duolingo* sind ein einfaches Beispiel hierfür.

Abb. 40: *duolingo.com*

Für die Lehrkraft entstehen vor allem auf Ebene der Unterrichtsorganisation zahlreiche Vorteile, insbesondere bei der barrierefreien Gestaltung von Arbeitsmaterialien. Während für viele Schülerinnen und Schüler gerade die visuelle Aufbereitung von Materialien viele Vorteile bringt, kann sie z. B. bei Lernenden mit ADHS, Dyslexie oder hochfunktionalem Autismus (Asperger-Syndrom) schnell zur Überforderung führen. So stellen z. B. die Dekodierung von Texten, flüssiges Lesen und das Verstehen des Gelesenen alltägliche Herausforderungen für Schülerinnen und Schüler mit Dyslexie dar, zumal die Graphem-Phonem-Korrespondenz im Englischen weniger transparent ist als im Deutschen. Digitale Medien können hier unterstützend wirken, denn Texte können parallel zum Lesen mithilfe von Vorlesestiften, Hörbüchern oder Sprachausgaben, z. B. bei *Google*, gehört werden und Rechtschreibprogramme können beim regelkonformen Schreiben helfen.

10.3 Digitale Medien und Mehrsprachigkeit

Die Welt um uns herum wird zunehmend mehrsprachig und auch der Englischunterricht öffnet sich zunehmend gegenüber den mehrsprachigen Lebensrealitäten heutiger Lernender (Little/Kirwan 2019; Ludwig/Sambanis 2022, S. 7; Sambanis/Ludwig 2023). Mehrsprachigkeit wird gleichzeitig zur Ausgangsbedingung und zum Ziel des modernen Fremdsprachenlernens (Jakisch 2015, S. 15). Lehrkräfte sowie Schülerinnen und Schüler bringen ganz unterschiedliche Sprachen mit in die Schule und verfügen über immer mehr Kenntnisse in und über verschiedene Sprachen. Dabei ist es wichtig, sprachliche Vielfalt nicht als Hindernis, sondern als Bereicherung zu begreifen, denn Lernende haben nicht nur Kenntnisse in unterschiedlichen Sprachen (z. B. in ihren *home* und *dominant languages* oder anderen Schulfremdsprachen), sondern auch Vorerfahrungen im Lernen anderer Sprachen sowie Strategien zur Bewältigung plurilingualer Gesprächssituationen. Für den Englischunterricht eröffnen sich dadurch verschiedenste Handlungsfelder einer echten Mehrsprachigkeitsdidaktik, nicht nur auf der methodischen, sondern auch auf der inhaltlichen und medialen Ebene (vgl. Elsner/Lohe 2021; Ludwig/Sambanis 2022, S. 11).

Auch wenn der digitale Raum auf den ersten Blick vom Englischen als globale *Lingua franca* dominiert wird, finden sich im Internet zahlreiche Sprachen und Nutzende finden sich oft schnell in interkulturellen und oft auch plurilingualen Kommunikationssituationen wieder. Ebendiese erfordern es, dass sich Schülerinnen und Schüler ihrer Mehrsprachigkeitsressourcen bewusst werden und ein Strategierepertoire zur erfolgreichen Bewältigung mehrsprachiger Kommunikationssituationen und Texte erwerben. „Natürlich gibt es eine ganze Reihe an Materialien und Konzepten", wie Bündgens-Kosten und Lohe richtig hervorheben, „um mehrsprachigkeitsbewussten Unterricht auch ohne expliziten Digitalisierungsanspruch umzusetzen" (2021, S. 250). Dennoch können digitale Medien einen entscheidenden Beitrag zur erfolgreichen Ausgestaltung eines mehrsprachigkeitssensiblen Englischunterrichts leisten. Bündgens-Kosten und Elsner sprechen in diesem Zusammenhang vom *multilingual computer-assisted language learning* (*multilingual CALL*), „the study and practice of language learning with digital media in non-monlingual contexts or settings" (2018, xiv).

Digitale Tools, Plattformen und Texte ermöglichen nicht nur, unterschiedliche Lernendensprachen und die (digitalen) mehrsprachigen Erfahrungen der Lernenden aus den *digital wilds* (Bündgens-Kosten/Lohe 2021, S. 205) in den Unterricht einzubinden, sondern auch eine gezielte Förderung von Kompetenzen in den Bereichen Lesen, Schreiben, Hören und Sprechen z. B. durch das Lesen von Texten zu einem (globalen) Thema in verschiedenen Sprachen oder das Erstellen mehrsprachiger digitaler Produkte wie Videos mit Untertiteln oder Objekten in verschiedenen Sprachen. Inhaltlich-thematisch können die Möglichkeiten und Grenzen des Englischen als globale Verkehrssprache auch des Internets mit Schülerinnen und Schülern kritisch diskutiert oder mehrsprachige Lebenswelten und Biografien besprochen werden (Jakisch 2015, S. 92). Auf medialer Ebene bietet sich das Einbinden mehrsprachiger (digitaler) Texte wie plurilingualer digital-geborener (literarischer) Texte, Kurzfilme (mit oder ohne Untertitel in Englisch), sprachliche Landschaften wie Fotos, Poster und Karten (Elsner 2010, S. 118) oder auch Texte, die in mehreren Sprachen zur Verfügung stehen (z. B. *Wikipedia*), an. Diese können auch von Lernenden selbst, z. B. in Form von journalistischen Beiträgen, Liedern oder Posts von sozialen Medien, in den Unterricht eingebracht werden. Schülerinnen und Schüler können auch unter Berücksichtigung ihrer Sprachen Lernprodukte selbst erstellen, dazu zählen mehrsprachige

- Vokabelsammlungen (*Word cloud generator*),
- Geschichten lesen und erzählen (*Puppet Pals*),
- Comics (*Storyboard That*),
- Filme (Blell, 2020, S. 52–73),
- Erklärvideos (*MySimpleShow*),
- interaktive Karten (*Google Maps*),
- Textprodukte (*Book Creator*) (Woerfel 2020, S. 3–4; Bündgens-Kosten/Lohe 2021, S. 250–255).

Auch der einfache Zugriff auf digitale Wörterbücher und Übersetzungsprogramme (*Google translate, DeepL*) bietet zahlreiche Möglichkeiten zur mehrsprachigen Arbeit im Unterricht. Gerade Übersetzungsprogramme werden von Lernenden auch in der Freizeit, oft jedoch relativ unkritisch, verwendet, sodass es wichtig ist, sie an einen bewussten Umgang mit diesen Programmen heranzuführen.

	Lernende ...
Sprachliche Landschaften	bringen fremd- oder mehrsprachige Textbeispiele aus ihrem Alltag mit in den Unterricht (Speisekarten, Graffiti, Poster). Diese werden mithilfe von Online-Wörterbüchern oder Übersetzungsprogrammen ins Englische übersetzt.
Übersetzungsprogramme	übersetzen kurze Texte in Türkisch, Arabisch oder anderen Sprachen mithilfe von Übersetzungsprogrammen (*Google translate*, *DeepL*) ins Englische und vergleichen die Übersetzungen (Woerfel 2020, S. 4; Bündgens-Kosten/Lohe 2021, S. 251).
Untertiteln	untertiteln kurze Filme, Lieder oder andere audiovisuelle Materialien in englischer Sprache.
Kurze Filme erstellen	erstellen kurze Explainity-Clips, How-to-Videos, Tutorials in mehreren Sprachen (z. B. Hintergrundmusik, kurze Redesequenzen, visualisierte Vokabeln) (Ludwig/Scheffler 2022, S. 47–52).

Tab. 41: Beispielaufgaben zur Förderung von Mehrsprachigkeit im Englischunterricht

So schlägt Opitz (2022, S. 53–57) die Verwendung interaktiver, digitaler Karten vor, um Schülerinnen und Schüler dazu anzuregen, sich mit mehrsprachigen Städten und Regionen im englischsprachigen Raum zu beschäftigen und ein Gefühl für die Koexistenz verschiedener Sprachen zu entwickeln. Im Rahmen der von ihm vorgeschlagenen Unterrichtseinheit planen Lernende in Kleingruppen mithilfe von *Google Maps* eine Tour durch das mehrsprachige Miami (von Elbwart 2021). Dabei lokalisieren sie verschiedene *points of interests* (Sehenswürdigkeiten, Restaurants, Unterkünfte), zu denen Informationen in der Regel in Englisch und Spanisch erhältlich sind. Mithilfe der in *Google Maps* integrierten Übersetzungsfunktion oder anderen Übersetzungswebseiten erarbeiten sie zentrale Begriffe in Spanisch, die es ermöglichen, sich entlang der Route zu verständigen.

11 Sicherheit und Gesundheit im digitalen Zeitalter

11.1 Einführung in das Kapitel

EINLADUNG ZUM VORDENKEN

- Wie bewusst nutzen Sie digitale Medien in Ihrem Alltag?
- Wie können sich digitale Medien positiv, aber auch negativ auf die Gesundheit auswirken?
- Was kann der Englischunterricht dazu beitragen, Kinder und Jugendliche an eine souveräne und gesunde digitale Mediennutzung heranzuführen?

„Kinder und Jugendliche wachsen in einer reichhaltigen Medienwelt auf" (Süß/Gärtner 2019, S. 3), die viele Vorteile mit sich bringt. Doch birgt die digitale Welt gerade für Kinder und Jugendliche auch zahlreiche Risiken und Gefahren. Eine übermäßige Nutzung digitaler Medien sowie der damit einhergehende Bewegungsmangel können zu Schlafstörungen, Adipositas und Depressionen (vgl. u. a. Reid Chassiakos et al. 2016) sowie einer dauerhaften Störung des gesamten Bewegungsapparates führen.

Des Weiteren können auch unangemessene Inhalte und Verhaltensweisen gerade in sozialen Netzwerken eine Herausforderung sein. Das Netz ist anonym und die Folgen von auf den ersten Blick harmlos erscheinenden Online-Aktivitäten sind oft kaum zu überblicken. So gaben 58 % der 12- bis 19-Jährigen im Rahmen der JIM-Studie 2021 an, bereits mit Hassbotschaften konfrontiert worden zu sein, und 47 % schon Erfahrung mit beleidigenden Kommentaren im Netz gemacht zu haben (mpfs 2021, S. 61). Die Anonymität des Netzes fördert Hass und Ausgrenzung, die Abwertung anderer Menschen erfährt in sozialen Medien eine gewisse Normalisierung. *Breadcrumbing, benching, ghosting* und *submarining* sind nicht nur nervige Dating-Trends, sondern oft auch beleidigend und verletzend. Hinzu kommen *hate speech, cyber-mobbing* oder *cyber-grooming* als einige der Gewaltformen im Internet, mit denen sich heutige Kinder und Jugendliche zunehmend konfrontiert sehen. Auch die Verfügbarkeit extremistischen Materials, oft ungewollt konsumiert, steigt ständig. So gilt das Internet heute als ein „Medium, welches dem Radikalisierungsprozess insbesondere junger Menschen wie kein anderes gleichermaßen Boden wie Nahrung gibt" (Knipping-Sorokin/Stumpf 2018, S. 5). Oft dient die digitale Welt als Kompensation für fehlende Lebensqualität jenseits des Internets. Gerade dadurch werden aber Jugendliche besonders verletzbar und anfällig für unangemessene Inhalte und Verhalten.

Eng damit verknüpft ist die Sicherheit der eigenen Daten und der Schutz der eigenen (digitalen) Identität(en). Denn allzu leicht kann uns der leichtfertige Umgang mit privaten Inhalten, wie z. B. persönliche Fotos, angreifbar und ausbeutbar machen, wie das zunehmende Problem des *non-consensual sexting* zeigt (vgl. u. a. Best/Bogle 2014; Hasinoff 2015; Crofts et al. 2015; Vogelsang 2017; Haskins/Ludwig 2023).

Das Portemanteau-Wort *Sexting* setzt sich aus den Wörtern *sex* und *texting* zusammen und beschreibt das Verschicken (selbst produzierter) sexueller Inhalte über Messengerdienste. *Sexting* ist nicht immer eindeutig erkennbar und hängt nicht nur von dem im Bild Dargestellten ab, sondern eben auch von verschiedenen anderen Aspekten wie z. B. der eingenommenen Pose oder der Perspektive. *Sexting* ist, trotz vorherrschender Vorurteile, nicht per se schlecht bzw. verboten (Borries 2015, S. 16–21). Wenn zwei Personen sich freiwillig für das Verschicken erotischer Inhalte entscheiden (primäres *Sexting*), spricht da nichts dagegen. Problematisch ist *Sexting* erst dann, wenn Bilder oder Nachrichten ohne Einverständnis der dargestellten Person an Dritte weitergegeben werden (sekundäres *Sexting*), eine der beteiligten Personen minderjährig ist oder ohne Einverständnis einer der Beteiligten stattfindet. In einer Umfrage des *Office for Standards in Education* (*Ofsted*) aus dem Jahr 2021 gaben 90 % der Mädchen und fast 50 % der Jungen an, schon einmal eindeutige Inhalte geschickt bekommen zu haben.

Neben *sexting* wird auch die sexuelle Belästigung in virtuellen Welten zum realen Problem. So führte die *Facebook*-Mutter *Meta* kürzlich Abstandsregelungen in ihrem Virtual-Reality-Netzwerk *Horizon* ein. Dies bedeutet, dass sich Avatare anderen Avataren nicht mehr uneingeschränkt nähern können, eine Funktion, die bestehende Präventionsmaßnahmen zur Vermeidung sexueller Belästigung im virtuellen Raum ergänzt.

Dass digitale Privatheitskompetenz oft nur in der Theorie ein wichtiges Thema ist, zeigt das durchaus reale Privatsphäre-Paradoxon (*privacy paradoxon*), welches besagt, dass obwohl Internetnutzende ihre Privatsphäre und den Schutz der eigenen Daten als durchaus wichtig erachten, ihr digitales Verhalten dies oft nicht widerspiegelt. Die Frage „Cookies annehmen oder blockieren?“ stellen sich auch im Zeitalter von Big Data eher wenige. So stellen Barth und de Jong fest:

> „When considering mobile applications and data 'leakage' in particular, recent literature argues that the consumer's choice to use mobile technologies is primarily driven by considerations of popularity, usability and the price of a given technology [...] despite the potential risk of data misuse. At the same time however, research indicates that consumers are concerned about their privacy, including the ambiguous distribution of data and its use by third parties [...]." (Barth/de Jong 2017, S. 1038)

Ziel einer ganzheitlichen und zukunftsorientierten Medienbildung in allen Fächern kann und darf es also nicht sein, Kinder und Jugendliche vor den Einflüssen digitaler Medien abzuschirmen, sondern eher, sie behutsam an eine positive, offene, aber eben auch bewusste und gesunde Nutzung digitaler Medien heranzuführen. Dabei sollte die Verwendung des Internets und sozialer Plattformen nicht per se als negativer Faktor für die körperliche und geistige Gesundheit gesehen werden. Denn gerade das Internet bietet Jugendlichen, die mit ihrer Lebenssituation unzufrieden sind, auch zahlreiche Möglichkeiten, „eine Verbesserung ihrer sozial-emotionalen Lebenssituation herbeizuführen" (Bündnis gegen Cybermobbing 2020, S. 81).

Diese Beispiele verdeutlichen, dass der Englischunterricht nicht die Augen vor der Tatsache verschließen sollte, dass junge Menschen digitale Medien „in increasingly complex ways" (Crofts et al. 2015, S. 3) in ihr alltägliches Leben integrieren. Ganz im Gegenteil, so herausfordernd die Behandlung mancher heikler und sensibler Themen gerade mit Heranwachsenden auch scheinen mag, viele Internetphänomene sind alltagsnahe und lebensweltrelevante Themen, die Kinder und Jugendliche nicht nur interessieren, sondern für sie essenziell sind, um ein gesundes und selbstbestimmtes (digitales) Leben zu führen. Für eine kritische Diskussion der Chancen und vor allem Risiken digitaler Mediennutzung – in Kombination mit der Förderung fremdsprachenspezifischer Kompetenzen – steht eine Reihe authentischer Materialien wie *songs, picturebooks, (short) films, young adult novels* (z. B. *Backlash* von Sarah Darer Littman 2016) sowie *awareness campaigns* (*Stop Cyberbullying Day* an jedem dritten Freitag im Juni) zur Verfügung, die dabei helfen können, das Bewusstsein der Jugendlichen für problematische Mediennutzungsmuster zu stärken und zur Prävention beizutragen. Hierbei sollten die Anbahnung einer kritischen Reflexion des eigenen Medienverhaltens sowie das Erlernen von Strategien zum Umgang mit den Herausforderungen des Internets im Mittelpunkt stehen. Der Europäische Referenzrahmen für digitale Kompetenzen (vgl. Kapitel 3.3) bietet mit den Kompetenzbereichen 2.5 (Netiquette), 2.6 (Verwaltung der digitalen Identität), 4.1 (Schutz von Geräten), 4.2 (Schutz von personenbezogenen Daten und der Privatsphäre) und 4.3 (Schutz von Gesundheit und Wohlbefinden) sehr überzeugende medienkompetenzorientierte Anknüpfungspunkte für die Behandlung kritischer Aspekte einer

Nutzung digitaler Medien. So lautet z. B. die Beschreibung für Kompetenzbereich 4.3 (*Protecting health and well-being*):

> „To be able to avoid health-risks and threats to physical and psychological well-being while using digital technologies. To be able to protect oneself and others from possible dangers in digital environments (e.g. cyber bullying). To be aware of digital technologies for social well-being and social inclusion." (Carretero et al. 2017, S.11)

Auf der Internetseite der EU-Initiative *klicksafe* sind Unterrichtsmaterialien zu vielen der hier angesprochenen Themen frei in deutscher und englischer Sprache verfügbar (https://www.klicksafe.de).
Auch die Internetseite https://www.webwise.ie bietet zahlreiche Materialien für den Englischunterricht in englischer Sprache.

Die angeführten Beispiele zeigen eindeutig, dass digitaler Selbstschutz ein breit gefächertes Thema ist und exzessiver Medienkonsum, die Konfrontation mit unangemessenen Inhalten und Kontakten sowie eine mangelnde Sensibilität im Umgang mit den eigenen Daten sowie die Verletzungen der Datenvertraulichkeit schwerwiegende Folgende haben können. Trotzdem können diese Themen auch in einem medienkompetenzintegrativen Englischunterricht nur exemplarisch behandelt werden.

Die aufgeführten Themen lassen sich im weitesten Sinne dem Bereich geistige und körperliche Gesundheit zuordnen. Ihre Behandlung kann zu einer Steigerung der *mental* sowie *physical health literacy* der Schülerinnen und Schüler beitragen. Nutbeam versteht *physical health literacy* (körperliche Gesundheitskompetenz) als „the cognitive and social skills which determine the motivation and ability of individuals to gain access to, understand and use information in ways which promote and maintain health" (2015, S. 451). Eng darin anknüpfend meint *mental health literacy* „knowledge and beliefs about mental disorders which aid their recognition, management or prevention" (Jorm 2000, S. 396). Wissen und Fähigkeiten in beiden Bereichen sind wichtig, um sowohl die eigene körperliche als auch psychische Gesundheit zu erhalten und zu schützen, aber auch, um gravierende Auswirkungen wie psychische Störungen zu vermeiden.

11.2 *Digital addiction*

Das 1979 erschienene Buch *Die Droge im Wohnzimmer* von Marie Winn zur Fernsehsucht in deutschen Familien scheint in unserer medienbeeinflussten Zeit aktueller denn je. Das analoge TV weicht mehr und mehr anderen Endgeräten, mehr und mehr Abhängigkeiten kommen hinzu: Computer-, Smartphone- und Computerspiel-Abhängigkeit sowie andere Formen eines dysfunktionalen Medienverhaltens sind längst keine Einzelphänomene mehr. Digitale Abhängigkeit ist innerhalb weniger Jahre zu einem etablierten Feld der Cyberpsychologie geworden.

Ausgewählte Formen digitaler Abhängigkeit

- Digital devices, e. g. smartphone addiction
- Digital platforms, e. g. social media addiction, *Google* search addiction, Internet addiction, compulsive information seeking
- Digital media, e. g. Internet gaming disorder, online gambling addiction, mobile apps addiction, online shopping addiction, *Netflix* addiction

Vor allem Kinder und Jugendliche können schnell und unbeabsichtigt in eine Abhängigkeit von Smartphones, Spielekonsolen, sozialen Medien, Internet oder Streamingseiten geraten. Dabei führt nicht das Internet als solches zu einer Abhängigkeit, sondern bestimmte Online-Aktivitäten und -inhalte, die als suchtfördernd gelten. Des Weiteren kommen, wie bei anderen Süchten auch, unterschiedliche Faktoren zusammen. Oft sind es mangelnde Aufmerksamkeit, Einsamkeit, ein geringes Selbstwertgefühl, das Bedürfnis dazuzugehören oder emotionale Instabilität, die überhaupt erst zu einem ungesunden Medienverhalten führen. Virtuelle ersetzen realweltliche soziale Gemeinschaften (ebd.), wobei positive Trends wie Internet-Memes als kollektiver *coping mechanism* und *Hashtags* als Mittel, sich mit anderen zu verbinden oder Bewegungen anzuschließen, nicht außer Acht gelassen werden sollten.

> „Die Ergebnisse des Drogenberichts 2019 der Techniker-Krankenkasse im Hinblick auf die Digitalsucht sowie postpandemische Entwicklungen sind alarmierend und müssen als Anlass für eine verstärkte Thematisierung an Schulen genommen werden. Der Englischunterricht hat sich bei der Behandlung solch aktueller, insbesondere sensibler Themen immer wieder als eine der geeignetsten Plattformen für einen Austausch und eine Bewusstseinsentwicklung mehr als bewährt."
>
> (Veronika Martinez, Lehrerin an einer bayerischen Berufsschule)

Neben der spezifischen Thematisierung unterschiedlicher Suchtfelder ist vor allem das Besprechen von Anzeichen für Online-Sucht sinnvoll, dadurch kann auch der Englischunterricht entscheidend dazu beitragen, das (mentale) gesundheitliche Bewusstsein von Schülerinnen und Schülern zu stärken und ihnen dabei helfen, Warnsignale zu erkennen, Bewältigungsstrategien anzuwenden und Hilfe zu suchen. Denn gerade Heranwachsende sind, abgesehen von strukturellen und finanziellen Hürden, oft gehemmt, gesundheitliche Probleme anzuerkennen und aktiv Hilfe zu suchen (Gulliver/Griffiths/Christensen 2010). Nicht zuletzt, weil sie Diskriminierung und Ausgrenzung fürchten.

Physical symptoms	Mental symptoms	Social symptoms of internet addiction
• Sleeplessness • Digestive problems • Change in appearance • Weight loss/weight gain	• Always on (loss of control) • Concentration problems • Memory problems • Finding it increasingly difficult to distinguish between reality from fantasy	• Mood swings • Social isolation • Lack and/or loss of personal relationships • Lying about and concealing internet use

Tab. 42: *Signs and symptoms of online addiction*

Auch wenn der Englischunterricht kein kontinuierliches Medientraining anbieten kann, so kann z. B. durch kleine Umfragen und Selbstbeobachtungsübungen das Bewusstsein für ungesundes Medienverhalten gesteigert und Bewältigungsmechanismen (*coping and prevention strategies*) eingeübt werden. Dazu zählen z. B.:

- unplug or put your phone on flight mode when doing something else or before going to bed;
- turn off notifications regularly, especially when doing something else or being with real people;
- apply digital detox and
- practice mindfulness intervention strategies.

11.3 Cybermobbing

Die Anonymität der Netzwelt kann die Hemmschwelle für bestimmte Verhaltensweisen herabsetzen. So zeigen die Ergebnisse der *Cyberlife III-Studie* des Bündnisses gegen Cybermobbing, dass Kinder und Jugendliche immer häufiger von systematischer Ausgrenzung über einen längeren Zeitraum betroffen sind (17,3 % im Jahr 2020). Im Gegensatz zum Offline-Mobbing haben Betroffene kaum noch Gelegenheit, Ausgrenzung und systematischem Anfeinden zu entkommen, denn gemobbt wird nicht länger ausschließlich auf dem Schulhof oder im Jugendhaus, sondern auch, und oft zusätzlich, im digitalen Raum:

> „Durch WhatsApp-Gruppen und Social Media ist Mobbing jetzt immer möglich, sieben Tage die Woche – 24 Stunden am Tag. Unabhängig von Zeit und Ort. Das kann z. B. sein, unerlaubt und ungefragt Bilder des ‚Opfers' ins Netz zu stellen. Das gezielte ‚Nichteinladen' zu einer Party, bei der sonst alle dabei sind. Oder aber das öffentliche Runtermachen im Klassenchat." (Bündnis gegen Cybermobbing 2020, S. 4)

Die Gründe für Cybermobbing, auch Cyberbullying oder Internetmobbing, sind vielfältig und liegen nicht immer in der Ablehnung gegenüber einer bestimmten Person begründet. So zählen z. B. auch selbstjustiziarische Motive, Langeweile, das Bedürfnis, cool zu sein, und schlechte Laune, vor allem bei Jüngeren, zu den stark alters- und schulformabhängigen Gründen für Mobbing (ebd., S. 108–109). Dabei kann Cybermobbing, auch in Verbindung mit rassistischen Motiven oder der Ausgrenzung von unterschiedlichen Genderidentitäten, verschiedene Formen annehmen. Hierzu zählen Ausgrenzung, z. B. durch die Ablehnung von Freundschaftsanfragen, die Verbreitung von intimen oder unangenehmen Fotos und Videos bis hin zu Unterdrucksetzen, Erpressung und Bedrohung. Täter- und Opferrolle, so die Studienergebnisse, gehen fließend ineinander über, ein Teil der Täter war auch schon einmal Opfer. Gerade die Folgen von sozialer Ausgrenzung in der digitalen Welt können schwerwiegend sein und u. a. zum Einnehmen schädlicher Substanzen, wie Alkohol oder Tabletten, aber auch zu konkreten Suizidgedanken führen. Cybermobbing wird vor allem dadurch erleichtert, dass immer mehr Jugendliche persönliche und sensible Informationen auf sozialen Medien wie *TikTok* und *YouTube* ins Netz stellen.

Formen von Cybermobbing

- Schikane (*harassment*): Beleidigungen und Bedrohungen
- Verunglimpfung (*denigration*): Versenden, Posten und Verbreiten von Gerüchten mit dem Ziel des Rufmords
- Betrug (*impersonisation*): Identität einer anderen Person annehmen und in deren Namen Nachrichten verschicken
- Verrat (*outing*): Geheimnisse anderer auf sozialen Medien öffentlich machen
- Ausgrenzung (*exclusion*): absichtliches Ausschließen z. B. aus Chat-Gruppen
- Flaming: kurze, oft aggressive und vulgäre Online-Kontakte
- Cyberstalking: Stalking über soziale Medienkanäle

(basiert auf AKJS o. D.)

Bei der Diskussion von Cybermobbing geht es nicht darum, die konkreten Erfahrungen einzelner Schülerinnen und Schüler zu thematisieren, sondern Interventionsmöglichkeiten aufzuzeigen und Regeln für die digitale Kommunikation, auch im Unterricht, z. B. im Rahmen von Projekten, zu besprechen. Auch Fragen wie „Wo fängt Cybermobbing an?" und „Was ist Spaß und was nicht?" können sinnvolle Ausgangspunkte sein. Des Weiteren sollte es vor allem darum gehen, Privatsphäreeinstellungen und den Umgang mit sensiblen Informationen im Netz zu thematisieren. Simulationen und Rollenspiele können Lernenden helfen, unterschiedliche Perspektiven des Cybermobbings zu beleuchten.

11.4 Schönheitstrends und *body norms*

Immer mehr Kinder und Jugendliche suchen nicht nur im Fernsehen (Werbung, *Germany's Next Topmodel, Der Bachelor*), sondern auch und gerade im Internet nach (Körper-)Vorbildern und dem perfekten Körper. Ganz hoch im Kurs stehen hier die (Selfie-)Inszenierungen von *celebrities* und *influencers*, die unter zahlreichen *Hashtags* wie *#fitspiration* auf *Instagram* und *TikTok* zu finden sind.

Selfie

Selfie meint ein meist spontanes mit der Tablet- oder Smartphone-Kamera aufgenommenes Porträt der eigenen Person. Neben dem klassischen Selfie gibt es auch *ussies* und *groupies* (Gruppenporträts) oder *relfies* (Darstellung eines glücklichen Paares) sowie zahlreiche spezifische Selfies, die eine oder mehrere Personen in einer bestimmten Position (Pose), an einem Ort oder bei einer Tätigkeit zeigen. Hierzu zählen u. a. *shelfies* (Abbildung vor dem Bücherregal), *suglies* (die abgebildete Person gibt sich besonders viel Mühe, hässlich auszusehen) oder *helfies*, bei denen der Schwerpunkt auf den Haaren liegt. #selfie zählt zu den erfolgreichsten Hashtags auf *Instagram*.

„Die stets perfekten Körper und Leben, die auf den sozialen Netzwerken suggeriert werden, bilden entsprechend großes Nachahmungspotenzial bei den Heranwachsenden und prägen nachhaltig das Verständnis von Schönheit" (Landesmedienzentrum Baden-Württemberg o. D.). Des Weiteren ist auch der eigene Körper „zentrales Mittel und Vehikel der Selbstdarstellung und Selbststilisierung" geworden (Misoch 2007, S. 141). Auch hier nehmen soziale Medien einen besonders hohen Stellenwert ein, denn sie bieten eine Fülle körperlicher Selbstinszenierungsmöglichkeiten und erlauben, (körperliche) adoleszente Handlungspraktiken in den virtuellen Raum zu verlängern (Ludwig 2022; vgl. auch Misoch 2007, S. 139). Der eigene Körper wird nicht länger nur durch Diäten, Krafttraining und Schönheitsoperationen, sondern zunehmend auch durch Applikationen wie *Facetune* zum machbaren Objekt erklärt. Auch wenn soziale Netzwerke durchaus Raum für die sogenannte *#bodypositive*-Bewegung geben, herrscht gerade bei jugendlichen Nutzerinnen und Nutzern ein Defizitgefühl bezüglich ihres eigenen Körpers vor, das nicht selten einen krankhaften Selbstoptimierungswillen hervorruft (König 2020, S. 141), der sowohl körperlich als auch psychisch krank machen und auch zu (Cyber-)Mobbing führen kann. Eines von zahlreichen Beispielen sind sogenannte *body challenges*, die Nutzende dazu animieren, bestimmte Körperteile zu posten oder sich dabei zu filmen, wie sie bestimmte Handlungen ausführen, für die man relativ ungewöhnliche körperliche Merkmale benötigt. So geht es z. B. bei der *bellybutton challenge* darum, den Arm um die Hüfte zu legen und den Bauchnabel zu berühren, während die *collarbone challenge* dazu animiert, eine möglichst große Anzahl von Geldmünzen auf das eigene Schlüsselbein zu legen. Auch in den Bereichen Körper und Schönheit spielen Algorithmen eine besondere Rolle, denn sie tragen dazu bei, dass Nutzenden verzerrte Schönheitsideale (und nackte Haut) häufiger angezeigt werden als andere Körper- und Schönheitsformen (Bädan et al. 2020, S. 7).

Vor diesem Hintergrund sollte auch der Englischunterricht Schülerinnen und Schülern Raum geben, Schönheitsideale kritisch-reflektiv zu hinterfragen und den Einfluss z. B. von Influencern auf das eigene Körperbild zu betrachten und Schönheitstrends im Netz wie Beautyalgorithmen, *bodyshaming* (die Beleidigung von Menschen aufgrund des eigenen Körpers), *body modification* (also optische Veränderungen des Körpers) oder *filter functions* kritisch zu diskutieren.

Spätestens seit *Photoshop* ist die Bearbeitung von Bildern zu unterschiedlichen Zwecken gang und gäbe. Auch wenn die *#nofilter*-Community wächst, ist die Angst, beim Posten von natürlichen Bildern nur wenige bzw. gar keine Likes und Shares zu bekommen bzw. sogar beleidigt zu werden, immer noch groß. Das folgende Unterrichtsbeispiel konzentriert sich auf die kritische (und selbstreflexive) Diskussion von *beauty filters* und *modes* (sowie wahlweise anderer Filter) in sozialen Medien. Im Rahmen der Unterrichtsaktivität setzen sich Lernende kritisch mit den Vor- und Nachteilen von Filterfunktionen auf sozialen Plattformen auseinander.

Pre-task	Zur Einführung zeigt die Lehrkraft z. B. ein Bild einer Person, die einen Filter benutzt hat. In Partnerarbeit erstellen die Lernenden eine Liste mit Beauty-Filtern, z. B. auf *Instagram*, *Snapchat* (hier heißen Filter *lenses*) oder *TikTok*, die sie schon einmal benutzt haben, und sammeln persönliche Gründe für die Nutzung von Beauty-Filtern. Die Ergebnisse werden im Plenum gesammelt.
While-task	Ziel ist es nun, dass die Lernenden die Vor- und Nachteile von *beauty filters* in Kleingruppen erarbeiten. Advantages: You can express your personality in a fun way, be creative, increase your followers, overcome your shyness ... Disdvantages: Filters can make you feel less confident about yourself in real life, lead to serious illnesses such as depression, body dysmorphia, fake perfection syndrome ...
Post-task	Die Lehrkraft erklärt den Lernenden nun, dass in einigen Ländern wie Frankreich und Norwegen retouchierte Bilder z. B. von Models als solche gekennzeichnet werden müssen. Ausgehend von den Vor- und Nachteilen von *beauty filters* diskutieren die Lernenden die Einführung eines solchen Gesetzes auch in Deutschland.

Tab. 43: Unterrichtseinheit zum Thema *filtered or non-filtered*

11.5 *Grooming*

Gerade Kinder und Jugendliche sind im Internet immer wieder Belästigungen unterschiedlicher Art ausgesetzt. Dieses als *Cyber-Grooming* bezeichnete Phänomen (von engl. *to groom* anbahnen, pflegen, zurechtmachen) bedeutet, dass sich Erwachsene (*cyber groomers, online predators*) das Vertrauen von Jugendlichen in digitalen Räumen wie Gaming-Portalen erschleichen, indem sie sich als Gleichaltrige ausgeben, vorgeben, die Probleme der Jugendlichen zu verstehen, oder auch als Modelagenten sowie Profi-Gamer auftreten. *Cyber-Groomern* kommt dabei entgegen, dass immer mehr Jugendliche vor allem soziale Medien dazu nutzen, um über ihre Träume, Hoffnungen, aber auch Probleme zu sprechen (vgl. Ludwig 2022). Oft bleibt es nicht bei der sprachlichen Belästigung, denn harmlose Chats führen nicht selten zu sexueller Belästigung, Menschenhandel (*human trafficking*), Versklavung, Prostitution und vielem mehr. Besonders *human trafficking*, angebahnt durch das Kontaktieren von Kindern und Jugendlichen im Internet, ist ein globales Problem, auch in westlichen Ländern. So betonen Reid und Fox: „human trafficking has gone digital and dark" (2020, S. 77), es ist „largely [being] facilitated by digital technologies such as mobile phones and social networking sites" (ebd.).

Cyber-Grooming ist sicherlich ein heikles Unterrichtsthema. Bei der Behandlung im Englischunterricht geht es jedoch nicht vornehmlich darum, die persönlichen Erfahrungen von Schülerinnen und Schülern zu besprechen, sondern sie für die Problematik zu sensibilisieren und sie auch in der englischen Sprache dazu zu befähigen, Warnsignale sowie typische Muster und Strategien des *Cyber-Grooming* zu erkennen und entsprechend darauf zu reagieren (Tab. 44).

Das Ministerium für Schule und Bildung des Landes Nordrhein-Westfalen in Kooperation mit der Landesanstalt für Medien NRW bietet kurze Ideen zur Besprechung des Themas, die auch im Englischunterricht genutzt werden können (vgl. Ministerium für Schule und Bildung des Landes Nordrhein-Westfalen/Landesanstalt für Medien NRW (o. D.).

Typical warning signals	Typical language	How to avoid becoming a victim of cybergrooming
Somone you don't know wants • to meet you offline, • you to tell them your address, • tells you to keep your chat secret, • you tell them pictures and/or talk about sex.	Groomers usually show empathy, make compliments, offer friendship. They use language like: • I feel you. • I know what you are going through. • I think you're beautiful. • I'll make you successful.	Don't • send or accept friend requests from people you don't know, • share personal information with people you don't know, • use your camera with people you don't know, • use privacy settings, • talk to someone if you're contacted, • block groomers, • avoid using sex-related nicknames.

Tab. 44: *Cyber-Grooming* auf einen Blick

11.6 Sicherheit im Netz

Immer wieder kommt die Frage auf, welche Plattformen und Tools man im Englischunterricht einsetzen darf, denn die Lehrkraft ist für die Datensicherheit der Schülerinnen und Schüler verantwortlich. Dies ist besonders wichtig, wenn es darum geht, z. B. Projektergebnisse von Lernenden online zu stellen. Ein sicherer digitaler Medieneinsatz steht also im Vordergrund. Wichtig ist, dass die eingesetzten Medien EU-DSGVO-konform sind, also der Datenschutzgrundverordnung entsprechen. Auch Aspekte wie Urheberrecht und Kostenfreiheit sollten beachtet werden. Welche digitalen

Medien konkret im Unterricht eingesetzt werden dürfen und welche Regeln dabei beachtet werden sollten, ist klar durch die einzelnen Bundesländer geregelt und kann sich von Bundesland zu Bundesland durchaus unterscheiden. Die Seiten der Kultusministerien und Lehrerfortbildungs-Server Ihres jeweiligen Bundeslandes bieten Ihnen dazu in der Regel alle wichtigen Informationen. Auch ein klärendes Gespräch mit den IT-Experten Ihrer Schule kann helfen.

Zusätzlich können folgende Regeln bei der Planung von Unterrichtseinheiten mit Apps oder anderen digitalen Tools und Plattformen helfen:

- Es wird mit Dienstleistern gearbeitet, die landesrechtlich erlaubt sind.
- Es werden keine persönlichen Informationen der Schülerinnen und Schüler gespeichert (Namen, Bilder usw.).
- Konten werden pseudonym oder durch einen (gemeinschaftlichen) Account der Lehrkraft genutzt.
- Schutzprogramme wie Firewalls sind auf den Geräten, welche die Lernenden nutzen, auf dem neuesten Stand.
- Die Einwilligung der Eltern liegt, falls notwendig, vor.
- Werbung wird, wo möglich, unterdrückt. (basierend auf Wampfler 2020, S. 64)

Davon abgesehen ist es im Sinne der Entwicklung der Medienkompetenz der Lernenden wichtig, Aspekte wie Urheberrecht, Copyright sowie Daten- und Jugendschutz auch mit Schülerinnen und Schülern explizit zu thematisieren und ihnen Regeln zum sicheren Umgang im Netz an die Hand zu geben. Denn das Internet will alles wissen und vergisst nichts. Dabei sind u. a. folgende Aspekte wichtig:

- Rechte im Internet;
- Rechte am eigenen Bild;
- Urheberrecht;
- Werbung und versteckte Kostenfallen;
- Schutz der Privatsphäre.

12 Reflexion und Bewertung in digitalen Lernumgebungen

12.1 Einführung in das Kapitel

EINLADUNG ZUM VORDENKEN

- Welche Herausforderungen sehen Sie bei der Bewertung digitaler Lernprozesse mit traditionellen Prüfungs- und Bewertungsmethoden?
- Welche neuen Formen der Leistungsbewertung durch digitale Medien fallen Ihnen ein? Welche nutzen Sie bereits im Unterricht?

Leistungsbewertung und Leistungsrückmeldung im Englischunterricht stellen eine komplexe Thematik dar, die uns immer wieder aufs Neue vor große Herausforderungen stellt. Neben der Beurteilung der rezeptiven und produktiven Sprachleistungen gilt es auch, andere in den Kernlehrplänen ausgewiesene Kompetenzen miteinzubeziehen. Dazu zählen u. a. die interkulturellen und methodischen Kompetenzen der Lernenden (vgl. u. a. Thaler 2012, S. 297–316; Grimm/Meyer/Volkmann 2015, S. 263–292). Dabei gelten nicht nur Kriterien wie Quantität und Qualität, sondern auch Kontinuität und die Eigeninitiative sowie Selbstständigkeit der Schülerinnen und Schüler. Auf den alters- und entwicklungsspezifischen Stand der Lernenden sollte ebenfalls Rücksicht genommen werden. Neben unterschiedlichen schriftlichen Leistungen wie Klassenarbeiten, Klausuren, Facharbeiten, kurzen schriftliche Leistungen im Unterricht, Hausaufgaben und Lerntagebüchern nehmen mündliche Leistungen wie Unterrichtsgespräche, Partner- und Gruppenarbeiten sowie Referate einen zunehmend großen Raum ein; auch die mündliche Prüfung wird zu einer häufigeren Prüfungsform (vgl. u. a. Matz/Rogge/Rumlich 2022).

Im digitalen Zeitalter geraten klassische Formate der Leistungsüberprüfung (*testing*), Leistungsmessung (*assessment*) und Leistungsbeurteilung (*evaluation*) immer mehr an ihre Grenzen. Erstens sind Schülerinnen und Schüler der *Hurry up and „like" me culture* (Jong/Drummond 2016) durch soziale Netzwerke, Computerspiele und Lern-Apps oft an sofortiges (*immediate*) Feedback gewöhnt, zusammenfassende und rückblickende Rückmeldungen entsprechend immer weniger ihrem Alltagsverhalten. Zweitens können standardisierte Prüfmethoden an Schulen (digitale) Lernerfolge von Lernenden häufig nicht erfassen, denn sie setzen herkömmliches Lernen voraus. Lernerfolge im Netz sind hingegen viel individueller als Lernprozesse im Standardunterrichtssetting. Selbsteinschätzung, Selbstbewertung und Selbstreflexion, also der aktiven Einbindung der Schülerinnen und Schüler in die kontinuierliche Bewertung ihres eigenen Lernens, kommt damit in digital gestützten und virtuellen Lernumgebungen viel mehr Bedeutung zu. Erwartungshorizonte abzustecken und Leistungen innerhalb einer Lerngruppe zu vergleichen wird immer schwieriger (Wampfler 2015; vgl. auch Schubert 2021, S. 32). Kurz gesagt: Eine neue, lernendenzentrierte Lernkultur braucht auch einen neuen Umgang mit der Bewertung von Leistungen (vgl. u. a. Häcker/Beutel 2012). Es müssen

- die digitalen Lernvoraussetzungen der Schülerinnen und Schüler mitgedacht,
- digitale Kompetenzen in den Bewertungsprozess miteinbezogen und
- digitale Lernprozesse und digitale Lernprodukte stärker berücksichtigt werden.

Zwei Beispiele: Einerseits bringen Schülerinnen und Schüler Erfahrungen im Bereich des digitalen Lesens mit in die Schule, andererseits bedeutet Lesen heute mehr, als einen Text nur sinnentnehmend zu lesen. Abgeprüft werden im Unterricht aber weiterhin weitestgehend klassische Teilkompetenzen wie das Verstehen, Bewerten und Nutzen eines Textes, meist ohne dabei die Fähigkeiten der Lernenden, einen digitalen Text navigieren zu können, miteinzubeziehen. Digitale Wörterbücher, maschinelle Übersetzungen und *text-to-speech conversion* werden auch im Englischunterricht immer beliebter (vgl. Kapitel 6.6.1), die eigene Übersetzungs- und auch Verstehensleistung wird immer unwichtiger, Textverständnisaufgaben zum Teil bedeutungslos, wenn Programme schnellere und akkuratere Übersetzungen bereitstellen können.

In den Vordergrund rücken jedoch Kompetenzen wie die Fähigkeit, maschinelle Übersetzungen zu bewerten und vor allem zwischen einer transparenten und sinnvollen Nutzung und Schummeln unterscheiden zu können. So hebt Stickler hervor: „Maybe we need to test students' skilful employment of all available tools to make meaning in negotiation with more or less competent speakers of the target language rather than setting tasks that a computer can fulfil quicker and better" (2022, S. 30). Kurz gesagt: Kreative, digitale Tools und Lernprodukte finden im Unterricht immer häufiger Verwendung, abgeprüft werden sie hingegen eher selten.

Auch in Hinblick auf eine zunehmende Heterogenisierung heutiger Lerngruppen bieten digitale Medien zahlreiche Möglichkeiten, Prüfungen und Bewertungen so zu gestalten, dass sie möglichst inklusiv sind. Dabei stehen drei Fragen besonders im Vordergrund:

- Are the assessment methods and tasks accessible to all students?
- Can all aspects of proficiency be assessed?
- Can neurodiverse students in the class meet the standards set for the general population? (Oxford University Press ELT Expert Panel UP o. D., S. 31).

Gerade Lernende mit besonderen Lernbedarfen können nicht nur von multimodalen und multisensorischen Formen z. B. des Feedbacks profitieren, sondern auch von oft kurzen Antworten von Lernsoftwares sowie der Erstellung und Bewertung digitaler Lernprodukte.

Klar ist, dass sich mit neuen Formen des Bewertens auch die Rolle der Lehrkraft ändert, denn das Ausfüllen der Rolle des Lernbegleiters bzw. der Lernbegleiterin erfordert neue Kompetenzen. Diagnostische Kompetenz wird wichtiger. Diese beginnt mit dem Bewusstsein der Lehrkräfte für die Notwendigkeit einer genauen Beobachtung des fremdsprachlichen Lernzuwachses einzelner Lernender und

> „schließt die Fähigkeit ein, diesen zu interpretieren und in Reaktion darauf den Lernern adäquate Hilfe zu geben. Der geschickte Einsatz von Test- und Einschätzungsmaterial wird Teil der Kompetenz." (Kubanek/Edelenbos 2012, S. 2)

Vor diesem Hintergrund stellt dieses Kapitel innovative Wege der Leistungsbewertung, Evaluation und Reflexion in digitalen Lehr- und Lernprozessen exemplarisch vor.

12.2 Leistungsbewertung und -messung in der digitalen Welt

In ihrer ergänzenden Empfehlung „Lehren und Lernen in der digitalen Welt" (2021) – die ergänzende Empfehlung zu ihrer „Strategie Bildung in der digitalen Welt" – geht die Kulturministerkonferenz der Länder explizit auf das Ziel einer Weiterentwicklung der Prüfungskultur und der Etablierung neuer Prüfungsformate ein, die sich aus einer rasant verändernden Lernkultur ergeben (KMK 2021, S. 13–15). So fordert die KMK zusammengefasst eine Weiterentwicklung der bestehenden Prüfungskultur im Sinne des *Constructive Alignments,* die einerseits die von Lernenden erworbenen Kompetenzen in der digitalen Welt mit einbezieht und andererseits die Möglichkeiten des Digitalen zur Entwicklung von Prüfungsformaten nutzt. Es sollen neben klassischen handschriftlichen Klassenarbeiten und Klausuren auch verstärkt digitale Medien und Werkzeuge zur Anpassung und Weiterentwicklung bestehender Prüfungsformate genutzt werden:

> „Der in den Ländern genutzte Katalog an Prüfungsformaten besteht zurzeit mehrheitlich aus Prüfungsaufgaben, die analoges Material in einem festgelegten Zeitraum bearbeiten lassen. Es ist darüber hinaus sicherzustellen, dass Fähigkeiten zur Bewältigung der Anforderungen, die zur Durchdringung und Gestaltung einer digitalisierten Welt notwendig sind, überprüft werden." (ebd., S. 13)

Die 4Ks – Kreativität, Kollaboration, kritisches Denken und Kommunikation – im Kontext digitalen Lernens stehen dabei verstärkt im Vordergrund (vgl. Kapitel 3.6). Die Fähigkeit, sich Wissen und Inhalten verstärkt diskursiv zu nähern, soll genauso stärker berücksichtigt werden wie die Förderung lernbegleitender Reflexion und anderen metakognitiven Prozessen (ebd., S. 14). Nicht zuletzt sollen Lernfortschritte weniger summativ (*summative assessment*) und mehr formativ (*formative assessment*) und prozessbegleitend überprüft werden. Der Fortschritt der Schülerinnen und Schüler im Laufe ihrer individuellen *learning journeys* rückt in den Vordergrund. Dabei sollten wir nicht vollkommen unkritisch außer Acht lassen, dass Schülerinnen und Schüler in einer Gesellschaft aufwachsen, „die zunehmend durch allgegenwärtige Bewertung gekennzeichnet ist" (Nölte 2017, o. S.). Ständiges Liken, Rating und Ranking beeinflusst und trainiert die „Wahrnehmungs-, Denk- und Beurteilungsschemata" (Mau 2017, S. 13, zit. nach ebd.).

Konkret bedeutet dies weit mehr als die Verlegung von Klassenarbeiten und Klausuren in den digitalen Raum. Vielmehr geht es um das verstärkte Fördern digitaler Kompetenzen, das Erstellen digitaler Produkte und die Förderung alternativer Leistungsnachweise. Dabei stehen nicht mehr nur sprachliche Richtigkeit und inhaltliche Aspekte wie Aufbau, Darstellung und Quellenarbeit im Vordergrund, sondern eben auch Kompetenzen wie die Kollaboration und Kommunikation der Lernenden untereinander sowie deren Reflexionsfähigkeit. Ebenfalls sollten die (Selbst-)Reflexionskompetenzen der Lernenden durch digitale Lerntagebücher und Portfolios, aber auch einfache Methoden wie digitale (auch visuelle) *progress charts* und online verfügbare *checklists* ausgebaut und auch verstärkt in die Bewertung miteinbezogen werden.

Gerade formative Formen des Bewertens können Lernende dabei unterstützen, zu mündigen Bürgerinnen und Bürgern in der digitalen (Bewertungs-)Gesellschaft zu werden, und ihnen dabei helfen, „die gesellschaftliche Relevanz von selbst- und fremdbestimmter Bewertung besser zu verstehen" (Nölte 2017, o. S.). Formative Bewertung bedeutet, dass Schülerinnen und Schüler nicht anhand der kriterialen oder sozialen, sondern anhand der individuellen Bezugsnorm bewertet werden. Der Lernstand des Einzelnen wird kontinuierlich bewertet, woraus sich nächste Lernschritte und individuelle Fördermaßnahmen ergeben (*assessment for learning*). Die abschließende Bilanz, also die summative Lernkontrolle (*assessment of learning*), kann unter Umständen sogar ganz entfallen. Auch in Hinblick auf den Anspruch der Inklusion besitzen formative Bewertungsformen großes Potenzial, denn der individuelle Lernweg steht im Vordergrund und eben nicht der „Fortschritt […] im Gleichschritt“ (ebd.).

Auch der Bereich des *Learning Analytics* (*Big Data*) wird immer wichtiger. Hierbei werden die Daten jedes Lerners im Laufe des Lernprozesses erhoben, analysiert und anschließend ausgewertet. So erhalten Schülerinnen und Schüler ein spezifisches Lernangebot, das individuell und gezielt auf ihre inhaltlichen und didaktischen Lernbedarfe ausgerichtet ist. Die Leistungsrückmeldung kann objektiver, evidenzbasierter und adaptiver in den drei Schritten Erfassung des Lernstands, Lernschrittüberprüfung und Anpassung von Lernzielen und weiteren Aufgaben erfolgen. Doch auch hier kommt der Lehrkraft eine wichtige Rolle zu, denn sie ist aktiv an der Interpretation der Daten beteiligt und für die Bereitstellung weiterführender Lernangebote verantwortlich.

„Changing our understanding of assessment will take time“, hebt Ursula Stickler in ihrem 2022 erschienenen Buch *Technology and Language Teaching* richtig hervor, „[h]owever, we need to work with technology and not against it when we are trying to make our learners fit for a world of online and offline communication in the target language“ (Stickler 2022, S. 30).

12.3 Feedback

Feedback, also Informationen, die Schülerinnen und Schülern über ihr Wissen, ihre Leistungen und ihren Lernstand gegeben werden, ist ein integraler Bestandteil (digitalen) prozessbezogenen Lernens. Sowohl Feedback (Wo stehst du gerade in Relation zum Lernziel?) als auch *Feedforward* (Welche konkreten Schritte kannst du von hier aus gehen, um dem Lernziel näher zu kommen?), durch andere Lernende (*peer feedback*) und durch die Lehrkraft (*teacher feedback*) helfen Schülerinnen und Schülern, ihr eigenes Lernen besser zu reflektieren und sich besser einschätzen zu können. Vor allem „[f]ormatives Feedback gehört zu den wirkungsmächstigsten Einflussfaktoren für die Lern- und Leistungsentwicklung von Schülerinnen und Schülern“ (Käfer/Herbein/Fauth 2021, S. 6). In digital gestützten Lernumgebungen findet sich neben dem Feedback durch Lern-Softwares auch das gegenseitige Feedback zum Beispiel im Rahmen von Projektarbeiten oder kollaborativen Schreibaufgaben, wobei nicht nur diejenigen profitieren, die Feedback bekommen, sondern auch vor allem diejenigen Lernenden, die Feedback geben. Sie nutzen die Fremdsprache im Rahmen authentischer Gesprächssituationen und üben metakognitive Strategien ein.

Seitens der Lehrkraft können bereits mit einfachen Tools wie *Kahoot*, *Quizlet* oder *Socrative* erstellte Online-Quiz ganz niederschwellig genutzt werden, um Schülerinnen und Schüler vor allem in adaptiven und personalisierten Lernumgebungen mit regelmäßigem Feedback zu versorgen, aber auch, um Informationen über den Lernstand einzelner Lernender zu bekommen. Die Forschung zeigt, dass Schülerinnen und Schüler vom Testeffekt profitieren können, das selbstgesteuerte Lernen wird gefördert und die langfristige Behaltensleistung wird erhöht (vgl. Rüth et. al. 2020, S. 25). Gutes Feedback, egal ob analog oder digital, will jedoch gelernt sein. So sollten z. B. konkrete Beobachtungen benannt werden, das Feedback sollte nicht zu lang sein, zum richtigen Zeitpunkt im Lernprozess erfolgen und konkrete Handlungsanweisungen enthalten. Digitale Medien bieten zahlreiche Möglichkeiten, direktes und auch individualisiertes Feedback zu geben, z. B. über die Kommentarfunktion in kollaborativen Schreibtools wie *ZUMPad* oder *GoogleDocs,* die Erstellung digitaler FAQ, gerade wenn man merkt, dass mehrere Lernende an einer bestimmten Stelle nicht weiterkommen oder Tools wie *Mentimeter* oder *Wooclap,* die erlauben, differenziertes Feedback in verschiedenen Formen zu geben. Auch Feedback in Form von Videos, z. B. mit *Flipgrid* oder *Screencasts,* also das Abfilmen des eigenen Bildschirms, z. B. mit *Screencastify* oder *Screencast-O-Matic,* ist möglich. Des Weiteren lässt sich auch *peer feedback* durch digital angereicherte Methoden leicht und unkompliziert fördern. Bei digitalen *Gallery Walks* (z. B. mit *Padlet* oder dem *Whiteboard*) lassen sich Fragen und Kommentare posten, *Breakout Rooms* können leicht zum *Feedback-Speed-Dating* genutzt werden.

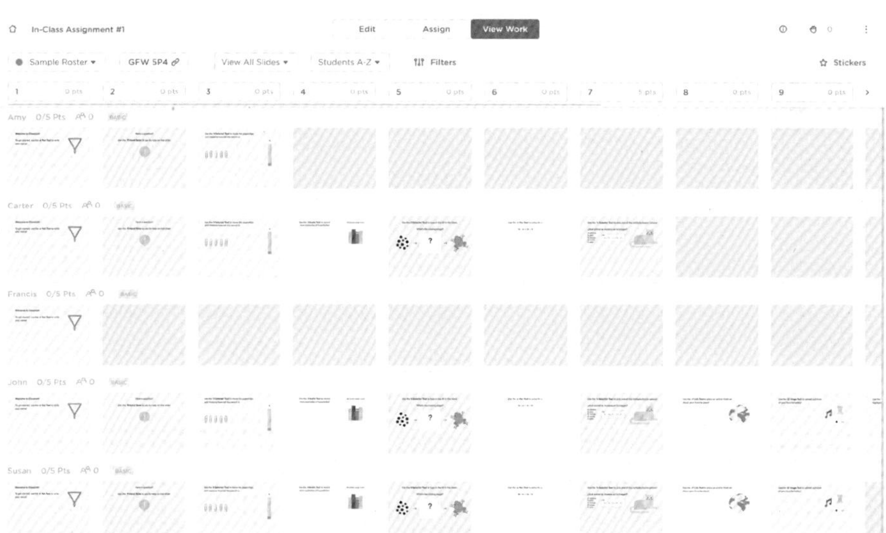

Abb. 41: Eine beispielhafte Benutzendenoberfläche in *Classkick*

Nicht zuletzt stehen auch komplexere *digital formative assessment tools* und andere Angebote zur Verfügung, die es ermöglichen, Lernsituationen zu kreieren, in denen Schülerinnen und Schüler Aufgaben bearbeiten und dabei auf eine Vielzahl von Feedbackfunktionen zurückgreifen können. So bietet z. B. *Classkick* der Lehrkraft die Möglichkeit, Lernfortschritte in Echtzeit zu verfolgen, während Lernende sowohl Feedback und Unterstützung von der Lehrkraft, aber auch von *peers* anfordern können.

12.4 Bewertung digitaler Lernprodukte

Schülerinnen und Schüler sollen kreativ, kommunikativ und kollaborativ mit digitalen Tools umgehen und eigene Produkte erstellen. Dadurch wird nicht nur die Sprach- und Medienkompetenz der Lernenden geschult, sondern auch deren überfachliche Fähigkeiten, sich zunehmend kollaborativ und von der Lehrkraft unabhängig mit Inhalten und Präsentationsformen auseinanderzusetzen (Stiftung Bildungspakt Bayern 2022, S. 4).

Kanban Boards erlauben eine strukturierte Projektarbeit, die Aufteilung von Aufgaben oder die Strukturierung von kollaborativen Schreibprozessen, indem mithilfe von Notizkarten in Kategorien (Was ist erledigt? Was wird gerade gemacht? Was ist noch zu tun?) Inhalte sortiert und gesammelt werden. Zum Erstellen digitaler Boards eignen sich z. B. *Padlet, CryptPad* oder *Trello*.

Abb. 42: Beispiel eines *Kanban Boards*

Allerdings, „jedes noch so interessante und inhaltlich tiefschürfende Radiofeature oder Lernvideo aus Schüler*innenhand muss schlussendlich doch ganz ‚klassisch' vonseiten der beteiligten Lehrkraft beurteilt und bewertet werden" (Ramos Lopez 2021, S. 53), auch die Progression bei der Erstellung digitaler Lernprodukte gilt es zu berücksichtigen. Dabei ist Transparenz seitens der Lehrkraft, aber auch der Lernenden das A und O. Dazu zählt Transparenz hinsichtlich der

- Quellen und anderen Materialien, die verwendet werden können (Mashup und Plagiat sind nicht dasselbe!);
- Ansprüche an sprachliche Richtigkeit;
- Schritte des Erstellungsprozesses (z. B. Visualisierungen der Planung oder Präsentation von Zwischenergebnissen mithilfe einer digitalen Pinnwand);
- Erwartungen an Peer-Feedback, Reflexionsschleifen;
- möglichen Produktformen;
- Abgabe der Produkte (per E-Mail, Hochladen auf der Lernplattform oder in der Cloud);
- formalästhetische Güte- und Bewertungskriterien (Art der Darstellung, Form) (ebd., S. 55) sowie deren Gewichtung;
- verwendeten Formen der Bewertung und des Peer-Feedbacks.

Schülerinnen und Schüler sollten, wo möglich, in die Zusammenstellung der Bewertungskriterien miteinbezogen werden. Dazu ist es wichtig, dass Lernende nicht nur über die technischen Fähigkeiten verfügen, sondern auch mit den möglichen Produktformen und deren Gütekriterien vertraut sind, denn ohne die prototypischen Merkmale eines guten Podcasts oder Erklärvideos zu kennen (Features, typische Sprachhandlungen, Länge), ist es ihnen nur schwer möglich, Bewertungskriterien aufzustellen. Bewertungsraster sollten möglichst zusammen mit den Schülerinnen und Schülern erstellt werden. Auch das Feedback seitens der Lehrkraft und die Korrektur digitaler Produkte sollten sorgfältig geplant werden. Wenn möglich sollte auch hier auf transparente und digitale Formen der Korrektur (z. B. Audiofeedback oder Screenrecordings) zurückgegriffen werden (Stiftung Bildungspakt Bayern 2022, S. 4). So können digitale Medienprodukte nicht nur als Add-on fungieren, sondern auch als echte Leistungsaufgabe.

mögliche Produktformen: digitale Mindmaps, Podcasts, PowerPoints, Erklärvideos, E-Books, Hörbucher, digitale Porträts von Autorinnen und Autoren oder Künstlerinnen und Künstlern, digitale Infografiken, Fake Social Media Posts

13 Die Zukunft ist digital: Zukunftstechnologien von morgen

13.1 Einführung in das Kapitel

EINLADUNG ZUM VORDENKEN

- Was sind Ihrer Meinung nach nachhaltige Trends im digitalen Lernen?
- Welche zukünftigen Entwicklungen im Bereich digitales Lernen wünschen Sie sich für Ihren Englischunterricht?

Digitale Medien verändern nicht nur die Darstellung von, sondern auch den Zugang zu Informationen. Es ist zu erwarten, dass digitale Lernangebote der nächsten Jahre noch stärker auf mobiles Lernen und *Bring your own device*-Ansätze setzen werden. Des Weiteren werden wir in der Lage sein, mithilfe von künstlicher Intelligenz und Algorithmen Inhalte, Materialien und Aufgaben noch stärker an die individuellen Bedürfnisse einzelner Schülerinnen und Schüler anzupassen. Das intelligente, adaptive Lernen und Üben wird immer wichtiger. Wie genau der Englischunterricht in den nächsten fünf, zehn oder fünfzehn Jahren aussehen wird, können wir zwar nicht genau sagen, klar ist jedoch, dass der Aufbau der digitalen Infrastruktur in den Schulen voranschreiten und digitales Lernen auch in der Lehrkräftebildung eine zunehmend wichtige Rolle spielen wird. Das gedruckte Lehrwerk wird durch zunächst hybride und später rein digitale Lehrwerke ersetzt. Digitale Textsorten werden zunehmend klassische Printtexte ergänzen. Vor diesem Hintergrund wollen wir in diesem Kapitel einen kurzen Blick in die Zukunft werfen, von der zumindest sicher ist, dass sie (post-)digital sein wird.

13.2 Erweiterte und virtuelle Realitäten

Ob *Pokémon Go*, *Ikea Place* oder *Story AR Filter* auf *Instagram* – *Augmented-reality-Apps* gehören inzwischen zu unserem Alltag. *Augmented reality* (erweiterte Realität) bedeutet, dass mithilfe von Tablets, Smartphones oder speziellen Brillen die Realität von Nutzenden durch bestimmte Elemente wie Bilder,

Grafiken oder dreidimensionale Objekte erweitert wird. *Augmented reality* (AR) ist also eine Mischung aus realer und virtueller Welt. Wir nehmen die reale Umgebung weiterhin wahr. Im Gegensatz dazu bedeutet *Virtual reality* (VR), dass wir in eine vollkommen virtuelle Welt abtauchen. Wir nehmen die reale Umgebung um uns herum nicht mehr wahr und interagieren mit und innerhalb einer virtuellen Realität.

Trotz der teilweise rasanten Entwicklungen im Bereich der augmentierten und virtuellen Realität werden sie in schulischen Kontexten bisher nur sehr punktuell (z. B. in der beruflichen Bildung) eingesetzt. Die Gründe dafür sind u. a. die hohen Anschaffungskosten, sehr begrenzte Einsatzmöglichkeiten, fehlende technische Ausstattung sowie die mangelnden (technologischen) Kompetenzen der Lehrkräfte und Lernenden (Ludwig 2021, S. 176). Denn für den Einsatz von *Augmented reality* sowohl inner- als auch außerhalb des Klassenraums benötigt man immerhin ein Endgerät (Smartphone oder Tablet), WLAN sowie entsprechende *Augmented-reality*-Apps oder eine Software.

Doch was genau ist das Potenzial von AR und VR für den Fremdsprachenunterricht? Basierend auf Yuen, Yaoyuneyong und Johnson (2011) schlagen Lütge, Merse und Stannard (2021, S. 248) fünf Einsatzbereiche von *Augmented reality* im Englischunterricht vor (Tab. 45).

Discovery-based learning	Learners find out more about objects and places, e. g. in museums but increasingly also in real life
Object modelling	Learners visualise and create virtual objects
AR books	Learners activate virtual overlays through printed triggers such as QR codes
Skills training	Learners access manuals or instructions in real time or learn e. g. vocabulary through AR approaches
AR gaming	Learners use AR games for language learning and skills training

Tab. 45: *Areas of AR Use* (basiert auf Lütge/Merse/Stannard 2021, S. 248)

AR-Technologie wird immer ausgefeilter und bereits jetzt ist es möglich, augmentierte Bilder in Lehrwerke einzubinden und Objekte im Klassenzimmer real werden zu lassen, wie z. B. die *Civilisations App* der *BBC* zeigt. Ein Beispiel für eine *Augmented-reality*-App zum Sprachenlernen ist *Mondly AR*, die es ermöglicht, mithilfe eines virtuellen Assistenten *Chatbot* und Spracherkennung eine Sprache zu lernen. Nutzende können sich individuelle Lernziele setzen, einen persönlichen Lernplan erstellen. In Zukunft werden auch die Möglichkeiten, die Realität durch digitale Informationen zu erweitern, die direkt in unser Sichtfeld eingeblendet werden, zunehmen. Auslöser dafür kann entweder der Standort (geobasierte *Augmented reality*) oder ein Marker (markerbasierte *Augmented reality*) sein.

© JIRAROJ PRADITCHAROENKUL/Alamy Stock Photo

Abb. 43: *Mondly AR*

Es ist anzunehmen, dass neben *Augmented-reality*-Anwendungen auch *virtual reality tools* in Zukunft eine stärkere Rolle in fremdsprachlichen Lernkontexten spielen werden. Erste empirische Befunde deuten darauf hin, dass die Arbeit mit virtuellen Realitäten nicht nur eine motivierende Wirkung auf Lernende haben kann (Freina/Ott 2015, S. 7; vgl. auch Hellriegel/Čubela 2018, S. 67), sondern zumindest kurzfristig auch einen positiven Effekt auf das Fremdsprachenlernen (vgl. Legault et al. 2019, S. 5–6 für eine Übersicht). Positive Effekte zeigen sich u. a. in der Lernbereitschaft der Schülerinnen und Schüler, der schriftlichen und mündlichen Handlungskompetenz sowie dem Hör- und Leseverstehen. Bereits jetzt kann man mit VR-Apps wie der Virtual-Speech-App z. B. Präsentationen vor einem virtuellen Publikum trainieren.

Trotz dieser vielversprechenden Ergebnisse sollten die neurologischen und psychologischen Langzeitwirkungen von Aufenthalten in der virtuellen Realität nicht gänzlich ignoriert, sondern bei der Unterrichtsplanung berücksichtigt und mit Schülerinnen und Schülern explizit thematisiert werden. Dazu zählen z. B. das etwaige Suchtpotenzial (vor allem bei jüngeren Lernenden) sowie die fehlende Fähigkeit, sich selbst als Teil der virtuellen Welt wahrzunehmen (Baumgartner et al. 2008). Hinzu kommen auch Fragen bezüglich der Datensicherheit und ethische Bedenken, denn wenn Lernende nicht in der Lage sind, virtuelle Realitäten als solche zu erkennen, besteht durchaus die Möglichkeit, ihre Gedächtnisinhalte zu verfälschen und zu verändern (Southgate 2018, S. 10). Nicht zuletzt können Aufenthalte in computergenerierten Lernumgebungen auch zu Symptomen der *Virtual Reality Sickness* (Virtuelle-Realitäts-Krankheit) wie Kopfschmerzen, Müdigkeit, Stimmungsschwankungen, Übelkeit oder Schwindelgefühl, die denen der Bewegungskrankheit (*motion sickness*) durchaus ähneln, führen. All diese Bedenken sprechen für eine graduelle Heranführung an sowie zumindest anfänglich zeitlich begrenzte Aufenthalte in VR-Umgebungen.

Die bevorstehenden Markteinführungen von smarten *Augmented reality*-Brillen von Anbietern wie *Apple* und *Google* lassen vermuten, dass *augmented reality* in nicht allzu ferner Zukunft nicht mehr von Smartphones und Tablets abhängig sein wird. Vielmehr werden sich Realität, augmentierte Realität und virtuelle Realität zunehmend miteinander vermischen. Ein Beispiel hierfür ist das von *Meta* angekündigte *Metaverse*, ein digitaler Raum mit echten Menschen und Objekten, die durch Avatare (*avatars*) und digitale Objekte repräsentiert werden. Dabei greift das *Metaverse* auf unterschiedliche bereits existierende Technologien wie virtuelle und augmentierte Realität, künstliche Intelligenz, soziale Medien, Kryptowährungen und vieles mehr zurück.

13.3 Künstliche Intelligenz

EINLADUNG ZUM MITMACHEN

Legen Sie das Buch einen Moment zur Seite und schreiben Sie auf, was Ihnen zu Künstlicher Intelligenz (KI) einfällt. Wie würden Sie KI definieren? In welchen Situationen in Ihrem Alltag greifen Sie auf Künstliche Intelligenz zurück?

Alexa, Licht! Ob intelligente Systeme wie Sprachassistenten, Übersetzungsprogramme, Bilderkennung, assistiertes Fahren, Online-Kartenanwendungen oder Social Media Feeds – Künstliche Intelligenz (KI) prägt zunehmend unseren Alltag, oft ohne dass wir es merken und ohne zu wissen, was KI denn genau ist. So ergab eine 2020 durchgeführte Umfrage des Bayerischen Forschungsinstituts für Digitale Transformation (bidt), dass die Mehrheit der befragten Internetnutzenden kein tiefergehendes Verständnis von *artificial intelligence* (AI) besitzt (2020, S. 7). Nur 5 % der Befragten sahen sich selbst als Experten und nur weitere 21 % sahen sich in der Lage, gut zu erklären, was KI ist (ebd., S. 10). 20 % aller Teilnehmenden gaben sogar an, Künstliche Intelligenz als Gefahr wahrzunehmen (ebd., S. 12). Daher, so die Schlussfolgerung der Autorinnen und Autoren, sollte die Politik

> „ein Augenmerk auf die Wissensvermittlung und Bildung legen. Dabei wird es nicht reichen, nur Entscheidungsträgerinnen und Entscheidungsträger in Wissenschaft und Wirtschaft oder weiterbildungswillige Berufstätige zu adressieren. Vielmehr bedarf es einer Wissensvermittlung an alle Bevölkerungsgruppen, um einen aufgeklärten Umgang mit KI und mehr Akzeptanz von KI zu erreichen." (ebd., S. 6)

Doch was genau ist überhaupt Künstliche Intelligenz? Die Science-Fiction-Literatur kennt das Leben mit KI schon seit Jahrhunderten. Dabei geht es in diesen Texten nicht um Alien-Invasionen, sondern um die Hoffnungen und Ängste der Menschheit vor der Herrschaft von Maschinen. Die bekannteste popkulturelle Verarbeitung des Stoffes ist auch heute noch Stanley Kubricks *Film 2001: A Space Odyssey* (1968). Doch auch die Wissenschaft beschäftigt das Thema Künstliche Intelligenz schon seit Jahrzehnten. 1950 ging Alan Turing in seinem Aufsatz *Computing Machinery and Intelligence* der Frage nach, ob Maschinen denken können. Aus dieser Arbeit ging der noch heute genutzte Turing-Test hervor: Einfach gesagt, ein Computer ist künstlich intelligent, wenn ein Mensch mehrmals hintereinander nicht in der Lage ist zu erkennen, ob die Antwort auf eine Frage von einem Menschen oder einer Maschine gegeben wurde. Weniger als ein Jahrzehnt nach Turings wegweisendem Aufsatz fand 1956 das *Dartmouth Summer Research Project on Artificial Intelligence* (*DSPRAI*) in New Hampshire, USA statt, „often taken as the event that initiated AI as a research discipline" (Moore 2006, S. 87). Die folgenden Jahrzehnte waren von Fortschritten, aber auch Rückschritten in der KI-Forschung geprägt. 1997 verlor der Schachweltmeister Garry Kasparov gegen den IBM-Rechner Deep Blue. Seit den 2010er-Jahren findet Künstliche Intelligenz nicht nur in der Industrie, sondern auch in Alltagsanwendungen zunehmend Verwendung (vgl. Rittershaus 2021). Kaplan und Haenlein verstehen *artificial intelligence* „as a system's ability to interpret external data correctly, to learn from such data, and to use those learnings to achieve specific goals and tasks through flexible adaptation" (2019, S. 17). Maschinen führen also nicht länger nur menschliche Befehle aus, sondern bilden menschliches Verhalten nach und sind dadurch in der Lage, menschliche Intelligenzleistungen zu erbringen. Menschliche Intelligenz wird mithilfe von leistungsfähiger Hard- und Software, die auf große Datenmengen zugreifen (*Big Data*) und diese verarbeiten kann, simuliert.

Big Data

Big Data bezeichnet große komplexe Datenmengen, auf Basis derer Entscheidungen getroffen und Angebote nutzerspezifisch generiert werden. Nach dem 3-V-Modell von Doug Laney zeichnet sich Big Data durch *Volume* (Masse), *Velocity* (Geschwindigkeit) und *Variety* (Vielfalt) aus (Laney 2001). Große Datenmengen in unterschiedlichen Formen werden aus einer Vielzahl von Quellen (*Smart Homes* und *Wearables* usw.) generiert und quasi in Echtzeit verarbeitet. *Big Data Analytics* bezeichnet den Arbeitsbereich, der sich mit der Analyse und Aufbereitung der Daten befasst. Die Kritik an *Big Data* ebbt nicht ab, denn Daten können sowohl fehlinterpretiert als auch manipuliert werden. Ebenfalls wird die zunehmende Schaffung des gläsernen Menschen kritisiert.

Künstliche Intelligenz

KI ist nicht eine Technologie, sondern ein Mix aus ganz unterschiedlichen Technologien. Ein wichtiger Begriff in der KI-Forschung ist der des *Machine Learning*, der Fähigkeit Künstlicher Systeme, Datensätze eigenständig auszuwerten und daraus zu lernen. Auf Nutzende zugeschnittene Empfehlungen bei *Netflix* sind ein Beispiel von *Machine Learning*. *Deep Learning* meint eine Form des maschinellen Lernens. KI erkennt unbekannte Muster in großen Datenmengen und lernt daraus. Das Verhalten von Menschen z. B. in Hinblick auf Einkäufe im Internet kann vorhergesagt werden (Profiling).

Die rasanten Entwicklungen in der KI-Forschung betreffen mittlerweile zahlreiche Lebensbereiche. Daraus ergeben sich in ganz verschiedenen Feldern wie Wissenschaft, Ethik, aber auch der Bildung KI betreffende Fragen. Dabei geht es nicht nur nur um rein praktische bzw. technische Fragen wie z. B. danach, wie Maschinen lernen oder wie Menschen und Maschinen miteinander kommunizieren, sondern auch um rechtliche und ethische Fragen u. a. danach, welche Aufgaben künstliche Systeme übernehmen dürfen und was mit den Daten passiert, die künstliche Systeme sammeln (vgl. u. a. Kaplan/Haenlein 2019; Hancock/Naaman/Levy 2020). Auch Künstliche Intelligenz basiert auf Algorithmen. Im Gegensatz zu klassischen Algorithmen sind die bei KI verwendeten Algorithmen jedoch lernfähig, aber zugleich auch anfällig für die Übernahme menschlicher Vorurteile. Diskriminierungsrisiken durch Algorithmen und algorithmische Entscheidungsprozesse (*Algorithmic Decision Making*) sind vorhanden. Doch trifft KI Entscheidungen auf Grundlage von Daten und diskriminiert nicht selbst. So bildung.digital, eine Initiative der Deutschen Kinder- und Jugendstiftung und ARAG:

„Künstliche Intelligenz macht Fehler. Das gehört zu einem Lernprozess, der darin besteht, Muster zu erkennen. Genau wie Menschen stecken Maschinen die Objekte, die sie untersuchen, in Schubladen, kategorisieren und generalisieren. Was oft als Problem noch hinzukommt, ist, dass Maschinen keine neue Realität erfinden, sondern alle Entscheidungen Künstlicher Intelligenzen auf realen Daten beruhen. Da Vorurteile und Bias in der realen Welt existieren, spiegeln sie sich auch in den Datensätzen wider, die wir Künstlichen Intelligenzen zur Verfügung stellen. Was Maschinen im Vergleich zu Menschen dabei fehlt, ist die Fähigkeit, eigene Entscheidungen zu reflektieren. Maschinen sind keine moralischen Wesen und haben – bis dato – kein (Selbst-) Bewusstsein." (Deutsche Kinder- und Jugendstiftung)

Klar ist, um Schülerinnen und Schüler auf die zunehmende Nutzung künstlicher Intelligenz im Alltag vorzubereiten und sie dazu zu befähigen, sich qualifiziert mit auf KI bezogene Herausforderungen auseinanderzusetzen, ist es wichtig, Künstliche Intelligenz als globales Zukunftsthema auch im Englischunterricht zu thematisieren. Dabei geht es nicht zwingend um die Vermittlung technischen Wissens oder darum, gar selbst zu programmieren (was im Rahmen fächerübergreifenden Lernens sicherlich möglich ist), sondern darum, über Lebensbereiche zu sprechen, in denen KI bereits zum Einsatz kommt (z. B. Stichwort Chatbots) und die Chancen und Risiken von KI, vor allem in Hinblick auf die Sicherheit eigener Daten kritisch zu reflektieren. Ausgehend vom bereits erwähnten *Digital Competence Framework* ergeben sich daraus u. a. folgende Kompetenzerwartungen an Lehrkräfte und Lernende:

Teachers and students should	Key questions and topics
acquire and possess knowledge about AI, AI-generated texts, and AI-supported communication.	What is artificial intelligence? How does it differ from human intelligence? How does AI work? What are AI-generated texts and which features do they have? The freely available comic We Need to Talk, AI. A Comic Essay on Artificial Intelligence (2019) by Julia Schneider and Lena Ziyal offers an image-based approach to the topic.
reflect AI-related experiences in daily life	What are popular used of AI in daily life? What are my experiences with AI in daily life?
be able to discuss AL-related prejudices, challenges, and benefits, e. g. in pop-cultural artefacts	What are potential opportunities and risks of AI use? Can AI be emotional? Does AI have prejudices? What do representations of AI in popular culture look like? Shalini Kantayyas' Coded Bias (2020) offers interesting perspectives on AI-based discrimination.

produce AI-generated content	Students use e. g., AI-powered text generators, write AI literature, The website Scratch allows students to write their own AI-programmes (https://scratch.mit.edu/projects/27954516) The website https://thispersondoesnotexist.com/image allows us to create images of people who do not exist. With https://machinelearningforkids.co.uk students can train a computer to recognise, for example pictures.

Tab. 46: Die Behandlung von Künstlicher Intelligenz im Englischunterricht (basiert teilweise auf Stadler-Heer 2023)

14 Schlusswort und Ausblick

Die Digitalisierung unserer Gesellschaft hat gerade erst begonnen und dennoch können wir bereits jetzt erahnen, dass die virtuelle Welt, die zunehmend neben die analoge Welt tritt, unser Leben und unseren Alltag radikal, und noch viel mehr als bisher, verändern wird. Keine Frage, das digitale Zeitalter prägt uns. Doch auch wir haben die Chance – und die Verantwortung –, das digitale Zeitalter zu prägen. Denn in einer Kultur der Digitalität übernimmt der Mensch nicht mehr länger die Rolle des passiven Konsumenten, sondern des aktiven Produzenten. Und auch wenn uns die ständig wachsende Zahl von digitalen Medien, Plattformen und Instrumenten manchmal überfordern mag, so sollten wir es doch auch im Bildungsbereich mit den Worten der mährisch-österreichischen Schriftstellerin Marie von Ebner-Eschenbach halten: „Was wir heute tun, entscheidet darüber, wie die Welt morgen aussieht." Denn eins ist klar: Digitale Medienkompetenzen werden immer mehr zu einer Grundvoraussetzung, um am beruflichen und gesellschaftlichen Leben teilhaben zu können (Hellriegel/Čubela 2018, S. 59). Damit sind auch Begriffe *digital sovereignity*, *digital autonomy* und *digital self-determination* nicht mehr Zukunftsmusik, sondern immer mehr gelebte Gegenwart.

In Hinblick auf den Englischunterricht bedeutet das, dass das Lernen in einer Kultur der Digitalität bzw. das digitale Lernen mehr bedeutet als ein Leitmedienwechsel vom gedruckten Buch zum Netz (Krommer/Wampfler 2021, S. 8). Vielmehr geht es darum, fremdsprachliches Lernen als individuellen und zugleich kollaborativen und kommunikativen Prozess neu zu begreifen – und zu denken. Das bedeutet auch, dass wir uns loslösen von der Frage nach dem Mehrwert digitaler Medien im Englischunterricht (Krommer 2018) und uns hinbewegen zu Ideen und Ansätzen, die der Explosion von Wissen und Informationen und der zunehmenden Verschränkung (fremd-)sprachlicher und digitaler Kompetenzen gerecht werden. Damit einher geht auch, die Rolle der Lehrkraft, aber auch der Lernenden neu zu denken. Trotzdem oder gerade deswegen kommt Lehrkräften auch im digitalen Englischunterricht eine entscheidende Rolle zu, denn es geht vor allem darum, Unterrichtsinhalte, Methoden und digitale Medien sinnvoll zusammenzubringen. Nur so können wir Schülerinnen und Schülern diejenigen Kompetenzen und Fertigkeiten vermitteln, die sie benötigen, um digital – nicht nur im Sinne eines barrierefreien Zugangs zu Technik – am gesellschaftlichen Leben teilzuhaben.

Die im Jahre 2020 veröffentlichte und von zahlreichen Vertretern in Bildung, Politik und Wirtschaft unterzeichnete *Charta Digitale Bildung* formuliert diesen Denk- und Handlungswandel mit den folgenden drei Grundsätzen:

1. „Im Kontext von Digitalisierung, Automatisierung und Vernetzung haben die traditionellen Kulturtechniken wie Lesen, Schreiben und Rechnen wesentliche Veränderungen erfahren. Darüber hinaus sind digitale Kompetenzen mittlerweile selbst zu einem festen Bestandteil der Allgemeinbildung geworden und grundlegende Voraussetzung für Mündigkeit in der digitalen Welt, gesellschaftliche Teilhabe und berufliche Entwicklung jeder und jedes Einzelnen."
2. „Für die Entwicklung digitaler Kompetenzen müssen alle Schülerinnen und Schüler bereits in der allgemeinbildenden Schule die Phänomene, Gegenstände und Prozesse der durch Digitalisierung geprägten Welt aus (1) technischer, (2) gesellschaftlich-kultureller und (3) anwendungsbezogener Perspektive systematisch reflektieren, ergründen und gestalten können. Dies ist nur auf der Grundlage von Konzepten der Bezugswissenschaften der Digitalisierung möglich."
3. „Mündigkeit in der durch Digitalisierung geprägten demokratischen Gesellschaft ist ohne ein Verständnis der Grundlagen und ohne die Befähigung zu ihrer aktiven Mitgestaltung nicht erreichbar. Dazu ist sowohl die fachlich fundierte Vermittlung informatischer Bildung als auch der Erwerb einer wissenschaftlich geprägten Medienkompetenz unerlässlich."

In diesem Sinne hoffe ich, dass Sie Ihre Bildschirmzeit zugunsten der Lektüre dieses Buches gerne verringert und mich nicht mittendrin geghostet haben. Ich wünsche Ihnen viel Freude und Erfolg beim Ausprobieren der ein oder anderen Idee und wünsche Ihnen, dass Sie *Digital Englisch unterrichten* dabei unterstützt, Ihren Schülerinnen und Schülern diejenigen Kompetenzen zu vermitteln, die sie benötigen, um nicht nur Texte aus der Gutenberg, sondern auch der McLuhan Galaxie zu lesen oder sogar zu schreiben.

Christian Ludwig
Berlin, im August 2022

15 Literaturverzeichnis

Adlmaier-Herbst, D. G. (2018): Was ist Digital Storytelling? In: https://dietergeorgherbst.de/blog/2018/12/26/was-ist-digital-storytelling/ (Zugriff: 22.07.2022).

Aebi, A./Göldi, S./Weder, M. (2020) (Hrsg.): Beiträge zum multimodalen Schreiben in Bildung und professioneller Kommunikation. Bern: Hep verlag.

Aitwani, S. (2017): Taking Internet Memes Seriously: A Literature Review 2005–2017. In: https://www.academia.edu/38491333/ (Zugriff: 29.07.2022).

Aktion Kinder- und Jugendschutz Brandenburg e. V. (AKJS) (o. D.): Arbeitsmodule zur Prävention von Cybermobbing in Schule und Jugendhilfe. In: https://mbjs.brandenburg.de/media_fast/6288/akjs_bro_2014_fertig_8.pdf (Zugriff: 22.07.2022).

Allcott, H./Gentzkow, M. (2017): Social Media and Fake News in the 2016 Election. In: Journal of Economic Perspectives, 31, 2, S. 211–236.

Anderson, M. T. (2002): Feed. Cambridge, MA: Candlewick Press.

Androutsopoulos, J. (2007): Neue Medien – neue Schriftlichkeit. In: Mitteilungen des Deutschen Germanistenverbandes 54, 1, S. 72–97.

Androutsopoulos, J. (2016): Digitale Medien: Ressourcen und Räume für interkulturelle Praktiken. In: https://www.mediensprache.net/networx/networx-74.pdf (Zugriff: 22.07.2022).

Ackermann, J. (2017) (Hrsg.): Phänomen Let's Play-Video: Entstehung, Ästhetik, Aneignung und Faszination aufgezeichneten Computerspielhandelns. Wiesbaden: Springer.

Baacke, D. (1996): Medienkompetenz: Begrifflichkeit und sozialer Wandel. In: Rein, A. v. (Hrsg.): Medienkompetenz – Begrifflichkeit und sozialer Wandel. Bad Heilbrunn: Klinkhardt, S. 112–124.

Baecker, D. (2017): Wie verändert die Digitalisierung unser Denken und unseren Umgang mit der Welt? Ausgangspunkte einer Theorie der Digitalisierung. In: Gläß, R., Leukert, B. (Hrsg.): Handel 4.0. Wiesbaden: Springer Gabler, S. 3–24.

Bajohr, H./Gilbert, A. (2021) (Hrsg.): Digitale Literatur II. Sonderband. München: Richard Boorberg Verlag.

Barnes, J. L. (2015): Fanfiction as Imaginary Play. What Fan-Written Stories Can Tell Us about the Cognitive Science of Fiction. In: Poetics 48, S. 69–82.

Barth, S./de Jong, M. D. T. (2017): The privacy paradox – Investigating discrepancies between expressed privacy concerns and actual online behavior – A systematic literature review. In: Telematics and Informatics 34, 7, S. 1038–1058.

Bartosch, R./Köpfer, A. (2018) (Hrsg.): Inklusion und Nachhaltigkeit. Entwicklungslinien moderner Englischdidaktik. Trier: Wissenschaftlicher Verlag.

Bates, T. (o. D.): https://www.tonybates.ca (Zugriff: 22.07.2022).

Baumgartner, T./Speck, D./Wettstein, D./Masnari, O./Beeli, G./Jäncke, L. (2008): Feeling present in arousing virtual reality worlds: Prefrontal brain regions differentially orchestrate presence experience in adults and children. In: Frontiers in Human Neuroscience 2, 8, S. 1–12.

Bädan, A./Heneka, C./Herbst, M./Müller, K./Schick, S./Seitner, S. (2020): SCHÖNHEITSiDEALe im Internet?!: Wie Algorithmen, Likes und Klicks unser Schönheitsempfinden prägen. In: https://www.kindermedienland-bw.de/fileadmin/redaktion/kml/publikationen/SCHOENHEITSiDEALe_Broschuere_web.pdf (Zugriff: 30.07.2022).

Bayerisches Forschungsinstitut für Digitale Transformation (bidt) (Hrsg.) (2020): Künstliche Intelligenz verstehen und gestalten: Ergebnisse und Implikationen einer bidt-Kurzbefragung in Deutschland. München: bidt – Bayerisches Forschungsinstitut für Digitale Transformation.

BBC: 6 Minute English. Inhttps://www.bbc.co.uk/programmes/p02pc9tn (Zugriff: 22.07.2022).

Becker, C./Blell, G./Rössler, A. (2016): Web 2.0 und komplexe Kompetenzaufgaben im Fremdsprachenunterricht. In: Becker, C./Blell, G./Rössler, A. (Hrsg.): Web 2.0 und komplexe Kompetenzaufgaben im Fremdsprachenunterricht. Bern: Peter Lang, S. 9–28.

Becker, D./Matz, F. (2022): Introduction. In: Matz, F./Becker, D. (Hrsg.): Anglistik – International Journal of English Studies: Focus on Video Games and English Language Education/Designing Hybrid Learning Spaces, 33,1. Heidelberg: Winter, S. 7–14.

Becker, D./Matz, F. (2020): Your life is still yours to live: Erzählstrukturen im Videospiel Life is Strange analysieren und visualisieren, narrative Kompetenz schulen. Unterricht Englisch, 165, S. 32–39.

Becker, D./Gießler, R. (2023): #hashtagsareforlearning – Hashtags as Digital Texts and their Affordances in the EFL Classroom. In: Ludwig, C. & Kersten, S. (Hrsg.): Born-digital Texts in Language Learning and Teaching. Bristol: Multilingual Matters.

Beißwenger, M. (2015): Sprache und Medien: Digitale Kommunikation. In: Studikurs Sprach- und Textverständnis. E-Learning-Angebot der öffentlich-rechtlichen Universitäten und Fachhoschulen und des Ministeriums für Innovation, Wissenschaft und Forschung (MIWF) des Landes Nordrhein-Westfalen. In: http://www.michael-beisswenger.de/pub/beisswenger_digikomm_preview.pdf (Zugriff: 22.07.2022).

Bell, A. (2009): Exploring Web 2.0: Second Generation Interactive Tools – Blogs, Podcasts, Wikis, Networking, Virtual Worlds, And More. Georgetown, TX: Katy Crossing Press.

Bergmann, J./Sams, A. (2014): Flipped learning. Gateway to student engagement. Eugene, Washington, DC: International Society for Technology in Education.

Bergmann, J./Sams, A. (2015): Flipped learning for science instruction. Eugene, Arlington: International Society for Technology in Education.

Bertelsmann Stiftung (2017) (Hrsg): Monitor Digitale Bildung: Digitales Lernen an Schulen. In: https://www.bertelsmann-stiftung.de/de/publikationen/publikation/did/monitor-digitale-bildung-9 (Zugriff: 22.07.2022).

Best, J./Bogle, K. A. (2014): From Rainbow Parties to Sexting – Kids Gone Wild. New York: New York University Press.

bildung.digital, Deutsche Kinder- und Jugendstiftung (o. D.) (a): KI im Unterricht behandeln. In: https://www.bildung.digital/artikel/ki-im-unterricht-behandeln (Zugriff: 22.07.2022).

bildung.digital (b): Den Mehrwert digitaler Medien erkennen. In: https://www.bildung.digital/artikel/den-mehrwert-digitaler-medien-erkennen (Zugriff: 22.07.2022).

Bini, G./Robutti, O. (2019): Meanings in Mathematics: Using Internet Memes and Augmented Reality to Promote Mathematical Discourse. In: Jankvist, U. T./van den Heuvel-Panhuizen, M./Veldhuis, M. (Hrsg.): Proceedings of the 11th Congress of the European Society for Research in Mathematics Education. Utrecht, The Netherlands. Utrecht: Freudenthal Group & Freudenthal Institute, Utrecht University, Netherlands, S. 2788–2795.

Bitkom e. V. (2021): Boom hält weiter an: 4 von 10 Menschen in Deutschland hören Podcasts. In: https://www.bitkom.org/Presse/Presseinformation/Boom-haelt-weiter-an-4-von-10-Menschen-in-Deutschland-hoeren-Podcasts (Zugriff: 22.07.2022).

Bitkom e. V. (2022): Fast 40 Prozent der Kinder und Jugendlichen wünschen sich digitalen Unterricht. In: https://www.bitkom.org/Presse/Presseinformation/Viele-Schueler-wuenschen-sich-digitalen-Unterricht (Zugriff: 22.07.2022).

Blell, G./Doff, S. (2014): It takes more than two for this tango: Moving beyond the self/other-binary in teaching about culture in the global EFL-classroom. In: Zeitschrift für Interkulturellen Fremdsprachenunterricht 19, 1, S. 77–96.

Blell, G. (2020): Operating between cultures and langugages: Multilingual films in foreign language classes. In: PraxisForschungLehrer*innenBildung. In: Zeitschrift für Schul- und Professionsentwicklung 2, 4, S. 52–73.

Blume, C. (2020): Playing the past to understand the present: Using the serious digital game City of Immigrants to enhance pragmatic and media literacy skills. In: Unterricht Englisch 165, S. 40–48.
Blume, C./Hübner, A. (2021): Von Rebellen und Patrioten: Ein digitales Lernspiel für den fremdsprachlichen Englischunterricht. In: Bündgens-Kosten, J./Schildhauer, P. (Hrsg.): Englischunterricht in einer digitalen Gesellschaft. Weinheim: Beltz Juventa, S. 166–175.
Bolten, J. (2017): Interkulturelles Lehren und Lernen: Interkulturelle Lernprozesse neu gedacht. In: https://www.goethe.de/de/spr/spr/20906565.html (Zugriff: 22.07.2022).
Bongartz, C. M./Rohde, A. (Hrsg.): Inklusion im Englischunterricht. Bern: Peter Lang.
Borries, E. (2015): Alles Sexting oder was? Warum wir mehr Diversität in der Präventionsarbeit mit Jungen und Mädchen brauchen. In: proJugend 3, S. 16–21.
Bos, W./Eickelmann, B./Gerick, J./Goldhammer, F./Schwippert, K./Schaumburg, H./Senkbeil, M. (2014). ICILS 2013 – Eine international vergleichende Schulleistungsstudie der IEA. In: Bos, W./Eickelmann, B./Gerick, J./Goldhammer, F./Schaumburg, H./Schwippert, K./Senkbeil, M./Schulz-Zander, R./Wendt, H. (Hrsg.): Computer- und informationsbezogene Kompetenzen von Schülerinnen und Schülern der 8. Jahrgangsstufe im internationalen Vergeich. Münster: Waxmann, S. 33–41.
Bovet, A./Maske, H. (2019): Influence of fake news in Twitter during the 2016 US presidential election. In: nature communications 10, 7, S. 1–14.
Boyd, D. (2011): Social Network Sites as Networked Publics: Affordances, Dynamics, and Implications. In: Papacharissi, Z. A. (Hrsg.): A Networked Seif. Identity, Community, and Culture on Social Network Sites. New York, NY: Routledge, S. 39–58.
Bozdag, E. (2013): Bias in algorithmic filtering and personalization. In: Ethics and Information Technology 15, 3, S. 209–227.
Bozdag, E./van den Hoven/J. (2015): Breaking the filter bubble: democracy and design. In: Ethics and Information Technology 17, 4, S. 249–265.
Brauweiler, P. (2021): Kollaboratives Schreiben im Englischunterricht in einer Kultur der Digitalität. In: Bündgens-Kosten, J./Schildhauer, P. (Hrsg.): Englischunterricht in einer digitalisierten Gesellschaft. Weinheim: Beltz Juventa, S. 26–45.
Brose, C. (2021): Present a yummy snack: Nach dem Vorbild britischer Kochshows ein eigenes Video produzieren. Englisch 5–10, 53, S. 20–23.
British Council (o.D.): Learn English: Podcasts: In: https://learnenglish.britishcouncil.org/general-english/audio-series/podcasts (Zugriff: 30.07.2022).
Bruns, A. (2019): Are Filter Bubbles real? Cambridge: Polity.
Bundesministerium des Innern, für Bau und Heimat (o. D.): Belästigung im Netz kompetent kontern. In: https://www.sicher-im netz.de/file/12700/download?token=S6ECMb-g (Zugriff: 22.07.2022).
Bundesministerium für Umwelt, Naturschutz, nukleare Sicherheit und Verbraucherschutz/Umweltbundesamt (2021): Zukunft? Jugend fragen! – 2021: Umwelt, Klima, Wandel – was junge Menschen erwarten und wie sie sich engagieren. In: https://www.bmuv.de/fileadmin/Daten_BMU/Pools/Broschueren/zukunft_jugend_fragen_2021_bf.pdf (Zugriff: 22.07.2022).
Bundeszentrale für politische Bildung (2018a): Interview mit Heike Schaumburg. In: https://www.bpb.de/lernen/digitale-bildung/werkstatt/278675/gemeinschaft-geht-durch-individuelles-lernen-nicht-verloren (Zugriff: 22.07.2022).
Bundeszentrale für politische Bildung (2018b): Digitale Didaktik: Unterrichten nach dem 4K-Modell. In: https://www.bpb.de/lernen/digitale-bildung/werkstatt/297360/unterrichten nach-dem-4k-modell/ (Zugriff: 22.07.2022).
Burger, C. (2020): Digitale Fremdsprachenkompetenzen? Vorüberlegungen zur Modellierung digitaler Englischkompetenzen im Rahmen des Projekts „Digi_Gap – Digitale Lücken in der Lehrkräftebildung schließen. In: PraxisForschungLehrer*innenBildung 2, 4, S. 190–216.

Burkert, A./Heim, K./Schwienhorst, K. (2020): Lernerautonomie in Lehrerbildung und Sprachlehre an Universitäten: Drei Beispiele aus Deutschland und Österreich. In: Ludwig, C./Tassinari, M. G./Mynard, J. (Hrsg.): Navigating Foreign Language Learner Autonomy. Candlin & Mynard, S. 226–253.

Busch, F. (2021): Digitale Schreibregister: Kontexte, Formen und metapragmatische Reflexionen. Berlin: de Gruyter.

Bündgens-Kosten, J./Elsner, D. (2018): Multilingual CALL: Introduction. In: Bündgens-Kosten, J./Elsner, D. (Hrsg.): Multilingual Computer Assisted Language Learning. Bristol: Multilingual Matters, S. xi–xxiv.

Bündgens-Kosten, J./Schildhauer, P. (2021): Englischunterricht in einer digitalisierten Gesellschaft: The Times They Are a-Changin' oder there is nothing new under the sun? In: Bündgens-Kosten, J./Schildhauer, P. (Hrsg.): Englischunterricht in einer digitalisierten Gesellschaft. Weinheim: Beltz Juventa, S. 9–25.

Bündgens-Kosten, J. (2021): Breakout Games im Englischunterricht. In: Bündgens-Kosten, J./ Schildhauer, P. (Hrsg.): Englischunterricht in einer digitalisierten Gesellschaft. Weinheim: Beltz Juventa, S. 166–175.

Bündgens-Kosten, J./Lohe, V. (2021): Mehrsprachigkeit und Digitalisierung. In: Bündgens-Kosten, J./Schildhauer, P. (Hrsg.): Englischunterricht in einer digitalen Gesellschaft. Weinheim: Beltz Juventa, S. 246–258.

Bündnis gegen Cybermobbing e.V. in Zusammenarbeit mit der Techniker Krankenkasse (2020): Cyberlife III: Spannungsfeld zwischen Faszination und Gefahr. Cybermobbing bei Schülerinnen und Schülern. Dritte empirische Bestandsaufnahme bei Eltern, Lehrkräften und Schüler/-innen. In: https://www.buendnis-gegen-cybermobbing.de/fileadmin/pdf/studien/cybermobbingstudie_2013.pdf (Zugriff: 30.07.2022).

Byram, M. (2021): Teaching and Assessing Intercultural Communicative Competence: Revisited. Bristol: Multilingual Matters.

Cavicchi, D. (2014): Fandom Before 'Fan': Shaping the History of Enthusiastic Audiences. In: Reception: Texts, Readers, Audiences, History 6, S. 52–72.

Charta Digitale Bildung (2020): In: https://charta-digitale-bildung.de (Zugriff: 22.07.2022).

Carretero Gomez, S./Vuorikari, R./Punie, Y. (2017): DigComp 2.1: The Digital Competence Framework for Citizens with eight proficiency levels and examples of use. Luxembourg: Publications Office of the European Union. In: https://publications.jrc.ec.europa.eu/repository/handle/JRC106281 (Zugriff: 30.07.2022).

Cho, B.-Y./Afflerbach, P. (2017): An Evolving Perspective of Constructively Responsive Reading Comprehension Strategies in Multilayered Digital Text Environments. In: Israel, S.-E. (Hrsg.): Handbook of Research on Reading Comprehension. S. 109–134.

Clinton, V. (2019). Reading from Paper Compared to Screens: A Systematic Review and Meta-Analysis. In: Journal of Research in Reading 42, 2, S. 288–325.

Clinton-Lisell, V. (2021): Stop multitasking and just read: meta-analyses of multitasking's effects on reading performance and reading time. In: Journal of Research in Reading, 44, 4, S. 787–816.

Clinton-Lisell, V. (2021): Stop multitasking and just read: meta-analyses of multitasking's effects on reading performance and reading time. In: Journal of Research in Reading 44, 4, S. 787–816.

Colfer, E./Donkin, A./Rigano, G. (2017): Illegal. Naperville, Il: Sourcebooks.

Collins, S. (2008): The Hunger Games. New York: Scholastic.

Condie, A. (2010): Matched. New York: Penguin.

Cope, B. (2017): Language Learning and Assessment in the Era of Technology-Mediated Learning. Media Literacy in Foreign Language Education: Digital and Multimodal Perspectives. Tagung an der LMU München. https://videoonline.edu.lmu.de/de/sommersemester-2017/9130 (Zugriff: 26.08.2022).

Cornille, F./Buendgens-Kosten, J./Sauro, S./Van der Veken, J. (2021): There's always an option: Collaborative writing of multilingual interactive fanfiction in a foreign language class. In: CALICO Journal 38, 1, S. 17–42.
COST (European Cooperation in Science and Technology) (2018): COST E-READ Stavanger Declaration Concerning the Future of Reading. In: https://ereadcost.eu/wp-content/uploads/2019/01/StavangerDeclaration.pdf (Zugriff: 22.07.2022).
Cotterall, S. (2017): The pedagogy of learner autonomy: Lessons from the classroom. In: Studies in Self-Access Learning Journal 8, 2, S. 102–115.
Council of Europe (2001): Common European Framework of References for Languages: Learning, Teaching, Assessment. Cambridge: Cambridge University Press.
Crofts, T./Murray, L./McGovern, A./Milivojevic, S. (2015): Sexting and Young People. London: Palgrave Macmillan.
Dam, L./Eriksson, R./Little, D./Miliander, J./Trebbi, T. (1990): Towards a definition of autonomy. In Trebbi, T. (Hrsg.): Third Nordic workshop on developing autonomous learning in the FL classroom. Bergen: University of Bergen, S. 96–103.
Dam, L. (1995): From Theory to Classroom Practice. Dublin: Authentik.
Dam, L. (2008): How Do We Recognize an Autonomous Classroom? – Revisited. In: A TESOL Symposium on Learner Autonomy: What Does the Future Hold?, S. 13–32.
Dam, L./Legenhausen, L. (2013): Learner Autonomy – A possible Answer to Inclusion. In: Eisenmann, M./Hempel, M./Ludwig, C. (Hrsg.): Medien und Interkulturalität im Fremdsprachenunterricht: Zwischen Autonomie, Kollaboration und Konstruktion. Duisburg: UVRR, S. 115–130.
Danesi, M. (2019): Memes and the Future of Pop Culture. Leiden: Brill.
Dausend, H. (2017): Digital unterrichten – Klasse 5–10: Apps & Co. im Englischunterricht gezielt einsetzen. Berlin: Cornelsen.
Davies, G./Otto, S. E. K./Rüschoff, B. (2013): Historical Perspective on CALL. In: Thomas, M./Reinders, H./Warschauer, M. (Hrsg.): Contemporary Computer-Assisted Language Learning. London: Bloomsbury, S. 19–38
Dawkins, R. (1976): The Selfish Gene. New York: Oxford University Press.
Delgado, P./Ackerman, V. R./Salmerón, L. (2018): Don't Throw Away Your Printed Books: A Meta-Analysis on the Effects of Reading Media on Reading Comprehension. In: Educational Research Review 25, S. 23–38.
Demski, D./Schade, R./Bellenberg, G./im Brahm, G. (2021): Schule, Beruf und Familie vereinbaren: Perspektiven von Schüler*innen auf das digitalisierte Lehren und Lernen vor und während der Corona Krise. In: Reintjes, C./Porsch, R./im Brahm, G. (Hrsg.): Das Bildungssystem in Zeiten der Krise: Empirische Befunde, Konsequenzen und Potenziale für das Lehren und Lernen. Münster: Waxmann, S. 81–98.
Deutsche Telekom Stiftung (2020): „Schule zu Hause" in Deutschland: Bestandsaufnahme im Corona-Lockdown aus Perspektive der Schüler/-innen und Eltern. In: https://www.telekomstiftung.de/sites/default/files/files/media/publications/Ergebnisbericht-Homeschooling.pdf (Zugriff: 22.07.2022).
Deutscher Bildungsserver (o. D.): Fake News – Arbeitsblätter und weitere Unterrichtsmaterialien. In: https://www.bildungsserver.de/fake-news-im-unterricht-12934-de.html (Zugriff: 22.07.2022).
Diehr, B. (o. D.): Wortschatz mit elektronischen Wörterbüchern weiterentwickeln. In: https://www.klett.de/inhalt/digitalisierung-im-englischunterricht/woerterbucharbeit/9945 (Zugriff: 22.07.2022).
Digitales Klassenzimmer (2020a): QR-Codes in Schule und Unterricht. In: https://digitalesklassenzimmer.org/qr-codes-in-schule-und-unterricht/ (Zugriff: 22.07.2022).
Digitales Klassenzimmer (2020b). Interaktive Karten im Unterricht. In: https://digitalesklassenzimmer.org/interaktive-karten-im-unterricht/ (Zugriff: 22.07.2022).

Drossel, E./Schaumburg, H./Labusch, A. (2019): Nutzung digitaler Medien und Prädikatoren aus der Perspektive der Lehrerinnen und Lehrer im internationalen Vergleich. In: Eickelmann, B./Bos, W./Gerick, J./Goldhammer, F./Schaumburg, H./Schwippert, K./Senkbeil, M./Vahrenhold, J. (Hrsg.): ICILS 2018 #Deutschland: Computer- und informationsbezogene Kompetenzen von Schülerinnen und Schülern im zweiten internationalen Vergleich und Kompetenzen im Bereich Computational Thinking. Münster: Waxmann, S. 205–240.

Dudeney, G./Hockly, N./Pegrum, M. (2013²): Digital Literacies. London: Routledge.

Dudeney, G./Hockly, N./Pegrum, M. (2022²): Digital Literacies. London: Routledge.

Duffet, M. (2013): Understanding Fandom: An Introduction to the Study of Media Fan Culture. London: Bloomsbury.

Dürscheid, C./Wagner, F./Brommer, S. (2010): Wie Jugendliche schreiben: Schreibkompetenz und neue Medien. Berlin: De Gruyter.

Dürscheid, C./Frick, K. (2016): Schreiben digital. Wie das Internet unsere Alltagskommunikation verändert. Stuttgart: Kröner.

Drayton, D. (2018): Unintentional Literature: Poememes as poetic practice. In: https://sydneyreviewofbooks.com/essay/unintentional-literature-poememes-as-poetic-practice/ (Zugriff: 22.07.2022).

EduApps (2015): Wir erstellen einen Trickfilm In: http://www.eduapps.at/wir-erstellen-einen - trickfilm/ (Zugriff: 22.07.2022).

Edurate (o.D.): The 36 Learning Principles by James Paul Gee. In: http://edurate.wikidot.com/the-36-learning-principles (Zugriff: 22.07.2022).

Ehlers, S. (2006): Entwicklung von Lesekompetenz in der Fremdsprache. In: Babylonia 3–4, S. 31–38.

Eickelmann, B./Bos, W./Gerick, J./Labusch, A. (2019): Computer- und informationsbezogene Kompetenzen von Schülerinnen und Schülern der 8. Jahrgangsstufe in Deutschland im zweiten internationalen Vergleich. In: Eickelmann, B./Bos, W./Gerick, J./Goldhammer, F./Schaumburg, H./Schwippert, K./Senkbeil, M./Vahrenhold, J. (Hrsg.): ICILS 2018 #Deutschland: Computer- und informationsbezogene Kompetenzen von Schülerinnen und Schülern im zweiten internationalen Vergleich und Kompetenzen im Bereich Computational Thinking. Waxmann, S. 113–135.

Eisenmann, M. (2019): Teaching English: Differentiation and Individualisation. Stuttgart: UTB.

Einfach Lehrer (o.D.): 11 Tipps für QR Codes im Unterricht. In: https://www.einfach-lehrer.de/qr-codes-im-unterricht/ (Zugriff: 30.07.2022).

Einspänner-Pflock, J./Dang-Anh, M./Thimm, C. (2014) (Hrsg.): Digitale Gesellschaft: Partizipationskulturen im Netz. Münster: LIT.

Elsner, D. (2010): Englisch in der Grundschule unterrichten: Grundlagen, Methoden, Praxisbeispiele. München: Oldernbourg.

Elsner, D. (2012): Multiliteracy Practices als Lernziel: Mehrsprachige Gedichte von Pat Mora und Antoine Cassar. In: Hammer, J./Eisenmann, M./Ahrens, R. (Hrsg.): Anglophone Literaturdidaktik: Zukunftsperspektiven f|r den Englischunterricht. Heidelberg: Winter, S. 409–424.

Elsner, D./Lohe, V. (2021): Moving in and out of English: Mehrsprachige Diskurskompetenz im Englischunterricht entwickeln. In: Der fremdsprachliche Unterricht Englisch 171, S. 2–8.

Eisenmann, M. (2019): Teaching English: Differentiation and Individualisation. UTB.

Eisenmann, M., Summer, T. (2020): Multimodal Literature in ELT: Theory and Practice. In: CLELEjournal, 8, 1, S. 52–73.

Elliott, J. (1991): Action research for educational change. Buckingham: Open University Press.

Electronic Literature Organization. In: https://eliterature.org (Zugriff: 22.07.2022).

English Learning for Curious Minds (o. D.) In: https://www.leonardoenglish.com/podcasts (Zugriff: 01.08.2022).

Erway, R. (2010): Defining “Born Digital”. In: http://www.oclc.org/research/activities/hidden collections/borndigital.pdf. (Zugriff: 22.07.2022).
Espresso English (o. D.): In: https://www.espressoenglish.net (Zugriff: 01.08.2022).
Europäische Union (2018): Empfehlung des Rates vom 22. Maik 2018 zu Schlüsselkompetenzen für lebenslanges Lernen. In: https://eur-lex.europa.eu/legal-content/DE/TXT/PDF/?uri=CELEX:32018H0604(01)&from=EN (Zugriff: 30.07.2022).
Europäische Union (o. D.): europass: Test your digital skills. In: https://europa.eu/europass/di gitalskills/screen/home (Zugriff: 30.07.2022).
Falk, S. (2019): Mobile-Assisted Language Learning. Tübingen: Narr.
Feest, K. (2019): Blended-Learning im fachsprachlichen Englischunterricht für Ingenieurswissenschaften. Eine empirische Studie zum Hör- und Hörsehverstehen. In: https://rosdok.uni-rostock.de/file/rosdok_disshab_0000002216/rosdok_derivate_0000081814/Feest_Disser tation_2019.pdf (Zugriff: 22.07.2022).
Feigl, E. (2017): Zeitgemäßes Sprachenlernen. Herausforderungen beim Einsatz neuer digitaler Technologien. In: Magazin erwachsenenbildung.at. Das Fachmedium für Forschung, Praxis und Diskurs, 30.
Ferrari, A. (2012): Digital Competence in Practice: An Analysis of Frameworks. Luxemburg: Publications Office of the European Union.
Finn, C./Berger/S. (2014a): The Grey Bird: Thirteen Emoji Poems in Translation. Coconut Books.
Finn, C./Berger/S. (2014b): Gentlemen Prefer Bows Over Dinner. In: https://hyperallergic.com/136772/gentlemen-prefer-bows-over-dinner-by-stephanie-berger-and-carina-finn/ (Zugriff: 22.07.2022).
Fischer, S. (2021): Moralische Spiele auf YouTube: Die Darstellung ethischer Computerspiele im Let’s Play und ihre Diskussion in den Userkommentaren. Wiesbaden: Springer.
FitzGerald, E./Kucirkova, N./Jones, A.C./Cross, S./Ferguson, R./Herodotou, C./Hillaire, G./Scanlon, E. (2017): Dimensions of personalisation in technology-enhanced learning: a frame work and implications for design. In: British Journal of Educational Technology, 49, 1, S. 165–181.
Flanagan, V. (2014): Technology and Identity in Young Adult Fiction: The Posthuman Subject. Critical Approaches to Children’s Literature. Basingstoke: Palgrave Macmillan.
Fordham, J./Ball, C. (2019): Framing Mental Health Within Digital Games: An Exploratory Case Study of Hellblade. In: JMIR Mental Health 6, 4, :e12432.
forsa/Landesanstalt für Medien NRW (LfM) (2017): Fake News. In: https://www.medienan stalt-nrw.de/fileadmin/user_upload/Ergebnisbericht_Fake_News.pdf (Zugriff: 30.07.2022).
Frahm, S./Blatt, I. (2015): Gibt es überhaupt einen Unterschied zwischen Hand- und Computerschreiben? Zu Mode-Effects bei der Rechtschreibung in Klasse 5. In: Didaktik Deutsch 20, 39, S. 3–6.
Frangou, S. S./Ruokamo, H./Parviainen, T./Wikgren, J. (2018): Can you put your finger on it? The effects of writing modality on Finnish students’ recollection. In: Writing Systems Research, 10, 2, S. 1–13.
Frazel, M. (2010): Digital storytelling guide for educators. Washington, DC: ISTE.
Frederking, V./Krommer, A./Maiwald, K. (2012): Mediendidaktik Deutsch: Eine Einführung. Berlin: Erich Schmidt Verlag.
Frederking, V./Krommer, A. (2019): Digitale Textkompetenz. Ein theoretisches wie empirisches Forschungsdesiderat im deutschdidaktischen Fokus. In: https://www.deutschdidak tik.phil.fau.de/files/2020/05/frederking-krommer-2019-digitale-textkompetenzpdf.pdf (Zugriff: 30.07.2022).
Freina, L./Ott, M. (2015): A Literature Review on Immersive Virtual Reality in Education: State Of The Art and Perspectives. In: eLearning & Software for Education 1, S. 133–141.

Fromme, J./Hartig, T. (2020): Let's Plays als Szene informeller Bildung? Möglichkeiten und Grenzen partizipativer Medienkulturen im digitalen Zeitalter. In: Dander, V./Bettinger, P./ Ferraro, E./Leineweber, C./Rummler, K. (Hrsg.): Digitalisierung – Subjekt – Bildung: Kritische Betrachtungen der digitalen Transformation. Opladen: Verlag Barbara Budrich, S. 159–182.

Gabel, S./Heim, K. (2019): Action Research in Pre-Service Teacher Education: A Step towards Autonomy? In: ELT Research: The Newsletter of the IATEFL Research Special Interest Group 34, S. 7–10.

Gailberger, S. (2013): Systematische Leseförderung für schwach lesende Schüler: Zur Wirkung von lektürebegleitenden Hörbüchern und Lesebewusstmachungsstrategien. Weinheim: Beltz Juventa.

Gal, N./Shifman, L./Kampf, Z. (2015): "It Gets Better": Internet memes and the construction of collective identity. In: New Media & Society, 18, 8, S. 1698–1714.

Gee, J. P. (2005): Learning by Design: Good Video Games as Learning Machines. In: E-Learning 2, 1, S. 5–16.

Gee, J. P. (2007): What Video Games Have to Teach Us About Learning and Literacy. London: Palgrave Macmillan.

Gee, J. P./Price, A. (2021): Game-Design Teaching and Learning. In: Strategies: A Journal for Physical and Sport Educators 34, 3, S. 35–38.

Gerlach, D. (Hrsg.): Kritische Fremdsprachendidaktik: Grundlagen, Ziele, Beispiele. Tübingen: Narr.

Gittins, P. (2017): Internet Poetry. In: https://www.thelondonmagazine.org/essay-internet-poetry-paul-gittins/ (Zugriff: 26.07.2022).

Gopalkrishnan, N. (2018): Cultural Diversity and Mental Health: Considerations for Policy and Practice. In: Frontiers in Public Health, 19, 6:179, o. S. In: https://www.ncbi.nlm.nih.gov/pmc/articles/PMC6018386/ (Zugriff: 26.08.2022).

Gorali, G./Campanella, J. J. (2018): Ian. Mundoloco CGI Ian Foundation. In: https://www.youtube.com/watch?v=Hz_d-cikWmI&t=475s (Zugriff: 26.07.2022).

Gulliver, A./Griffiths, K.M./Christensen, H. (2010): Perceived barriers and facilitators to mental health help-seeking in young people: a systematic review. In: BMC Psychiatry 10:113, S. 2–9.

Greenberg, S. (2023): Animated Film and Disability. Cripping Spectatorship. Bloomington: Indiana University Press.

Grimm, N./Meyer, M./Volkmann, L. (2015): Teaching English. Narr.

Grünewald, A. (2010): Mediendidaktik. In: Surkamp, C. (Hrsg.): Metzler Lexikon Fremdsprachendidaktik. Metzler, S. 210–213.

Hague, C./Payton, S. (2010): Digital literacy across the Curriculum. In: https://www.nfer.ac.uk/publications/futl06/futl06.pdf (Zugriff: 22.07.2022).

Haines, P. (2016): 25 ideas for using WhatsApp with English language students. In: https://oupeltglobalblog.com/2016/05/17/25-ideas-for-using-whatsapp-with-english-language-students/ (Zugriff: 22.07.2022).

Hancock, J. T./Naaman, M./Levy, K. (2020): AI-Mediated Communication: Definition, Research Agenda, and Ethical Consideration. Journal of Computer-Mediated Communication 25, 1, S. 89–100.

Hauck-Thum, U./Kirch, M./Nitsche, K. (2019): Mit Medien lehren und lernen – aus Zufall wird Verbindlichkeit. In: Junge, T./Niesyto, H. (Hrsg.): Digitale Medien in der Grundschullehrerbildung. Erfahrungen aus dem Projekt dileg-SL. München: Kopaed Verlag, S. 383–396.

Harvey, L./ Palese, E. (2018): #NeverthelessMemesPersisted: Building Critical Memetic Literacy in the Classroom. In: Journal of Adolescent and Adult Literacy 62, 3, S. 259–270.

Haß, F. (2017): Fachdidaktik Englisch. Tradition, Innovation, Praxis. Stuttgart: Klett.

Hamilton, M. (2013): Autonomy and Foreign Language Learning in a Virtual Learning Environment. London: Bloomsbury.
Hammond, A. (2016): Literature in the Digital Age. Cambridge, MA: Cambridge University Press.
Hartisch, G. (2021): Using Digital Tools to Improve Students' Literary Competence: Teacher and Student Perceptions. Unveröffentlichte Masterarbeit Freie Universität Berlin.
Hasinoff, A.-A. (2015): Sexting Panic – Rethinking Criminalization, Privacy, and Consent. Illinois: University of Illinois Press.
Haskins, C./Ludwig, C. (2023): Let's Talk About Sexting: Discussing Erotic and Sexually Explicit Messaging in Foreign Language Education. In: Ludwig, C./Kersten, S. (Hrsg.): Born-digital Texts in Language Learning and Teaching. Bristol: Multilingual Matters.
Hattie, J. (2009): Visible learning. A synthesis of over 800 meta-analyses relating to achievement. London: Routledge.
Hattie, J./Zierer, K. (2018): Visible Learning: Auf den Punkt gebracht. Baltmannsweiler: Schneider Verlag Hohengehren.
Hattie, J./Zierer, K. (2020²): Visible Learning: Auf den Punkt gebracht. Baltmannsweiler: Schneider Verlag Hohengehren.
Hauck-Thum, U. (2021): Uta Hauck-Thum im Interview mit Das Deutsche Schulportal. In: https://deutsches-schulportal.de/unterricht/es-geht-gar-nicht-darum-lernen-digital-zu-stuetzen/ (Zugriff: 22.07.2022).
Hausendorf, H. (2009) Kleine Texte: Über Randerscheinungen von Textualität. In: Germanistik in der Schweiz: Online-Zeitschrift der SAGG 6, S. 5–19.
Häcker, T./Beutel, S. I. (2012): Leistungsbewertung: Eine neue Lernkultur braucht einen anderen Umgang mit den Schülerleistungen. Baltmannnsweiler: Schneider Verlag Hohengehren.
Heckman, D./O'Sullivan, J. (2018): Electronic Literature: Contexts and Poetics. In: https://dlsanthology.mla.hcommons.org/electronic-literature-contexts-and-poetics/ (Zugriff: 22.07.2022).
Heim, K./Ritter, M. (2012): Teaching English: Computer Assisted Language Learning. Schöningh UTB.
Heinrich Böll Stiftung (2021): Fake News: Lernreise aus der Unterrichtsreihe »Selbstbestimmt im Netz«. In: https://www.boell.de/sites/default/files/2021-09/Selbstbestimmt_im_Netz_Fake_News_01_Leitfaden.pdf (Zugriff: 22.07.2022).
Heinz, S. (2021): Designing Mobile Language Learning Scenarios with Digital Tools. In: Lütge, C./Merse, T. (2021): Digital Teaching and Learning: Perspectives for English Language Education. Tübingen: Narr, S. 61–84.
Henseler, R./Möller, S./Surkamp, C. (2011): Filme im Englischunterricht: Grundlagen, Methoden, Genres. Hannover: Seelze-Velber: Kallmeyer/Klett.
Hellmig, L./Martens, A. (2010): ‚Blended Learning' – ein sinnloser Begriff. In: Hambach, S. (Hrsg.): Proceedings of eLearning Baltics (eLBa). Rostock. Stuttgart: Fraunhofer, S. 215–224.
Hellriegel, J./Čubela, D. (2018): Das Potential von Virtual Reality für den schulischen Unterricht – Eine konstruktivistische Sicht. In: Zeitschrift für Theorie und Praxis der Medienbildung, Dezember, S. 58–80.
Hermes, L. (2016): Gab's das nicht schon mal? Zur Diskussion des „Englischunterrichts für alle" in den 1960er und 1970er Jahren. In: Doff, S. (Hrsg.): Heterogenität im Fremdsprachenunterricht: Impulse – Rahmenbedingungen – Kernfragen – Perspektiven. Tübingen: Narr, S. 47–60.
Herzig, B. (2014): Wie wirksam sind digitale Medien im Unterricht? In: https://www.bertelsmann-stiftung.de/fileadmin/files/BSt/Publikationen/GrauePublikationen/Studie_IB_Wirksamkeit_digitale_Medien_im_Unterricht_2014.pdf (Zugriff: 22.07.2022).

Herzog, D. (2018): Podcasts – das unterschätzte Format im Englischunterricht. In: https://www.wortschatz-blog.de/podcasts-das-unterschaetzte-format-im-englischunterricht/ (Zugriff: 22.07.2022).

Hillmayr, D./Reinhold, F./Ziernwald, L./Reiss, K. (2017): Digitale Medien im mathematisch-naturwissenschaftlichen Unterricht der Sekundarstufe. Einsatzmöglichkeiten, Umsetzung und Wirksamkeit. Münster: Waxmann.

Hinz, A. (2012[3]): Inklusion – historische Entwicklungslinien und internationale Kontexte. In: Hinz, A./Körner, I./Niehoff, U. (Hrsg.): Von der Integration zur Inklusion. Grundlagen – Perspektiven – Praxis. Marburg: Lebenshilfe-Verlag, S. 33–52.

Holberg, S./Kapsalis, A. (2019): Can you translate?: Online-Wörterbücher kennen und nutzen. In: Grundschule Englisch 18,67, S. 34–35.

Holec, H. (1981): Autonomy and foreign language learning. Oxford: Pergamon.

Holmes, W./Anastopoulou, S./Schaumburg, H./Mavrikis, M. (2018): Personalisiertes Lernen mit digitalen Medien. Ein roter Faden. Stuttgart: Robert Bosch Stiftung.

Hocevar, K.P./Flanagin, A. J./Metzger, M. J. (2014): Social media self-efficacy and information evaluation online. In: Computers in Human Behavior 39, S. 254–262.

Hurd, S. (1998): Too carefully led or too carelessly left alone? In: Language Learning Journal, 17, S. 70–74.

Roland Rechtsschutz/Institut für Demoskopie Allensbach (2022): ROLAND RECHTSREPORT: Einstellung der Bevölkerung zum deutschen Justizsystem und zur außergerichtlichen Konfliktlösung. Fake News, Meinungsfreiheit, Verschwörungstheorien und Rolle sozialer Medien. In: https://www.roland-rechtsschutz.de/media/roland-rechtsschutz/pdf-rr/042 presse-pressemitteilungen/roland-rechtsreport/roland_rechtsreport_2022.pdf (Zugriff: 29.07.2022).

Jakisch, J. (2015): Mehrsprachigkeit und Englischunterricht: Fachdidaktische Perspektiven, schulpraktische Sichtweisen. Peter Lang.

Jakobi, S. (2020): Zum Spannungsverhältnis von analogem Medium Buch und darin inszenierten digitalen Medien. In: https://literaturkritik.de/technik-literatur-spannungsverhaeltnis-buch-als-analogem-medium-darin-inszenierten-digitalen-medien,26938.html (Zugriff: 22.07.2022).

Jenkins, H. (2006): Fans, Bloggers, and Gamers: Exploring Participatory Culture. New York: New York University Press.

Jenkins, H./Purushotma, R./Weigel, M./Clinton, K./Robison, A. J. (2009): An occasional paper on digital media and learning – Confronting the Challenges of Participatory Culture: Media Education for the 21st Century. MacArthur Foundation: The John D. and Catherine T. MacArthur Foundation (Hrsg.). In: https://www.macfound.org/media/article_pdfs/jenkins_white_paper.pdf (Zugriff: 22.07.2022).

Johannsen, S. (2019): Rekonstruktive Überlegungen zu Differenz- und Differenzierungskonstruktionen im inklusiven Englischunterricht: Sprachexpertinnen und -experten im multikulturellen Klassenzimmer. In: Netzwerk Inklusiver Englischunterricht: Forschung & Praxis der Inklusion im Fremdsprachenunterricht. In: https://inklusiver-englischunterricht.de/author/svenja-johannsen/ (Zugriff: 22.07.2022).

Jones, R. D./Schmidt, T. (2020): Wanna play? Using games, gaming, and gamification in the EFL classroom. In: Der Fremdsprachliche Unterricht Englisch 54, S. 2–6.

Jones, R. H. (2021): The text is reading you: teaching language in the age of the algorithm. Linguistics and Education, 62, S. 2–29. In: https://centaur.reading.ac.uk/86057/3/Jones%20in%20press%20the%20text%20is%20reading%20you.pdf (Zugriff: 22.07.2022).

Jong, S. T./Drummond, M. J. N. (2016): Hurry up and 'like' me: immediate feedback on social networking sites and the impact on adolescent girls. In: Asia-Pacific Journal of Health, Sport and Physical Education 7, 3, S. 1–17.

Joyce, M. (1987–1990): Afternoon. In: https://v2.nl/archive/works/afternoon-a-story (Zugriff: 22.07.2022).
Jorm, A. F. (2000): Mental health literacy: Public knowledge and beliefs about mental disor ders. In: British Journal of Psychiatry 107, S. 396–401.
Jugend und Medien: Nationale Plattform zur Förderung von Medienkompetenz/Zürcher Hochschule für Angewandte Wissenschaften (2019): Medienkompetenz: Tipps zum sicheren Umgang mit digitalen Medien. In: https://www.jugendundmedien.ch/fileadmin/PDFs/Broschueren/Brosch_Medienkompetenz_ZHAW_0919_DE_bf.pdf (Zugriff: 30.07.2022).
Käfer, J./Herbein, E./Fauth, B. (2021): Formatives Feedback im Unterricht. Wirksamer Unterricht. Band 5. Institut für Bildungsanalysen Baden-Württemberg. In: https://ibbw-bw.de/site/pbs-bw-km-root/get/documents_E2059968770/KULTUS.Dachmandant/KULTUS/Dienst stellen/ibbw/Empirische%20Bildungsforschung/Programme-und-Projekte/Wirksamer_Un terricht/IBBW_WU05_FormativesFeedback_Web.pdf (Zugriff: 22.07.2022).
Kaplan, J.E./Moss, M. (2003): Investigating Hate Crimes on the Internet. In: https://cite seerx.ist.psu.edu/viewdoc/download?doi=10.1.1.174.7399&rep=rep1&type=pdf (Zugriff: 30.07.2022).
Kaplan, A./Haenlein, M. (2019) Siri, Siri, in my hand: Who's the fairest in the land? On the interpretations, illustrations, and implications of artificial intelligence. In: Business Horizons 62, 1, S. 15–25.
Kantayyas, S. (2020): Coded Bias. 7th Empire Media.
Kearney, M./Burden, K./Schuck, S. (2020): Using the iPAC Framework to Inform Research and Teaching Practice. Heidelberg: Springer.
Kerres, M. (2018a): Bildung in der digitalen Welt: Wir haben die Wahl. In: denk-doch-mal.de, Online-Magazin für Arbeit-Bildung-Gesellschaft, 2, (Berufliches) Lernen in digitalen Zeiten, S. 1–7.
Kerres, M. (2018[5]b): Mediendidaktik. Konzeption und Entwicklung mediengestützter Lernangebote. Berlin: de Gruyter.
King, A. (1993): From Sage on the Stage to Guide on the Side. In: College Teaching, 41, 1, S. 30–35.
Klaffke, T. (2019): Verantwortungsvoll mitbestimmen: Partizipation im Unterricht. In: Klasse leiten, 7, S. 14–15.
Klemm, U. (2016): Wortschatzarbeit im Netz und mit Apps. Der fremdsprachliche Unterricht Englisch 50, 144, S. 8–10.
Klippel, F. (1980): Lernspiele im Englischunterricht. Mit 50 Spielvorschlägen. Paderborn: Schöningh.
KMK (2016): Bildung in der digitalen Welt: Strategie der Kultusministerkonferenz. In: https://www.kmk.org/fileadmin/pdf/PresseUndAktuelles/2018/Digitalstrategie_2017_mit_Wei terbildung.pdf (Zugriff: 22.07.2022).
KMK (2021): Bildung in der digitalen Welt: Die ergänzende Empfehlung zur Strategie „Bildung in der digitalen Welt". In: https://www.kmk.org/fileadmin/veroeffentlichungen_beschluesse/2021/2021_12_09-Lehren-und-Lernen-Digi.pdf (Zugriff: 22.07.2022).
Knezek, G./Christensen, R. (2016): Extending the Will, Skill, Tool Model of Technology Intergration: Adding Pedagogy as a New Model Construct. In: Journal of Computing in Higher Education 28, S. 307–325.
Knipping-Sorokin, R./Stumpf, T. (2018): Radikal Online – Das Internet und die Radikalisierung von Jugendlichen: eine Metaanalyse zum Forschungsfeld. In: kommunikation @ gesellschaft 19, S. 1–29.
Knorr, D. (2020): Schreiben in der Fremdsprache lehren und lernen. Einführung in den Themenschwerpunkt. In: Zeitschrift für Interkulturellen Fremdsprachenunterricht, 25, 1, S. 365–371.
Koehler, M. J./Mishra, P. (2009): What is technological pedagogical content knowledge? In: Contemporary Issues in Technology and Teacher Education, 9, 1, S. 60–70.

Kolb, A./Brunsmeier, S. (2017): Picturebooks Go Digital – The Potential of Story Apps for the Primary EFL Classroom. In: CLELEjournal 5, 1, S. 1–20.

Koskimaa, R. (2007): The challenge of cybertext: teaching literature in the digital world. In: Uocpapers 4, S. 3–8.

Koschel, W./Weyland, U. (2019): Das Potenzial digitaler Medien im Unterricht. In: Pflege Zeitschrift, 72, 4, S. 42–44.

Kovalik, K./Curwood, J. S. (2019): #poetryisnotdead: understanding Instagram poetry within a transliteracies framework. In: Literacy 53, 4, S. 185–195.

König, L. (2020): On beauty ideals and body norms. Schönheits- und Körpernormen als Thema in einer Kritischen Fremdsprachendidaktik. In: Gerlach, D. (Hrsg.): Kritische Fremdsprachendidaktik: Grundlagen, Ziele, Beispiele. Tübingen: Narr, S. 125–144.

Kötter, M. (2017): Wortschatzarbeit im Fremdsprachenunterricht. Grundlagen und Praxis in Primarstufe und Sekundarstufe I. Seelze: Klett Kallmeyer.

Kress, G./Burn, A. (2005): Pictures from a rocket: English and the semiotic take. In: English Teaching: Practice and Critique, 4, 1, S. 95–105.

Krommer, A. (2015): „Bring your own device!" und die Demokratisierung des Beamers. Didaktische Dimensionen digitaler Technik. In: Knopf, J. (Hrsg.): Medienvielfalt in der Deutschdidaktik. Erkenntnisse und Perspektiven für Theorie, Empirie und Praxis. Baltmannsweiler: Schneider Verlag Hohengehren, S. 36–47.

Krommer, A. (2018): Wider den Mehrwert! Oder: Argumente gegen einen überflüssigen Begriff. In: https://axelkrommer.com/2018/09/05/wider-den-mehrwert-oder-argumente-gegen-einen-ueberfluessigen-begriff/ (Zugriff: 22.07.2022).

Krommer, A./Wampfler, P. (2021): Distanzlernen, didaktische Schieberegler und zeitgemäßes Lernen. In: Krommer, A./Wampfler, P./Klee, W. (Hrsg.): Hybrides Lernen. Zur Theorie und Praxis von Präsenz- und Distanzlernen. Weinheim: Beltz, S. 8–16.

Kubanek, A./Edelenbos, P. (2012): Diagnostische Kompetenz im Englischunterricht – von Fingerspitzengefühl zu evidenzbasiertem Handeln. In: Hansmann, W./Dirks, U./Baumbach, H. (Hrsg.): Professionalisierung und Diagnosekompetenz – Kompetenzentwicklung und -förderung im Lehramtsstudium. Marburg: Philipps-Universität Marburg, S. 1–15.

Kubrick, S. (1968) (2001): A Space Odyssey. Vereinigtes Königreich: Stanley Kubrick.

Kuhn, C. (2011): Die Radieschen von unten ansehen – Digital Storytelling als handlungsorientierter Ansatz zur Förderung von Kommunikations- und Medienkompetenz im DaF-Unterricht. Tagungsakten des 8. Brasilianischen Deutschlehrerkongresses / Anais do VIII Congresso Brasileiro de Professores de Alemão.

Kukulska-Hulme, A./Shield, L. (2008): An overview of mobile assisted language learning: From content delivery to supported collaboration and interaction. In: ReCALL, 20, 3, S. 271–289.

Kumaravadivelu, B. (1994): The Postmethod Condition: (E)merging Strategies for Second/Foreign Language Teaching. In: TESOL Quarterly, 28, 1, S. 27–48.

Kuty, M. (o. D.): Blended Learning und das Konzept des Flipped classroom: Möglichkeiten zur Erhöhung von Individualisierung, Kooperation und Interaktion im (face-to-face) Englischunterricht. In: https://www.klett.de/inhalt/digitalisierung-im-englischunterricht/flipped-classroom/6469 (Zugriff: 22.07.2022).

Kuty, M (2021): Flip the classroom – Potenziale und Herausforderungen für de Englischunterricht. In: Bündgens-Kosten, J./Schildhauer, P. (Hrsg.): Englischunterricht in einer digitalisierten Gesellschaft. Weinheim: Beltz Juventa, S. 126–140.

La Rocca, G. (2020): Possible selves of a hashtag: Moving from the theory of speech acts to cultural objects to interpret hashtags. In: International Journal of Sociology and Anthropology, 12, 1, S. 1–9.

Laineste, L./Voolaid, P. (2017): Laughing across borders: Intertextuality of internet memes. In: European Journal of Humour Research 4, 4, S. 26–49.

Landesbildungsserver NRW (2020): Influencer-Videos im bilingualen Unterricht. Bibi und EnjoyPhoenix – das nette Mädchen von nebenan berät in (fast) allen Lebenslagen?! Wie Influencer-Videos aus sozialen Netzwerken kritisch im (bilingualen) Unterricht bearbeitet werden können. In: https://www.schule-bw.de/faecher-und-schularten/sprachen-und-literatur/franzoesisch/informationen-zum-fach/bilingual/newsletter/qdn-2020/influencer-videos.html#fussnote-2 (Zugriff: 22.07.2022).

Landesmedienzentrum Baden-Württemberg (o. D.): Schönheitsideale in sozialen Netzwerken. In: https://www.lmz-bw.de/medien-und-bildung/jugendmedienschutz/sexualitaet-und-pornografie/schoenheitsideale-in-sozialen-netzwerken/#/medien-und-bildung/jugendmedienschutz/sexualitaet-und-pornografie/schoenheitsideale-in-sozialen-netzwerken/#c66235 (Zugriff: 22.07.2022).

Laney, D. (2001): 3D Data Management: Controlling Data Volume, Velocity, and Variety. In: http://blogs.gartner.com/doug-laney/files/2012/01/ad949-3D-Data-Management-Controlling-Data-Volume-Velocity-and-Variety.pdf (Zugriff: 01.08.2022).

Lauer, G. (2020): Lesen im digitalen Zeitalter. Darmstadt: wbg.

Le, S./Weber, P./Ebner, M. (2013[2]): Game-Based Learning. Spielend Lernen? In: Ebner, M./Schön, S. (Hrsg.): Lehrbuch für Lernen und Lehren mit Technologien. Epubli, S. 267–276.

Legault, J./Zhao, J./Chi, Y.-A./Chen, W./Klippel, A./Ping, L. (2019): Immersive Virtual Reality as an Effective Tool for Second Language Vocabulary Learning. Languages 4, 1, S. 1–33.

Legends of Learning (2016): GBL Influences: James Gee's Principles for Game-Based Learning. In: https://www.legendsoflearning.com/blog/james-paul-gee-game-based-learning/ (Zugriff: 22.07.2022).

Levy, M. (1997): Computer-AssistedLanguage Learning: Context and Conceptualization. Oxford: Clarendon Press.

Little, D. (1991): Definitions, Issues and Problems. Dublin.

Little, D./Dam, L./Timmer, J. (Hrsg.): (1998): Focus on Learning Rather than Teaching: Why and How? In: Papers from the International Association of Teachers of English as a Foreign Language Conference in Krakow, Poland, May 14–16, 1998. Dublin: Centre for Language and Communication Studies, S. 38–56.

Little, D./Kirwan, D. (2019): Engaging with Linguistic Diversity: A Study of Educational Inclusion in an Irish Primary School. London: Bloomsbury.

Littman, S. D. (2016): Backlash. New York: Scholastic

Lo, C. K./Hew, K. F./Chen, G. (2017): Toward a set of design principles for mathematics flipped classrooms: A synthesis of research in mathematics education. In: Educational Research Review 22, S. 51–73.

Lockhurst, R. (2016): Modern literature and technology. In: www.bl.uk/20th-century-literature/articles/modern-literature-and-technology (Zugriff: 22.07.2022).

Luke's English Podcast (o. D.): In: https://teacherluke.co.uk (Zugriff: 01.08.2022).

Ludwig, C. (2018): Action Research and Language Learner Autonomy: An Exploration Journey. In: Ludwig, C./Pinter, A./ Van de Poel, K./Smits, T./Tassinari, M. G./Ruelens, E. (Hrsg.): Fostering Learner Autonomy: Learners, teachers and researchers in action. Hongkong: Candlin & Mynard, S. 16–23.

Ludwig, C. (2021a): "There is no such thing as 'away'" – An Inquiry-Based Approach to Developing Learners' Sustainability Literacy in the EFL Classroom. Ecozon@ 12, 1, S. 66–82.

Ludwig, C. (2021b): 'The future is now' – Virtual Reality im Englischunterricht". In: Bündgens-Kosten, J./Schildhauer, P. (Hrsg.). Englischunterricht in einer digitalisierten Gesellschaft. Weinheim: Beltz Juventa, S. 176–189.

Ludwig, C. (2021c): "Welcome, Citizens of Autodale" – Using Short Animated Dystopias in the EFL Classroom. In: Ludwig, C./Deetjen, C. (Hrsg.): The World Beyond: Develoing Critical Environmental Literacies in EFL. Heidelberg: Winter, S. 105–124.

Ludwig, C./Scheffler, P. (2022): Erklärvideos im mehrsprachigkeitssensiblen Englischunterricht am Beispiel von Koch- und Backtutorials. In: Ludwig, C./Sambanis, M. (Hrsg.): English and beyond: Impulse zur Förderung von Mehrsprachigkeit im Englischunterricht. Friedberg: Brigg, S. 47–52.
Ludwig, C./Sambanis, M. (2022): English and beyond: Impulse zur Förderung von Mehrsprachigkeit im Englischunterricht. Friedberg: Brigg.
Ludwig, C. (2022): Making the unseen seen: Exploring human trafficking through comics and graphic novels in ELT. In: Ludwig, C./Summer, T. (Hrsg.): Taboos and Critical Issues in Foreign Laguage Education. London: Routledge.
Ludwig, C./Sambanis, M./Hartisch, G. (2023): #Literature Goes Digital: Digital Transformations in the ELT Literature Classroom. In: Ludwig, C./Kersten, S. (Hrsg.): Born-digital Texts in Language Learning and Teaching. Bristol: Multilingual Matters.
Lütge, C./Merse, T. (2019): Digitiale Literatur im Fremdsprachenunterricht. Überlegungen zu Typologie und Modellierung. In: Falkenhagen, C./Funk, H./Reinfried, M./Volkmann, L. (Hrsg.): Sprachen lernen integriert – global, regional, lokal: Dokumentation zum 27. Kongress für Fremdsprachendidaktik der Deutschen Gesellschaft für Fremdsprachenforschung (DGFF) Jena 27.–30. September 2017. Baltmannsweiler: Schneider-Verlag Hohengehren, S. 279–291.
Lütge, C./Merse, T. (2021): Digital Teaching and Learning: Perspectives for English Language Education. Tübingen: Narr.
Lütge, C./Merse, T./Stannard, M. (2021): Digital Textualities: Innovative Practices with Social Media, Digital Literatures and Virtual Realities. In: Lütge, C./Merse, T. (2021): Digital Teaching and Learning: Perspectives for English Language Education. Tübingen: Narr, S. 231–254.
Mahrt, M. (2019): Beyond Filter Bubbles and Echo Chambers: The Integrative Potential of the Internet. Berlin. In: https://www.ssoar.info/ssoar/bitstream/handle/document/61606/ssoar-2019-mahrt-Beyond_Filter_Bubbles_and_Echo.pdf?sequence=1&isAllowed=y&lnkname=ssoar-2019-mahrt-Beyond_Filter_Bubbles_and_Echo.pdf (Zugriff: 22.07.2022).
Mahrt, M. (2020): Why we find little evidence of digital fragmentation, but should not stop researching it. In: Gehrau, V./Waldherr, A./Scholl, A. (Hrsg.): Integration durch Kommunikation (in einer digitalen Gesellschaft): Jahrbuch der Deutschen Gesellschaft für Publizistik und Kommunikationswissenschaft 2019. Deutsche Gesellschaft für Publizistik und Kommunikationswissenschaft, S. 27–35.
Martin-Luther-Universität Halle-Wittenberg (o. D.): LEKTION 6: DER INTERKULTURELLE MASTER OF MEMES. In: https://blogs.urz.uni-halle.de/memekultur/interkulturelle-kompetenz (Zugriff: 22.07.2022).
Matz, F./Rogge, M. (2020): "Widening the Horizon – The Challenges of Teaching Nigeria in the German EFL Classroom." In: Arbeiten aus Anglistik und Amerikanistik 45, 2, S. 47–65.
Matz, F./Rogge, M./Rumlich, D. (2022): Die Mündliche Prüfung: Eine Einführung. Tübingen: Narr.
Mau, S. (2017): Das metrische Wir. Über die Quantifizierung des Sozialen. Berlin: Suhrkamp.
mebis (o. D.) (a): SAMR | Ein Modell zur Digitalisierung des Lernens. In: https://www.mebis.bayern.de/infoportal/mediendidaktik/theorie/samr-ein-modell-zur-digitalisierung-des-lernens/ (Zugriff: 22.07.2022).
mebis (o. D.) (b): Das iPac-Framework. In: https://www.mebis.bayern.de/infoportal/mediendidaktik/theorie/das-ipac-framework/ (Zugriff: 30.07.2022).
mebis (o. D.): Das 4K-Modell. In: https://www.mebis.bayern.de/infoportal/mediendidaktik/theorie/das-4k-modell/ (Zugriff: 01.08.2022).
Medienanstalt Rheinland-Pfalz (o. D.): klicksafe. In: https://www.klicksafe.de.

McDuffifie, K. (2013): Technology and Models of Literacy in Young Adult Dystopian Fiction. In: Basu, B./Broad, K./Hintz, C. (Hrsg.): Contemporary Dystopian Fiction for Young Adults. New York: Routledge, S. 145–156.

Mercator Institut für Sprachförderung und Deutsch als Zweitsprache (2019): Faktencheck: Handschrift in der digitalisierten Welt. In: https://www.mercator-institut-sprachfoerderung.de/de/themenportal/thema/faktencheck-handschrift-in-der-digitalisierten-welt/ (Zugriff: 30.07.2022).

Merse, T./Poorman, F. (2017): Voices from the University Classroom: Using Social Media for Collaborative Learning in Language Teacher Education. In: Ludwig, C./Van de Poel, K. (Hrsg.): Collaborative Learning and New Media: New Insights into an Evolving Field. Frankfurt/Main: Peter Lang, S. 129–150.

Meyer, H./Junghans, C. (2019): Zwölf Prüfsteine für die Arbeit mit digitalen Unterrichtsmedien. In: Huber, S. G. (Hrsg.): Jahrbuch Schulleitung 2019, Impulse aus Wissenschaft und Praxis Schwerpunkt: Digitalisierung Chancen für Schule und Unterricht. Köln: Carl Link/Wolters Kluwer, S. 354–380.

Meyer, H. (2020): Digitale Medien – Plädoyer für eine didaktisch fundierte Unterrichtsentwicklung. In: https://unterrichten.digital/2020/05/14/hilbert-meyer-digitalisierung-unterricht/ (Zugriff: 22.07.2022).

Meyer, J. (2021): Literaturvermittlung: Eine hermeneutische Analyse von Lehrwerken der gymnasialen Oberstufe. Tübingen: Narr.

Middendorf, W. (2022): Schulische Leistungsbewertung im Kontext der Digitalisierung – erste Hinweise zu einer von der KMK angestrebten erweiterten Prüfungskultur. In: https://www.pedocs.de/volltexte/2022/23908/pdf/Middendorf_2022_Schulische_Leistungsbewertung.pdf (Zugriff: 22.07.2022).

Miller H. (2008): Location-Aware Technologies. In: Shekhar S./Xiong H. (Hrsg.): Encyclopedia of GIS. Wiesbaden: Springer, S. 623.

Ministerium für Schule und Bildung des Landes Nordrhein-Westfalen (2017a): Medienkompetenzrahmen NRW. In: https://www.schulministerium.nrw/system/files/media/document/file/LVR_ZMB_MKR_Rahmen_A4_2020_03_Final.pdf (Zugriff: 22.07.2022).

Ministerium für Schule und Weiterbildung des Landes Nordrhein-Westfalen (2017b): Online-Broschüre „Digitalstrategie Schule NRW“. In: https://www.schulministerium.nrw/digitalisierung (Zugriff: 22.07.2022).

Ministerium für Schule und Weiterbildung des Landes Nordrhein-Westfalen (2019): Kernlehrplan für die Sekundarstufe Gymnasium in Nordrhein-Westfalen: Englisch. Düsseldorf: Ministerium für Schule und Weiterbildung des Landes Nordrhein-Westfalen.

Ministerium für Schule und Bildung des Landes Nordrhein-Westfalen/Landesanstalt für Medien NRW (o. D.): Schütz dich vor Cyber Grooming: Arbeitsmaterial für die Jahrgangsstufen 5–8 (90 Minuten). In: https://www.medienanstalt-nrw.de/fileadmin/user_upload/NeueWebsite_0120/Medienorientierung/Cybergrooming/Begleitmaterial-Cybergrooming-Unterricht.pdf (Zugriff: 22.07.2022).

Mindt, I./Kaymak, Y. (2020): Digitale Elemente im Englischunterricht. In: Meister D. M./Mindt, I. (Hrsg.): Mobile Medien im Schulkontext. Medienbildung und Gesellschaft. Wiesbaden: Springer, S. 155–174.

Mischke, C. (2017): Hören – Verstehen – und dann? Integrative Hörverstehensschulung im Zeitalter digitaler Medien. In: Der fremdsprachliche Unterricht Französisch 51, 145, S. 2–8.

Mishra, P./Koehler, M. J. (2006): Technological pedagogical content knowledge: A framework for integrating technology in teachers' knowledge. Teachers College Record 108, 6, S. 1017–1054.

Misoch, S. (2007): Körperinszenierungen Jugendlicher im Netz. Ästhetische und schockierende Präsentationen. In: Diskurs Kindheits- und Jugendforschung, 2, S. 139–154.

Mit digitalen MEDIEN unterrichten (o. D.): Bild-/Audio-Videobearbeitung. In: https://www.digitalemedienunterricht.de/2021/03/11/bild-audio-videobearbeitung/ (Zugriff: 22.07.2022).

Moeller, A./Nugent, K. (2014): Intercultural Communicative Competence in the language classroom. Unlock the Gateway to Communication. In: Dhonau, S. (Hrsg.): Central States Conference Report. Eau Claire, WI: Crown Prints, S. 1–18.

Möller, J./Hameleers, M./Ferreau, F. (2020): Typen von Desinformation und Misinformation: Verschiedene Formen von Desinformation und ihre Verbreitung aus kommunikationswissenschaftlicher und rechtswissenschaftlicher Perspektive. In: https://www.die-medienan stalten.de/fileadmin/user_upload/die_medienanstalten/Publikationen/Weitere_Veroeffent lichungen/GVK_Gutachten_final_WEB_bf.pdf (Zugriff: 22.07.2022).

Moore, J. (2006): The Dartmouth College Artificial Intelligence Conference: The Next Fifty Years. In: AI Magazine 27, 4, S. 87–91.

mpfs (Medienpädagogischer Forschungsverbund Südwest) (2020a): miniKIM-Studie: Kleinkinder und Medien. Basisuntersuchung zum Medienumgang 2- bis 5-Jähriger in Rittershaus Deutschland. In: https://www.mpfs.de/fileadmin/user_upload/lfk_miniKIM_2020_211020_WEB_barrierefrei.pdf (Zugriff: 22.07.2022).

mpfs (Medienpädagogischer Forschungsverbund Südwest) (2020b): KIM-Studie 2020: Kindheit, Internet, Medien. Basisuntersuchung zum Medienumgang 6- bis 13-Jähriger. Online: https://www.mpfs.de/fileadmin/files/Studien/KIM/2020/KIM-Studie2020_WEB_final.pdf (Zugriff: 22.07.2022).

mpfs (Medienpädagogischer Forschungsverbund Südwest) (2020c): JIM-Studie 2020: Basisuntersuchung zum Medienumgang 12- bis 19-Jähriger. In: https://www.mpfs.de/fileadmin/files/Studien/JIM/2020/JIM-Studie-2020_Web_final.pdf (Zugriff: 22.07.2022).

mpfs (Medienpädagogischer Forschungsverbund Südwest): JIM-Studie 2021: Basisuntersuchung zum Medienumgang 12- bis 19-Jähriger. In: https://www.mpfs.de/fileadmin/files/Studi en/JIM/2021/JIM-Studie_2021_barrierefrei.pdf (Zugriff: 22.07.2022).

Müller, T. (2022): Wege aus der Onlinesucht. DNP 23, S. 14–15.

Nation, P. (2001): Learning Vocabulary in Another Language. Cambridge: CUP.

Nelges, H. (2015): Digital Media in the EFL Classroom: A German Case Study on Possibilities and Actual Use. In: The European Journal of Applied Linguistics and TEFL, 4, 1, S. 105–127.

Niesyto, H. (2012): Medien und interkulturelle Bildung – Kriterien aus medienpädagogischer Perspektive. In: Pirner, M. L./Lähnemann, J./Haußmann, W. (Hrsg.): Medien, Macht und Religionen. Herausforderung für interkulturelle Bildung. Berlin: EB-Verlag, S. 246–254.

Nölte, B. (2017): Formative Assessment: Bewerten um des Lernens Willen. Bundeszentrale für politische Bildung. In: https://www.bpb.de/lernen/digitale-bildung/werkstatt/255718/formative-assessment-bewerten-um-des-lernens-willen/ (Zugriff: 22.07.2022).

Nunan, D. (1997): Designing and Adapting Materials to Encourage Learner Autonomy. In: Benson, P./Voller, P. (Hrsg.): Autonomy and Independence in Language Learning. London: Longman, S. 192–203.

Nutbeam, D. (2015): Defining, measuring and improving health literacy. In: Health Evaluation and Promotion 42, 4, S. 450–455.

Nünning, A./Surkamp, C. (2008²): Englische Literatur unterrichten 1: Grundlagen und Methoden. Seelze-Velber: Kallmeyer/Klett.

OECD (2008): Students with Disabilities, Learning Difficulties and Disadvantages Policies, Statistics and Indicators. Paris: OECD Publishing.

OECD/PISA (2018): Preparing our Youth for an Inclusive and Sustainable World. The OECD PISA Global Competence Framework. Paris: OECD Publishing. In: https://www.oecd.org/pisa/Handbook-PISA-2018-Global-Competence.pdf (Zugriff: 22.07.2022).

Ofsted (2021): Research and analysis: Review of sexual abuse in schools and colleges. In: ht tps://www.gov.uk/government/publications/review-of-sexual-abuse-in-schools-and-colle ges/review-of-sexual-abuse-in-schools-and-colleges (Zugriff: 01.08.2022).

Opitz, B. (2022): Planning a virtual trip through multilingual Miami: Interaktive digitale Karten im mehrsprachigkeitssensiblen Englischunterricht. In: Ludwig, C./Sambanis, M. (Hrsg.): English and beyond: Impulse zur Förderung von Mehrsprachigkeit im Englischunterricht. Friedberg: Brigg, S. 53–58.

Oxford, R. (2008): "Hero With a Thousand Faces: Learner Autonomy, Learning Strategies and Learning Tactics in Independent Language Learning." In Hurd, S./Lewis, T. (Hrsg.): Language Learning Strategies in Independent Settings. Toronto: Multilingual Matters, S. 41–64.

Oxford Learner's Dictionaries: post-truth. In: https://www.oxfordlearnersdictionaries.com/definition/english/post-truth?q=post-truth (Zugriff: 30.07.2022).

Oxford University Press ELT Expert Panel (o. D.): Inclusive Practices in English Language Teaching. In: https://cdn.theewf.org/uploads/pdf/oup-expert-inclusive-practices2.pdf?mtime=20200106143947&focal=none (Zugriff: 01.08.2022).

Pariser, E. (2011): The Filter Bubble. What the Internet is Hiding from You. London: Penguin.

Pegrum, M. (2016): Why Mobile Devices Aren't Enough: Learning Languages, Building Communities & Exploring Cultures. In: EUROCALL 2016. Call Communities and Culture. 24.– 27. August 2016/ Limassol, Cyprus. Conference abstracts. In: http://www.eurocall2016.org/files/EUROCALL_2016_Abstracts_18082016.pdf (Zugriff: 30.07.2022).

Pegrum, M. (o. D.): Digital literacies. In: https://markpegrum.com/overview-of-digital-learning/digital-literacies/ (Zugriff: 22.07.2022).

Peterson M. (2012): Learner interaction in a massively multiplayer online role playing game (MMORPG): A sociocultural discourse analysis. In: ReCALL 24, S. 361–380.

Petko, D. (2012): Hemmende und förderliche Faktoren des Einsatzes digitaler Medien im Unterricht: Empirische Befunde und forschungsmethodische Probleme. In: Schulz-Zander, R./Eickelmann, B./Moser, H./Niesyto, H./Grell, P. (Hrsg.): Jahrbuch Medienpädagogik. 9. Wiesbaden: VS, Verl. für Sozialwissenschaften, S. 29–50.

Philipp, M. (2020): Leseförderung 4.0? Gibt es Unterschiede in den Merkmalen effektiver Lesefördermassnahmen mit multiplen Dokumenten, wenn digitale Medien genutzt werden? In: Zeitschrift MedienPädagogik 17 (Jahrbuch Medienpädagogik), S. 141–168.

Pohl, L. (2020): Are you a real London expert? Auf einer digital gestützten Schnitzeljagd kommunikative Aufgaben zum Thema London bewältigen. In: Unterricht Englisch 165, S. 10–16.

Pons.de (o. D.): backpacker. In: https://de.pons.com/übersetzung/englisch-deutsch/backpacker?bidir=1 (Zugriff: 31.08.2022).

Porsch, R. (2010): Schreibkompetenzvermittlung im Englischunterricht – Eine bundesweite Umfrage unter Lehrkräften und Schülern der Sekundarstufe 1. In: Zeitschrift für Fremdsprachenforschung 21,1, S. 53–77.

Pölert, H. (2019): QR-Codes im Unterricht – Erstellen und Nutzen von QR-Codes in der Schule. In: https://unterrichten.digital/2019/02/18/qr-codes-im-unterricht/ (Zugriff: 22.07.2022).

Pölert, H. (2020): Blended Learning in der Schulpraxis. Modell für (Online-)Unterricht während und nach Corona. In: Schulverwaltung. Baden-Württemberg 29, 9, S. 228–231.

Prensky, M. (2007): Digital Game-Based Learning. St. Paul, Mn: Paragon House.

Prescher, T./Thees, M. (2015): Memes als moderne Bildungsmedien: Humor als Medium pädagogischer Interaktion zur Wissenskonstruktion im Physikunterricht. Bildungsforschung 12, S. 147–178.

P21. Partnership for 21st Century Learning: A Network of Batelle for Kids (o. D.): Frameworks & Resources. In: https://www.battelleforkids.org/networks/p21/frameworks-resources (Zugriff: 01.08.2022).

Puentedura, R.R. (2006): Transformation, Technology, and Education. In: http://hippasus.com/resources/tte/ (Zugriff: 22.07.2022).

Pullinger, K. (o. D.): Breathe. In: https://www.katepullinger.com/breathe/ (Zugriff: 22.07.2022).

Punie, Y./Redecker, C. (2017): European Framework for the Digital Competence of Educators DigCompEdu. Luxemburg: Publications Office of the European Union. In: https://www.bildungsserver.de/onlineressource.html?onlineressourcen_id=60947 (Zugriff: 30.07.2022).

Ramos Lopes, A. (2021): Zum Umgang mit und Bewertung von kreativen Lernprodukten in der Praxis des Lateinunterrichts. In: Latein und Griechisch in Nordrhein-Westfalen: Mitteilungsblatt des Deutschen Altphilologenverbandes, Landesverband NRW, 2,1, S. 53–61.

Rat der Euroäischen Union (2018): Empfehlung des Rates vom 22.Mai 2018 zu Schlüsselkompetenzen für lebenslanges Lernen (Text mit Bedeutung für den EWR). Amtsblatt der Europäischen Union. In: https://eur-lex.europa.eu/legal-content/DE/TXT/PDF/?uri=CELEX:32018H0604(01)&from=EN (Zugriff: 22.07.2022).

Rat für kulturelle Bildung (2019): Jugend/YouTube/Kulturelle Bildung. Horizont 2019. Eine repräsentative Umfrage unter 12- bis 19-jährigen zur Nutzung kultureller Bildungsangebote an digitalen Kulturorten. In: https://www.flipsnack.com/ratkulturellebildung/jugend-youtube-kulturelle-bildung-2019/full-view.html (Zugriff: 30.07.2022).

Reid, J./Fox, B. (2020): Human Trafficking and the Darknet: Technology, Innovation, and Evolving Criminal Justice Strategies. In: Fox, B./Reid, J./Masys, A. (Hrsg.): Science Informed Policing, New York: Sringer, S. 77–96.

Reid Chassiakos, Y.L./Radesky J./ Christakis D./Moreno M.A./Cross C./Council on Communications and Media (2016): Children and Adolescents and Digital Media. In: Pediatrics 138, 5: e20162593.

Reinders, H. (2018): Technology and Autonomy. In: Liontas, J. I. (Hrsg.): The TESOL Encyclopedia of English Language Teaching. Hoboken, NJ: Wiley-Blackwell. In: https://innovationinteaching.org/docs/chapter-2018-autonomy-and-technology.pdf (Zugriff: 26.08.2022).

Reinders, H./Hubbard, P. (2013): CALL and autonomy. Affordances and constraints. In: Thomas, M./Reinders, H./Warschauer, M. (Hrsg.): Contemporary CALL. New York: Continuum, S. 359–375.

Reinhardt, J. (2023): From Gaming to Linguistic Action: Let's Play Videos As (More Than) Mediation Tasks. In: Ludwig, C./Kersten, S. (Hrsg.): Born-digital Texts in ELT. Bristol: Multilingual Matters.

Renkl, A./Atkinson, R. K. (2007): An example order for cognitive skill acquisition. In: Ritter, F. E./Nerb, J./Lehtinen, E./O'Shea, T. M. (Hrsg.): In order to learn: How the sequence of topics influences learning. Oxford: Oxford University Press, S. 95–105.

Rettberg, S. R. (2018): Electronic Literature. Cambridge; MA: Polity Press.

Richardson, W. (2009): Blogs, Wikis, Podcasts, and Other Powerful Webtools for Classrooms. Thousand Oaks: Corwin Press.

Rittershaus, A. (2021): FAQ Künstliche Intelligenz: Was Sie zum Thema KI wissen müssen. In: https://www.computerwoche.de/a/was-sie-zum-thema-ki-wissen-muessen,3544140 (Zugriff: 22.07.2022).

Rössler, A. (2020): Audiovisuelle Texte im Spanischunterricht verstehen. Unterricht Spanisch, 70, S. 2–9.

Rotberg, S. (2019): Digitale Kompetenz: Welche digitalen Kompetenzen brauchen Lehrkräfte heute? In: Goethe-Institut e. V., Magazin Sprache. In: https://www.goethe.de/ins/it/de/spr/mag/21609464.html (Zugriff: 26.08.2022).

Roland Rechtsschutz/Institut für Demoskopie Allensbach (2022): Roland Rechtsreport 2022. In: https://www.roland-rechtsschutz.de/media/roland-rechtsschutz/pdf-rr/042-presse-pressemitteilungen/roland-rechtsreport/roland_rechtsreport_2021.pdf (Zugriff: 22.07.2022).

Ross, A. S./Rivers, D. J. (2017): Digital Cultures of Political Participation: Internet Memes and the Discursive Delgitimization of the 2016 U.S. Presidential Candidates. In: Discourse, Context & Media, 16, S. 1–11.

Rüschoff, B./Wolff, D. (1999): Fremdsprachenlernen in der Wissensgesellschaft: Zum Einsatz der Neuen Technologien in Schule und Unterricht. Forum Sprache. Ismaning: Max Hueber Verlag.
Rüth, M./Breuer, J./Morten, T./Kaspar, K. (2020): Bedeutet mehr Feedback auch mehr lernen? In: Kaspar, K./Becker-Mrotzek, M./Hofhues, S./König, J./Schmeinck, D. (Hrsg.): Bildung, Schule, Digitalisierung. Münster: Waxmann, S. 25–30.
Ryan, H./Sampson, W. (2018): The no-nonsense guide to born-digital content. London: Facet Publishing.
Ryan, M. L. (2011): The interactive onion: Levels of user participation in digital narrative texts. In: Page, R./Thomas, B. (Hrsg.): New Narratives: Stories and Storytelling in the Digital Age. Lincoln: University of Nebraska Press, S. 35–62.
Saferinternet.at (2022): Cyber-Grooming – Wie kann ich das Thema im Unterricht behandeln? In: https://www.saferinternet.at/news-detail/cyber-grooming-wie-kann-ich-das-thema-im-unterricht-behandeln/ (Zugriff: 30.07.2022).
Sambanis, M., Ludwig, C. (2022): Einleitung. In: Ludwig, C./Sambanis, M. (Hrsg.): English and beyond: Impulse zur Förderung von Mehrsprachigkeit im Englischunterricht. Friedberg: Brigg, S. 7–17.
Sambanis, M./Ludwig, C. (2023): English an beyond Grundschule – Unterrichtsentwürfe und Kopiervorlagen für mehrsprachigkeitssensiblen Englischunterricht in der Primarstufe. Friedberg: Brigg.
Schäfer, U. (2015): Inklusives Lehren und Lernen im Englischunterricht. In: Bongartz, C. M./ Rohde, A. (Hrsg.): Inklusion im Englischunterricht. Berlin: Lang, S. 51–69.
Schaumburg, H. (2018): Empirische Befunde zur Wirksamkeit unterschiedlicher Konzepte des digital unterstützten Lernens. In: McElvany, N./Schwabe, F./Bos, W./Holtappels, H. G. (Hrsg.): Digitalisierung in der schulischen Bildung. Chancen und Herausforderungen. Münster: Waxmann, S. 27–40.
Schaumburg, H. (o. D.): Meta-Analysen unter der Lupe: Wie wirksam sind digitale Medien im Unterricht? In: https://www.friedrich-verlag.de/bildung-plus/digitale-schule/medieneinsatz-im-unterricht/pro-und-contra/wie-wirksam-sind-digitale-medien-im-unterricht/ (Zugriff: 03.08.2022).
Scheeren, V. (2019): The Three Little Pigs – App: Mit einer Bilderbuch-App die Geschichte selbstständig lesen. In: Grundschule Englisch 68, S. 16–19.
Scheiter, K. (2021): Lernen und Lehren mit digitalen Medien: Eine Standortbestimmung. In: Zeitschrift für Erziehungswissenschaft 24, S. 1039–1060.
Schildhauer, P./Kemper, K. (2023): Towards a Critical Digital Literacy Framework: Exploring the Impact of Algorithms in the Creation of Filter Bubbles on Instagram. In: Ludwig, C./Kersten, S. (Hrsg.): Born-digital Texts in ELT. Bristol: Multilingual Matters.
Schmenk, B. (2010): Bildungsphilosophischer Idealismus, erfahrungsgesättigte Praxisorientierung, didaktischer Hiphop? Eine kleine Geschichte der Lernerautonomie. In: Profil 2. S. 11–26.
Schmidt, T./Strasser, T. (2016): Digital Classroom. In: Der fremdsprachliche Unterricht Englisch 50, 144, S. 2–7.
Schneider, J./Ziyal, L. (2019): We Need to Talk, AI. A Comic Essay on Artificial Intelligence. In: https://www.i-am.ai/we-need-to-talk-ai.html (Zugriff: 30.07.2022).
Schroeder, S. (2020): Back to the future: Lesen im digitalen Zeitalter. In: KSH Newsletter 5, S. 1–4.
Schubert, A. (2021): Kreative Klassenarbeiten bewerten. Textkenntnisse und sprachliche Leistungen transparent beurteilen. In: Englisch 5–10, 54, S. 32–33.
Schwerdtfeger, I. (1989): Sehen und Verstehen. Arbeit mit Filmen im Unterricht Deutsch als Fremdsprache. Berlin: Langenscheidt.
Shakespeare in bits (o.D.): https://shakespeareinbits.com (Zugriff: 30.07.2022).

Shapiro, S./Rotter, M. (2016): Graphic Depictions: Portrayals of Mental Illness in Video Games. In: Journal of Forensic Sciences 61, 6, S. 1592–1595.
Shifman, L. (2013): Memes in digital culture. Cambridge: The MIT Press.
Shulman, L. S. (1986): Those who understand: Knowledge growth in teaching. In: Educational Researcher 15, 2, S. 4–14.
Simanowski, R. (1999): Digitale Literatur: Begriffsbestimmung und Typologisierung. In: Dichtung Digital. Journal für Kunst und Kultur digitaler Medien 1, 1, S. 1–11.
Siever, C. M. (2015): Multimodale Kommunikation im Social Web: Forschungsansätze und Analysen zu Text–Bild-Relationen. Berlin: Peter Lang.
Slomanson, W. R. (2014): Blended Learning. A flipped classroom experiment. In: Journal of Legal Education 1, 64, S. 93–102.
Soll, J. (2016): The long and brutal history of fake news. In: https://www.politico.com/magazine/story/2016/12/fake-news-history-long-violent-214535 (Zugriff: 30.07.2022).
Southgate, E. (2018): Immersive virtual reality, children and school education: A literature review for teachers. In: DICE Report Series 6. Newcastle: DICE Research.
Spitzer, M. (2012): Digitale Demenz: wie wir uns und unsere Kinder um den Verstand bringen. München. Droemer.
Springob, J. (2015): Die ersten Schritte sind gemacht: Inklusiver Englischunterricht an einem Gymnasium – Herausforderung und Chance. In: Bongartz, C. M./Rohde, A. (Hrsg.): Inklusion im Englischunterricht. Berlin: Lang, S. 39–55.
Stadler-Heer, S. (2023): Consuming and Producing Artificial Intelligence-Generated Text in English Language Classrooms. In: Ludwig, C./Kersten, S. (Hrsg.): Born-digital Texts in ELT. Bristol: Multilingual Matters.
Stalder, Felix (2021): Kultur der Digitalität. Berlin: Suhrkamp.
Stevens, J.B. (o.D.): ERASING THE LINE: #SWIMLAPS: A PERSPECTIVE ON WHAT'S BROKEN WITH THE SAMR MODEL. In: http://www.jaclynbstevens.com/erasing-the-line-samr-model.html (Zugriff: 22.07.2022).
Steinbock, Jeanine (2023): Alice for the iPad: Digital Storybook Apps in the EFL Classroom. In: Ludwig, C./Kersten, S. (Hrsg.): Born-digital Texts in ELT. Bristol: Multilingual Matters.
Stickler, U. (2022): Technology and Language Teaching. Cambridge: Cambridge University Press.
Stiftung Bildungspakt Bayern (2022): Digitale Lernprodukte als Leistungsnachweise. München: Stiftung Bildungspakt Bayern. In: https://www.bildungspakt-bayern.de/wordpress/wp-content/uploads/2022/02/SBB_Leitfaden_Digitale_Lernprodukte.pdf (Zugriff: 22.07.2022).
Stork, A. (2012): Podcasts im Fremdsprachenunterricht – ein Überblick. In: Info DaF 1, S. 3–6.
Strasser, T. (2016): Mobiles Lernen im DaF-Unterricht: SMARTPHONES, TABLETS UND CO. In: https://www.goethe.de/ins/gb/de/spr/mag/20744244.html (Zugriff: 22.07.2022).
Strohn, M. (2012): Das Potential digitaler Medien im differenzierenden Englischunterricht – am Beispiel von Blogs und Podcasts. In: Bönsch, M./Moegling, K. (Hrsg.): Binnendifferenzierung. Teil 2: Unterrichtsbeispiele für den binnendifferenzierten Unterricht. Immenhausen: Prolog Verlag, S. 11–28.
Stumpf, S. (2019): Digitale Kompetenz und sprachliches Handeln: Kompetenzanforderungen in einer von Digitalisierung geprägten Gesellschaft. In: MedienPädagogik: Zeitschrift für Theorie und Praxis der Medienbildung. Riplinger/T./Hellriegel, J./Bolten, R. (Hrsg.): Themenheft Nr. 36: Teilhabe in einer durch digitale Medien geprägten Welt – Perspektiven des wissenschaftlichen Nachwuchses, S. 107–116.
Summer, T. (2010): Key Concept: Learner Autonomy. In: Profil 2, S. 7–10.
Summer, T. (2021): Digital competence in a global world. In: Lütge, C./Merse, T. (Hrsg.): Digital Teaching and Learning: Perspectives for English Language Education. Tübingen. Narr, S. 185–206.

Surkamp, C. (2012): Literarische Texte im kompetenzorientierten Fremdsprachenunterricht. In: Hallet, W./Krämer, U. (Hrsg.): Kompetenzaufgaben im Englischunterricht: Grundlagen und Unterrichtsbeispiele. Stuttgart: Klett, S. 77–90.
Surkamp, C. (2017[2]): Metzler Lexikon Fremdsprachendidaktik: Ansätze – Methoden – Grundbegriffe. Stuttgart: J. B. Metzler.
Surkamp, C. (2020): Digitale Literatur und Literaturvermittlung: Neue Texte und Kommunikationsformen für den Fremdsprachenunterricht. In: Grünewald, A./Hethey, M./Struve, K. (Hrsg.): Kontrovers: Literaturdidaktik meets Literaturwissenschaft. Trier: WVT, S. 249–268.
Süß, D./Gärtner, L. (2019): MEDIENKOMPETENZ: Tipps zum sicheren Umgang mit digitalen Medien. Jugend und Medien: Nationale Plattform zur Förderung von Medienkompetenzen, Bundesamt für Sozialversicherung. In: https://www.jugendundmedien.ch/fileadmin/PDFs/Broschueren/Brosch_Medienkompetenz_ZHAW_0919_DE_bf.pdf (Zugriff: 22.07.2022).
Textor, A. (2015): Einführung in die Inklusionspädagogik. Stuttgart: UTB.
Thaler, E. (2007): Schulung des Hör-Seh-Verstehens. In: Praxis Fremdsprachenunterricht, 4, 4, S. 12–17.
Thaler, E. (2012): Englisch unterrichten. Grundlagen – Kompetenzen – Methoden. Berlin: Cornelsen.
The English We Speak (o. D.): In: https://www.bbc.co.uk/programmes/p02pc9zn/episodes/downloads (Zugriff: 07.07.2022).
This American Life (o. D.): In: https://www.thisamericanlife.org/523/death-and-taxes (Zugriff: 01.08.2022).
Thomas, B. (2020): Literature and Social Media. New York, NY: Routledge.
Thomson, K. (2023): Disability Awareness Education in Diversity-Sensitive English Language Teaching: Addressing Disability through Short Animation Film. In: Ludwig, C./Summer, T. (Hrsg.): Taboos and Critical Issues in Foreign Laguage Education. London: Routledge.
Tödt, K. (2005): Lernerorientierte Qualitätstestierung für Kindertagesstätten. In: Altgeld, K./Stöbe-Blossey, S. (Hrsg.): Qualitätsmanagement in der frühkindlichen Bildung, Erziehung und Betreuung. Wiesbaden: Verlag für Sozialwissenschaften, S. 125–140.
Tseng, JJ./Chai, C. S./Tan, L./Park, M. (2020): A critical review of research on technological pedagogical and content knowledge (TPACK) in language teaching. In: Computer Assisted Language Learning, 35, 4, S. 948–971.
Turčilo, L./Obrenovic, M. (2020): Demokratie im Fokus #3 : Fehlinformationen, Desinformationen, Malinformationen: Ursachen, Entwicklungen und ihr Einfluss auf die Demokratie. Heinrich Böll Stiftung (Hrsg.): In: https://www.boell.de/sites/default/files/2020-08/200825_E-Paper3_DE.pdf (Zugriff: 30.07.2022).
Turing, A. M. (1950): Computing Machinery and Intelligence. In: Mind 49, S. 433–460.
UNESCO, (1994): The Salamanca Statement and Framework for Action on Special Needs Education. Paris: UNESCO. In: www.unesco.org/education/pdf/SALAMA_E.PDF (Zugriff: 22.07.2022).
UNESCO (2006): Convention on the Rights of Persons with Disabilities (CRPD). Paris: UNESCO. In: www.un.org/disabilities/documents/convention/convoptprot-e.pdf (Zugriff: 28.07.2022).
United Nations General Assembly (2015): Transforming our world: the 2030 Agenda for Sustainable Development. In: https://www.refworld.org/docid/57b6e3e44.html (Zugriff: 28.07.2022).
Unterricht digital (o. D.): Die Evolution des Lesens – eine Lesestrategie für digitale Texte entwickeln. In: http://unterricht-digital.info/die-evolution-des-lesens-eine-lesestrategie-fuer-digitale-texte-entwickeln/ (Zugriff: 28.07.2022).
Unterrichten.Digital: Lernen mit digitalen Medien (2019): QR-Codes im Unterricht – Erstellen und Nutzen von QR-Codes in der Schule. In: https://unterrichten.digital/2019/02/18/qr-codes-im-unterricht/ (Zugriff: 28.07.2022).

Vogelsang, V. (2017): Sexuelle Viktimisierung, Pornografie und Sexting im Jugendalter: Ausdifferenzierung einer sexualbezogenen Medienkompetenz. Wiesbaden: Springer.
Voice of America (o. D.): In: https://learningenglish.voanews.com (Zugriff: 01.08.2022).
von Elbwart, K. (2021): “Welcome to Miami, bienvenido a Miami”. Showcasing Florida to teach linguistic and cultural diversity in the EFL classroom. In: Praxis Englisch 1, 21, S. 44–46.
Vuorikari, R./Punie, Y./Carretero, S./Van den Brande, L. (2016): DigComp 2.0: The Digital Competence Framework for Citizens. Update Phase 1: The Conceptual Reference Model. Luxemburg: Publication Office of the European Union.
Wagner, L. (2016): Adaptive und evidenzbasierte Förderung im Unterricht – Wozu braucht man das? In: Potsdamer Zentrum für empirische Inklusionsforschung 11, S. 1–8.
Wampfler, P. (2015): Lernprozesse: Lernen digital: „Wir brauchen neue Formen der Bewertung“. bildungsklick. In: https://bildungsklick.de/schule/detail/lernen-digital-wir-brauchen-neue-formen-der-bewertung (Zugriff: 22.07.2022).
Wampfler, P. (2019): Digitale Sachtexte – eine Typologie. In: Mitteilungen des Deutschen Germanistenverbandes 2, S. 154–165.
Wampfler, P. (2020): Digitales Schreiben: Blogs & Co im Unterricht. Stuttgart: Reclam.
Wanning, B. (2015): Lesestrategien für digitale Medien. Bibliotheksdienst 49, 9, S. 909–919.
Watts, H. (1985): When teachers are researchers, teaching improves. In: Journal of Staff Development 6, 2, S. 118–127.
Webster, J. G. (2014): The marketplace of attention. Cambridge, MA: MIT Press.
Wehrmann, J./Knak, M. (2022): Didn’t we have some fun, though?: Dystopische digital games als Genre beschreiben, ein eigenes Spielszenario entwerfen. In: Englisch 5–10.
Weisshaar, H. (o. D.): Digital Writing. In: https://www.klett.de/inhalt/digitalisierung-im-englischunterricht/schreiben/6459 (Zugriff: 22.07.2022).
Welsch, W. (2010): Was ist eigentlich Transkulturalität? In: Darowska, L./Lüttenberg, T./Machold, C. (Hrsg.): Hochschule als transkultureller Raum? Kultur, Bildung und Differenz in der Universität. Bielefeld: transcript, S. 39–66.
Werner, R. (2019): Zu viel Mündliches an Schulen: Es ist Zeit für eine Schreiboffensive. In: Frankfurter Allgemeine Zeitung. In: https://www.faz.net/aktuell/karriere-hochschule/wegen-muendlicher-leistung-schueler-koennen-nicht-richtig-schreiben-16122857.html (Zugriff: 30.07.2022).
Werner, V. (2023): Exploring the Potential of Live Text for ELT. In: Ludwig, C./Kersten, S. (Hrsg.): Born-digital Texts in ELT. Bristol: Multilingual Matters.
Westerfeld, S (2005): Uglies. New York: Simon Pulse.
Wiesner, E. (2017): Bedeutungen (ko-)konstruieren – Multimodalität als Ressource schulischen Sprachenlernens. leseforum.ch, 1, S. 1–21.
Winko, S. (2009): Am Rande des Literaturbetriebs: Digitale Literatur im Internet. In: Arnold, H. L./Beilein, M. (Hrsg.): Literaturbetrieb in Deutschland. München: Edition Text und Kritik, S. 292–303.
Winko, S. (2016): Literatur und Literaturwissenschaft im digitalen Zeitalter: ein Überblick. Der Deutschunterricht 5, S. 1–13.
Winn, M. (1979): Die Droge im Wohnzimmer. Hamburg: Rowohlt.
Wolf, K. D. (2015a): Bildungspotenziale von Erklärvideos und Tutorials auf YouTube. In: merz 59, 1, S. 30–36.
Wolf, K. D. (2015b): Video-Tutorials und Erklärvideos als Gegenstand, Methode und Ziel der Medien- und Filmbildung. In: Hartung, A./Ballhausen, T./Trültzsch-Wijnen, C./Barberi, A./Kaiser-Müller, K. (Hrsg.): Filmbildung im Wandel. Wien: new academic press, S. 121–131.
Wolf, M. (2018): Reader, Come Home: The Reading Brain in a Digital World. New York: Harper.

Woerfel, T. (2020): Mehrsprachigkeit gezielt nutzen und fördern. Mercator-Institut für Sprachförderung und Deutsch als Zweitsprache. In: https://www.mercator-institut-sprach foerderung.de/fileadmin/Redaktion/PDF/Publikationen/200804_Handreichung_A3_final.pdf, S. 1–10 (Zugriff: 22.07.2022).

Yuen, S./Yaoyuneyong, G./Johnson, E. (2011): Augmented reality: an overview and five directions for AR in education. In: Journal of Educational Technology Development and Exchange 4, S. 119–140.

Zehne, C. (2021): Mental Health and Videogames – Using Hellblade in the TEFL classroom. Vortrag bei der Tagung Taboo? Mental Health in Foreign Language Education. Online, 26 November 2021.

Zehne, C. (2023): Locative storytelling and mobile assisted language learning – exploring the potential for ELT. In: Ludwig, C./Kersten, S. (Hrsg.): Born-digital Texts in ELT. Bristol: Multilingual Matters.

Zierer, W. (2017): Lernen 4.0. Pädagogik vor Technik. Möglichkeiten und Grenzen einer Digitalisierung im Bildungsbereich. Baltmannsweiler: Schneider Hohengehren.

Videospiele

City of Immigrants. Mission US. WNET. 2021.

Hellblade: Senua's Sacrifice. Ninja Theory. Microsoft Windows. Ninja Theory 2017.

Unter **www.friedrich-verlag.de** finden Sie Materialien zum Buch als Download.
Bitte geben Sie den achtstelligen Download-Code in das Suchfeld ein.

DOWNLOAD-CODE: d31592de

Hinweis:

Das Download-Material enthält enthält u. a. Arbeitsblätter und Checklisten zu den Inhalten dieses Bandes. Durch den Kauf dieses Buches (ISBN 978-3-7727-1592-1) haben Sie das Recht erworben, das ergänzende Download-Material in Ihren derzeitigen und zukünftigen Lerngruppen und Klassen einzusetzen und zu vervielfältigen. So können Sie etwa einzelne Seiten ausdrucken und verteilen oder mit Beamer oder Whiteboard verwenden.

Was Sie **nicht** dürfen:

- Das Download-Material oder Teile davon an Kolleginnen und Kollegen weitergeben.
- Das Download-Material oder Teile davon in Netzwerke einstellen, wie etwa Schulserver oder Cloud-Systeme, sodass Kolleginnen und Kollegen darauf Zugriff erhalten.
- Die Lizenzinformation und Quellenhinweise auf dem Download-Material entfernen.
- Bei einer Bibliotheksausleihe des Buches das Download-Material herunterladen.

Bitte tragen Sie im Sinne dieser Lizenz dazu bei, dass wir weiterhin digitales Ergänzungsmaterial für Lehrerinnen und Lehrer bereitstellen können. Der Verlag behält sich dabei vor, auch gegen urheberrechtliche Verstöße vorzugehen.

Unsere Autorinnen und Autoren sowie der Verlag wünschen Ihnen viel Erfolg bei der Nutzung der Materialien!

Haben Sie Fragen zum Download? Dann wenden Sie sich bitte an den Leserservice der Friedrich Verlags GmbH. Schreiben Sie uns oder rufen Sie uns an!

Sie erreichen unseren Leserservice
Montag bis Donnerstag von 8–18 Uhr
Freitag von 8–14 Uhr
Tel.: 0511/40004-150
Fax: 0511/40004-170
E-Mail: *leserservice@friedrich-verlag.de*

Wir freuen uns über Ihre Rückmeldung und helfen Ihnen gern weiter!